卡内基

卡内基自传
生来穷 未必一生穷

[美]安德鲁·卡内基◎著 朱绍格◎译

华文出版社
SINO-CULTURE PRESS

图书在版编目（CIP）数据

卡内基自传 /（美）安德鲁·卡内基著；朱绍格译. -- 北京：华文出版社，2017.8
ISBN 978-7-5075-4477-0

Ⅰ.①卡… Ⅱ.①安… ②朱… Ⅲ.①卡内基（Carnegie, Andrew 1835-1919）— 自传 Ⅳ.①K837.125.38

中国版本图书馆CIP数据核字（2017）第195424号

卡内基自传

著　　者：（美）安德鲁·卡内基
译　　者：朱绍格
出版策划：李金水　蔡荣建
责任编辑：胡慧华
出版发行：华文出版社
社　　址：北京市西城区广外大街305号8区2号楼
邮政编码：100055
网　　址：http://www.hwcbs.com.cn
电　　话：总 编 室 010-58336239　发 行 部 010-58336267
　　　　　责任编辑 010-58336197
经　　销：新华书店
印　　刷：北京市文林印务有限公司
开　　本：710×960　1/16
印　　张：18
字　　数：258千字
版　　次：2018年1月第1版
印　　次：2018年1月第1次印刷
书　　号：ISBN 978-7-5075-4477-0
定　　价：39.80元

版权所有　侵权必究

序言

　　从积极而繁忙的商务活动中退休之后，在大不列颠及这里的朋友们热诚的恳求下，我丈夫终于做出了让步，开始不时地草草记下关于他早期的回忆。然而，他发现他的生活并没有像他期许的那样充满了闲暇，而是比以前的任何时期都更加忙碌。写作这本自传是为了记录下在苏格兰的快乐时光。每个夏天的几个礼拜，我们都要隐居到奥特纳哥荒野中带走廊的小平房里好好地享受一下简单的生活，卡内基在这段时间里完成了他大部分的写作。回想那些早期的时光让他感到愉悦，由于他的写作，他过去的生活再一次复活了。1914年7月，第一次世界大战的阴云开始聚集，他正在潜心著述。而在8月4日那天，我们一听到那震惊世界的消息，就立即离开了我们在山里的隐居之所，回到了斯基伯，以便更加及时地了解局势。

　　他关于自传的回忆就是在那时候结束的。从此以后，他对个人的私生活再也提不起兴趣。很多次他尝试继续写作，却发现这都是徒劳的。直到那时，他还过着对于一个中年人而言相对年轻的生活，每天打高尔夫球、钓鱼和游泳。他像往常一样总是很乐观，甚至当他的希望在那场世界大灾难面前破灭的时候，他还是努力保持乐观。他的心脏有问题，晚年的时候两次染上非常严重的肺炎，接着又患上了严重的流行性感冒。

　　先卡内基几个月去世的一位同时代的人说，他永远都无法承担年老的重负。对于那些了解他亲近他的人来说，也许卡内基生命中最让人振奋的东西是他忍受"老年重担"的方式：总是富有耐心、考虑周全、欢欣愉悦、对任何细微的乐趣和得到的服务都心怀感恩、从来都不考虑他自己,总是相信更好的一天即将拂晓。他的精神世界日益明亮,直到"他被神带走,从这个世界离去"。

在他手稿中章节后的空白处,他亲手写下这样的话:"我整理的这些记忆、写作的这部传记,对于公众而言,他们所关心和乐见的只是其中很少的内容;但对于我的亲友而言,书中的大量材料会让他们感到欣喜。我想,我不时写出来的东西应该被疏忽。不管是谁来整理这些笔记都应该谨慎小心,不要让公众承担太重的阅读负担。能承担这项工作的人须有心并且睿智。"

那么,有谁比我们的朋友约翰凡·达克博士更能胜任这项工作呢?当他看到手稿时,他说:"倘若本书付梓出版,其筹备过程一定不能缺少了爱。"这时候他并没有看到卡内基写的那段注解。选择在这里是双向的,他校对整理本书的态度证明了这是个明智的选择——基于一段美好友谊所做出的选择。

路易斯·怀特菲德·卡内基[1]
纽约

---

[1] 路易斯·怀特菲德·卡内基:安德鲁·卡内基的妻子。

译 序

卡内基

  这是关于某人一生的故事,尤其值得注意的是,这是一个由主人公亲自讲述的故事。他应该被允许用他特有的叙述方式,甚至作为故事的一部分,大量的过于铺张的背诵也是可以接受的。在表面的夸张中,事实依然有迹可循,这个人的品质可能构成了他的健康精神的基础。所以,编者在准备本书的出版时,除了将材料按照年代和逻辑的顺序进行组织整理之外,还做了更多的工作以保持叙事的完整和连贯。其中的一些尾注是用于解释的,在其中加入一些图表以使文本在视觉上看起来更加生动,但文章的叙述才是主题和重点。

  他的一生是一部"离奇且多变故的历史",若在这里颂扬他的性格,会显得不合时宜,但我们也许应当认真思考这样一个事实:历史的确是离奇且多变故的。即便是阿拉伯《一千零一夜》里的故事也不会比这个故事更加神奇。一个移民美国的贫穷的苏格兰小孩,靠着他一步一步的努力,在经过了一个又一个考验和胜利之后,最终成为了伟大的钢铁大王,建立了庞大的产业,聚集了巨额的财富,最后为了全人类的教化和改良,郑重地贡献出他全部的财产。不仅如此,他创立了不容忽视和遗忘的财富圣经,他的这一姿态给随后的百万富翁们如何分派其财产开创了先例。在他的事业生涯中,他堪当一个民族的建设者、思想的领袖、作家、演讲家、工人的朋友、学者和政治家,他是崇高和谦卑的结合。然而,与他所做出的那些具有启示性的伟大事件(他对自己财产的处置、他对世界和平的激情及他对全人类的爱)相比,这些也只能算作美谈轶事而已。

  也许我们离得太近以致不能用一种合适的尺度来审视这段历史,但随着时间的流逝，我们将越来越有兴趣和能力来看待和感悟它，我们的后代将会比今天的我们更加充分地认识到它的奇妙之处。通过卡内基先生自己的文字和轻快的风格，他为我们保留了这段历史，这是一件值得高兴的事情。这是一段值得回忆的记录——一段也许我们再也无法得见和重复的记录。

目 录

第 一 章　我的父母和童年　/　001
第 二 章　丹佛姆林和美国　/　015
第 三 章　匹兹堡和我的工作　/　025
第 四 章　安德森上校和书籍　/　035
第 五 章　电报公司　/　043
第 六 章　铁路公司　/　051
第 七 章　宾夕法尼亚铁路公司主任　/　065
第 八 章　内战时期　/　077
第 九 章　建桥故事　/　089
第 十 章　钢铁厂的回忆　/　099
第十一章　总部在纽约　/　113
第十二章　商务谈判　/　125
第十三章　钢铁时代　/　135
第十四章　合伙人、书和旅行　/　145
第十五章　马车旅行和结婚　/　155
第十六章　工厂和工人　/　163
第十七章　荷姆斯泰德罢工　/　169
第十八章　劳工问题　/　179
第十九章　慈善基金　/　189
第二十章　教育和抚恤基金　/　199

第二十一章　和平教堂和皮坦克里夫　/　209
第二十二章　马泰·阿诺德和其他人　/　221
第二十三章　英国的政治领袖　/　231
第二十四章　格莱斯顿和莫利　/　237
第二十五章　赫伯特·斯宾塞和他的门徒　/　247
第二十六章　布莱恩和哈里森　/　253
第二十七章　华盛顿外交　/　259
第二十八章　约翰·海和麦金利　/　265
第二十九章　面见德国皇帝　/　273

第一章

卡内基

我的父母和童年

某位圣人曾说，如果每个人的生活故事都被真实地叙述出来，那一定是非常有趣的。我那些坚持让我写出自己传记的亲戚和挚友也许不会对这一结果感到过度失望了。我想至少那些了解我的人会喜爱这个故事，我以此自我安慰，激励自己坚持下去。

我的朋友，匹兹堡的梅隆法官，在几年前写过这样一本自传，它给我带来了极大的乐趣。正因为如此，我乐于认同我在上文中所引述的那位智者的观点。的确，法官讲述的故事为他的朋友带来了无穷乐趣，并且对他的家族后世产生了持续的影响，使得他们能过上一份美满的生活。并且出乎他意料的是，这部自传被列为了最受欢迎的作品，它包含有一个本质的价值特征——它展示了人。他的写作并非为了引起公众的注意，而仅仅只是为了他的家人而设计。因此我也将这样讲述我的故事：没必要在公众面前摆出某种姿态，但是对于我那些真实可靠的朋友，那些我可以与之无拘无束地畅谈的人，即便是些须小事也不让他们觉得索然乏味。

让我们开始我的故事吧。

1835年的11月25日，我出生在丹佛姆林一栋平房的阁楼里。房子坐落在摩迪街和修道院巷的一个角落中，只有一层，正如谚语所说，我"拥有贫穷却诚实的父母、良善的亲戚和朋友"。作为苏格兰绸缎交易的中心，丹佛姆林在很久以前就引起了重视。我的父亲——威廉·卡内基，安德鲁·卡内基的儿子，是一个纺织工人，他用我爷爷的名字为我命名。我的祖父卡内基凭着他的机智幽默、他亲切的天性和坚持不懈的精神在这一地区享有盛名。他是他们那个时期活跃分子们的领袖，作为他们的欢快俱乐部——"帕提尔姆学院"（Patiemuir College）的首领，他远近闻名。在阔别了十四年后，当我再次回到丹佛姆林时，我记得一个老头向我走来，有人告诉我他是我的"教授"祖父，那是他在其密友中的头衔。

那是一幅中风颤抖的老人的肖像："他的下巴和鼻子都透着龙钟的老态。"

他蹒跚着穿过房间向我走来，将他那颤抖的双手放在我的头上说："你是安德鲁·卡内基的孙子！嗯，星期一的时候，我已经看到了这一天：你的外祖父和我原本可以朝那个他认为是通情达理的人高喊'哈鲁'。"

第一章　我的父母和童年

在一个新年夜里，一个乡村老妇人吃惊地看到了一张从窗户中突然伸进来的经过乔装的脸孔。一阵的迟疑之后，她终于明查到了，于是大喊着说："噢，原来是愚蠢的青年安德鲁·卡内基呀。"她说的没错，我的祖父在57岁的时候还乔装成一个嬉笑的年轻人，出来惊吓他年老的女性朋友。

正如我的朋友们所说，我想我乐观的天性、我能化解烦恼并且始终愉快生活的能力、我能使"所有的丑小鸭变成美丽的白天鹅"的能力很可能是从我那喜欢乔装打扮嬉笑逗乐的老祖父处继承而来。我以拥有他的名字而自豪。

充满着阳光的心情和意志要比财富更有价值。年轻人必须认识到这是可以被耕耘而获得的，心智也像身体一样可以从阴暗处转移到阳光中来。那么，就让我们行动吧，如果可能，请让笑声将烦恼赶开。如果人人都有点哲学家的精神，那么他们就能做到这一点。该死的污点不会被淘汰清洗干净，端坐于最高法院的大法官是不会受到欺骗的。因此，伯恩斯所给出的那条重要的生活的准则说：

"使你畏惧的不过是你自己的责备。"

这条座右铭很早以前在生活中就是被认可了的，它比我所听说过的任何训诫都更加有用。我已经听过远远不止一点点的训诫，尽管我可以承认在我已经成熟了的年岁里，我和我的老朋友贝利·沃尔克有类同之处。他总是被他的医生询问睡眠状况，而他总是答复说很不能让人满意。他常常不能入睡，并且眼睛里有金星闪烁："但是我能很好地打个盹儿。"

在我母亲的家族这一边，我的外祖父就更加有特点而值得讲述，因为我的外祖父托马斯·莫里森是威廉·古伯特[1]的朋友，他为古伯特的记录和作品做出过贡献，并且与他一直保持着通信。甚至正如我所写的，在丹佛姆林，凡是认识我外祖父莫里森的老人都说他是最好的演讲家之一，而且还是他们所见过的最能干的人。他是古伯特《记录》的小型版本《先驱》的出版发行人，这在苏格兰被认为是第一篇激进的论文。我读过他写的一些东西，考虑到在今天它们对技能教育的重要性，我想其中最显著的是七十多年前出版的一个冠名为

---

[1] 威廉·古伯特（1763—1835）：英国新闻工作者和社会改革家，因作品文集《乡村漫游》（1830年）闻名，该文集揭示了工业革命引起农村生活的恶化。

"*Head-ication versus Hand-ication*"的小册子。他坚持其后来在某种意义上的重要性将反映出对今天极力提倡的技能技术教育的信任。它以这样的词句结尾："感谢上帝，我在年轻的时候可以制作并且修补鞋子。"古伯特在1833年把它刊发在《记录》一书中，以编辑身份作出评论："与此主题有关的刊发在《记录》中最有价值的通信之一，是来自于我们可敬的朋友和通信者，苏格兰的托马斯·莫里森，这份通信就出现在这一期中。"所以看起来，我"信笔涂鸦"的天性来自双方面的遗传，因为卡内基家族同样也热爱读书并且善于思考。

我的外祖父莫里森是一个天生的演说家，一个聪敏的政客，同时也是该地区激进政党的左翼领袖——这一职务后来被他的儿子，我的舅舅所继承。我在美国期间，曾有多位在苏格兰享有声望的人前来拜访过我，以期与"托马斯·莫里森的外孙"握手。克利夫兰和匹兹堡铁路公司的负责人法默先生有一次对我说："我所拥有的一切学识和文化都得益于你外祖父的影响。"《丹佛姆林重大事件史》的作者埃比尼泽·亨德森也这样说，他生命中的进步在很大程度上是因为一件非常幸运的事件：当他还是一个小孩的时候就曾受到我外祖父的影响。

在我的一生中总是能够得到一些恭维，但是格拉斯哥报一位记者的恭维让我感到无上的快乐。这位记者曾经在美国听过我在圣·安德鲁大厅所作的关于地方资质的演讲，他撰文说，当时苏格兰大部分的言论都和我、我的家庭，尤其是我的外祖父托马斯·莫里森相关。他继续写道："想象一下我见到讲台上这位外孙的时候有多么的惊讶吧，他在仪态、手势和外貌上都是对老莫里森的一个完美的摹写。"

我记不清我的外祖父长什么样了，但是我和他之间惊人的相像却是毋庸置疑的。因为我清楚地记得，在27岁那年，我第一次回到丹佛姆林，当我在沙发上和我的舅舅贝利·莫里森坐在一起时，我看到他的眼睛里含满了泪水。他一时语塞，随后冲出了房间，过了一会儿才回来，他解释说我身上的某些东西会让他的父亲不时地在他跟前闪现。这个影像会立即消失，但过不了多久便又重新出现了。我的一些手势，也会使他不能很好地将我和他的父亲区分开来。我的母亲不停地在我身上找到我外祖父所特有的一些怪癖。遗传学说时刻都在被得到证明,这一法则如此灵验,甚至一个手势也可以在代际之间传递,还有某些超越了肉体的东西。我为之深深地震惊了。

我的外祖父莫里森娶的是爱丁堡的霍奇女士,她是一位身份高贵,举止优雅,富有学识涵养的妇人。很可惜的是,她在这个家庭还非常年轻的时候,便过早地去世了。当时,外祖父过着一份安稳的小康生活,作为一个皮革商人在丹佛姆林管理着自己的生意和一小份产业。但是如同其他成千上万的人一样,他在滑铁卢战后的和平中破产了。他的大儿子,我的舅舅贝利是在这个家庭的繁荣时期成长起来的,在儿时他自己拥有一匹小马可供骑乘,而在他之后出生的那些家庭成员则经历了艰苦的生活。

他的第二个女儿,玛格丽特,就是我的母亲。对她,我没有自信谈论太多。她继承了她母亲高贵精致和有涵养的风度气质。也许某一天我可以向全世界讲述这个女主人公的一些东西,但对此我依然心存疑虑。对我来说,她如女神一般圣洁,这是其他人体会不到的。除了我之外,没有人可以说真正了解她。在我父亲去世后,她便是我的全部了。我在我第一本书的献辞中这样写道:"献给我最爱的英雄——我的母亲。"

我是幸运的,因为我祖先的缘故,我的出生地对我来说有着无上的意义。对一个人来说,在哪里出生是非常重要的。因为不同的环境和传统会促成小孩不同的潜在趋向。罗斯金如实叙述说,在爱丁堡,每一个聪明的孩子都受到他们视界中城堡的影响。丹佛姆林的儿童也是如此,他们肯定受到了苏格兰威斯敏斯特庄严的修道院的影响,它是在11世纪(1070年)由保护圣徒马尔科姆和他的皇后玛格丽特修建的。这座伟大修道院的遗迹以及国王出生时所在的宫殿至今依然还保存着,另外还有皮特克利夫峡谷、祭奉皇后玛格丽特的神殿、国王马尔科姆城堡的遗迹。就像老民谣《帕特里克·斯彭斯先生》的开头一样:

国王坐在丹佛姆林城堡之中,
喝着血红的葡萄酒。

布鲁斯的坟墓就在修道院的中心，在玛格丽特的坟墓旁边，在他周围则埋葬着许多皇室成员。当孩童第一次看到这座充满了罗曼蒂克情调的城镇时，那的确是一件幸事。这座镇子地处港湾往北三英里处的高地上，正前方可以俯瞰到大海，南面是爱丁堡，向北远眺又可清晰地看到奥契尔山的峰顶。这一切都让人联想到在丹佛姆林还同为苏格兰的宗教和政治首都时代的那些逝去的权贵们。

　　这样的环境能给予儿童优越的成长条件。他所呼吸的空气带给他诗情和浪漫气息，他四周的氛围又给予他历史和传统的熏陶。这些演化为儿童的真实世界——理想总是真实的。随着年龄的增长，当他在工作中遭遇严酷现实的时候，真实才开始到来。但即便是在那时，甚至在他生命中的最后一天，他早期的这些印象依然保存着，尽管它们偶尔会短暂地消失，但只不过是表面上被赶走或者受到了压制。这些印象会在他内心一次又一次地升起并给他以影响，提升他的思想，妆扮他的生活。在丹佛姆林，没有哪个聪慧的孩童能够逃脱出修道院、宫殿和峡谷所带来的影响。这些东西轻触着他们，点燃他们内心深处潜在的火苗，使得他们超越它将要成为的样子并且与此有些不一样。我的父母也出生在这种让人振奋鼓舞的环境中，因此，我毫不怀疑，浪漫和诗歌的影响一定也触及他们两个。

　　在我父亲的纺织生意获得成功后，我们便从摩迪街搬到里德公园一所宽敞得多的房子里。一层放置了四五台纺纱机，楼上用于日常起居，外边人行道上有楼梯直接与之相通，勉强可以说它具有老式的苏格兰民居风格。这里是我的早期记忆开始的地方，然而奇怪的是，我对这些记忆的第一次回溯就让我想起了第一次见到一幅小型美国地图的情景。它被贴在滚轴上，大概有两英尺那么宽。我的父亲、母亲、威廉姨父和艾特肯姨妈正在上面查找匹兹堡，并且指出了伊利湖和尼亚加拉河。不久之后，姨父和艾特肯姨妈便去了他们的那块"应许之地"。

　　我记得那时堂兄乔治·多德和我自己都被悬挂在头顶的巨大危险所震惊，那是一面隐藏在顶楼上的非法旗帜。我记得在那次反对玉米法的游行之中，扛着它的是我的父亲、叔叔，或我家族中其他善良的激进分子。他们被包围在一座小镇里，在同业公会所和骑兵部队发生了激烈的争吵。我的外公、诸位舅舅以及我父亲是在会议中发言的重要人物，我的整个家庭圈子都激动并骚乱起来了。

我对那个夜晚仍然记忆犹新,我被后窗上一阵急促的敲打声所惊醒。有人跑来通知我父母说贝利舅舅因为召集已经被禁止召开的会议而被关进了监狱。通过兵士的帮助,治安郡长在召开会议城镇的几英里远处抓住了他,并连夜将他带回了镇子,他的身后跟着一大群人。

我们担心会发生更加严重的麻烦,因为百姓们群情激奋地要去救他出来,不久我们又得知,监狱看守劝他走到窗前俯看身下的大街,以请求人们撤离。他这样做了,并说:"如果哪位朋友是因为正当的理由在今晚来到这里,那么请收起你们的武器。"他们如是做了,在短暂的停顿之后,他又说:"现在,请大家平静地离开这里。"

像我所有的家庭成员一样,我舅舅的内心有一种道德和精神驱动力,对法律有一种强烈的顺从,而他内心深处却是一个激进分子,对美国怀有热切的向往。

人们可以想象,当所有的这一切都公开地进行,那些人们私下流传的话语将会有多么苦闷。对一切君主、贵族政府和特权的谴责,伟大的共和国政体,美国的优越,一个居住着与我们同属一个种族的人的土地,自由人的家乡,在那里没有特权,人们平等地享有权利——这是我所接受到的激动人心的旋律,我便在这样的氛围中成长。作为一个孩童,我已经杀死了国王、公爵和封建领主,并且认为他们的死亡是为了国家服务的,因此便也是一种英雄行为。

这就是我在孩童时期最早的联想给我所带来的影响,当时我远不能够谦恭地去谈论那些特权阶级或者享有特权者,因为他们并非通过某种高尚的方式使自己变得卓著以赢得被公众所尊重的权利,而只是因为他们的血统。在他们的身后依然有人在冷笑:"他什么也不是,什么也没做,只不过是因为一个偶然的出生便穿着借来的羽毛昂首阔步并开始招摇撞骗。他的家族中最具成果的部分已经像土豆一样,深埋地底。"有的人生来就具有特权,尽管他并非具有天生的聪明才智,在这里,一个有才能的人能得以生活下来让我为之感到惊讶。我总是不厌其烦地引用仅有的那几个能够准确地表达出我义愤的语句:

曾经有个布鲁图斯[1]，他也不能够容忍，

魔鬼要做罗马的君主，

千秋万代地把有国家。

但是，国王依然是国王，并不只是一个影像。当然，这一切都是继承得来，我只是对我在家里所听到的东西作出回应。

丹佛姆林或许是王国中最为激进的一个城镇，它也因此久享盛誉。从产生激进主义的根源来说，这也是更为可信的。在我所谈论的那个时期，丹佛姆林大部分的人口都是小手工业者，他们都有自己的纺纱机，一台或者好几台。他们没有固定的工作时间，他们所干的都是计件工作，从更大的制造者那里获取材料，然后在家里进行加工。

这是一个充满着强烈政治骚动的时代，从整个小镇的氛围中，我们也可以频繁地感受得到。吃完午饭后的那一小段时间里，围着围裙的人们便会聚拢来，开始讨论与国家相关的事情。休谟[2]、科布登[3]和布莱特[4]的名字为人们所熟知，会在谈话中不时地进出来。在我还很小的时候，我就常被这一圈圈的人所吸引，是他们谈话的忠实听众，但也只是纯粹的倾听而已。人们已普遍接受这样的结论，即变革才是大势所趋。俱乐部在市民中组织起来，人们也开始订阅伦敦的新闻报纸。非常奇怪的是，每天晚上，镇上的一个讲道坛都会把最主要的社论读给人们听。我的舅舅贝利·莫里森常常就是那个朗读者，在读完后，他和其他人都要对文章作出评论，会议场面十分令人激动。

---

[1] 马库斯·朱尼厄斯·布鲁图斯：古罗马的政治家和将军，图谋暗杀凯撒。在后来与马克·安东尼和屋大维的争权战中，于菲利皮战役中失利并自杀。

[2] 戴维·休谟（1711—1776）：英国哲学家和历史学家，他认为人类认识的唯一来源是感觉经验。他的作品包括人性论（1739—1740年）和政治论（1752年）

[3] 理查德·科布登（1804—1865）：英国政治家，自由贸易的领导者与支持者，保护贸易主义的反对者。

[4] 约翰·布莱特（1811—1889）：英国政治家和著名演说家，是反谷物法联盟的一个奠基人。

这样的政治会议频繁地举行，也许这也正满足了人们的期望，我对此怀有浓厚的兴趣并参加了不少。我的父亲或者某个舅舅总是拥有很多的听众。记得某个晚上，我的父亲在一个大型的户外会议上发表演讲，听者众多，我只能从他们的腿下钻进去。那时候，我再也不能压抑我的兴奋和热情，比其他所有人都大声地欢呼起来。我趴在一个人的腿下，抬起头来看他，我感到了某种安全。我告诉他说演讲者是我的父亲，于是他把我举起来，让我坐在他的肩膀上。

父亲还带我参加了另外一个会议，主讲者是约翰·布莱特，他发表演讲支持史密斯成为斯特林堡的自由党候选人。回家后我对他说得不准确的地方做出了批评，比如当他要表达的意思是一个人（man），而他说出来的却是众多人（men），他不像我们所习惯的那样在 man 前面加上一个 a，在这样的环境中，不必为此感到惊奇，也没有人会像护士照顾病人一样来关注他说话的语法错误。我后来又听了一个年轻共和党人的演讲，其风格犀利猛烈，演讲题目是"特权的死亡"，那时候，我还不知道特权的具体含义，可是我的父亲明白。

我从姨父劳德那里听来的最好的故事也是与约翰·布莱特的朋友史密斯有关的，因为他支持在丹佛姆林建立议会。姨父是他所在委员会的成员，一切都运行良好，直到有一天史密斯被称为是"由尼塔沃人"。于是，在这一地区，遍地都出现了布告，上面是一个疑问句："你会投票支持一个由尼塔沃人吗？"这是一个严重的问题。凯尼山村史密斯所在委员会的主席是一个铁匠，他声称自己绝对不会。姨父赶过去抗议，他们约好在乡村的酒馆里见面。

"先生，我不会给他投票的。"主席说得很绝对。

"但是，"姨父说，"梅特兰（史密斯的竞争对手）却是一个由尼塔沃人。"

"该死，那，哇呜。"这是其反应。

铁匠最后投了赞成票，史密斯以微弱优势获胜。

手摇纺纱机到蒸汽纺纱机的变革对我们家来说是一个灾难。父亲没有意识到即将到来的革命，依然在旧的体系下努力奋斗着。他的纺纱机大幅度地贬值，一种在任何紧急情况下都不会减弱失败的经济来源开始变得必需。母亲在这时站了出来，她为了家里的经济而开始努力奔波。她在摩迪街开了一家小店铺以增加收入，但这仍然不足以维持我们先前舒适而体面的生活。

在这以后不久我开始明白了贫穷意味着什么。可怕的日子终于到来了，当父亲将最后的织成品送到大工厂去的时候，母亲在家里焦急地等待着他回来，期待着能够获得新的原料，否则就得赋闲在家了。尽管不是"卑鄙吝啬也并非可耻卑劣"，但当我的父亲如伯恩斯坦所说的，"恳求同在地球上的兄弟让他得以去干苦力"的时候，我心里的烈焰腾腾地燃烧了起来。

那时，我下定决心在我长大成人之后要改变这一状况。和我们许多的邻居相比，我们不会沦落到贫穷的境地。我不知道妈妈对这样的贫困生活还能忍受多久，在她的有生之年是不是还能看到自己的两个孩子穿上雪白整洁的衣服。

在一个不审慎的时刻，我的父母许诺说，除非我自己要求离家去学校，否则他们不作要求。我是后来才知道他们之间这一许诺的，可随着我的长大，他们变得越来越不安，因为我并没有表现出任何意向想要主动要求。于是在他们的劝说下，校长罗伯特先生对我注意起来。之后有一天，他带我去远足，一起去的还有我的玩伴，他们都已经上学了。此后不久，我就向父母要求进入马丁的学校就读，此时他们才大感宽慰。毫无疑问，我很快就得到了他们的许可。在8岁那年，我开始进入学校，而后来的经验告诉我，这个年龄对任何孩子来说，上学都还太早。

学校带给了我无穷乐趣，因此对任何阻止我上学的东西我都会不高兴。而现在此类事情时常发生，因为从摩迪街头取水回家是我每天必做的早课。水的供给太少而且毫无规则，有时候直到很晚我仍然不能出发去学校。二十几个老太太坐成一圈，他们在前一天晚上便拿一个不值一钱的破罐子摆成一线，这样便确定了她们各自的取水顺序。可以意料，这一方式引起了无数的争论，即便是镇上受人尊敬的老夫人也无力平息这些争论。在此我容膺"可怕的小老弟"称号，于是，我的劝阻也许加剧了她们之间的紧张，或者更加激发了她们好斗的一面，这一切又反过来归咎于我。

因为早上的这一任务，我总是迟到，但校长知道原委，便原谅了我的过失。同样地，放学之后店铺里还常常有差事等着我去做。所以回顾我的生活，我早在10岁时，对父母，我已经是一个有用的人了，每每想到此，我就会感到一种成就感。很快地，他们便放心地把那些与不同人打交道的账目交予我处理，于是，在一个很小的方面,我变得有学问起来,甚至在孩童时期就开始处理商业事务。

在学校里,有一件事情引起了我的苦恼。男孩子们给我取了个绰号叫"马丁的狗",有时候我过马路,他们便会冲我叫那个讨厌的外号。我不能够完全明白这外号的含义,但它看起来是对我的一个极大的羞辱,也使我不能由衷地向这位老师表达尊敬。他是我唯一的校长,对他,我亏欠了太多的感激。除此之外,在他的有生之年我也没能有机会为他多做些事,对此,我追悔莫及。

在这里我还要提到一个人,他对我的影响也是不可抹杀的,他就是我的姨父劳德,乔治·劳德的父亲。我的父亲必须在纺纱店里整天不懈地工作,极少有闲暇顾及我。姨父在大街上经营着一家店铺,不似他这样要整个地将自己拴在店中。在我入学不久姨父便溘然长逝了,他的死给了我深深的打击,因为他把我和他的儿子乔治的陪伴看作是最大的安慰。对于怎样教育儿童,他有着非凡的天赋,他教给了我们很多东西。我记得他是怎样给我们教授英国历史的:想象每一个君主都在房间墙上的某个地方活动,做着他所熟知的那些动作。因此,在我看来国王至今还坐在壁炉前书写着马格纳纸剂,而维多利亚皇后坐在门后边,把她的孩子们抱在膝上。

这是值得嘉许的,他非常完整地给我们提供了一个君主名单。甚至几年后我在威斯敏斯特教堂[1]的牧师会礼堂里还能找出它上面有所遗漏。从威斯敏斯特教堂一个小礼拜堂的某块石片上,我读到了一段话,说奥利弗·克伦威尔的肉身已经不在这里了。我坐在姨父膝盖上学到的历史知识告诉我,这个伟大的共和国的君主曾写信给罗马教皇,跟他说:"如果他继续迫害新教徒的话,那么梵蒂冈将会听到如雷鸣般响起的大不列颠的炮声。"我们估计克伦威尔是一个无神论者,这已无需我在此多着笔墨了。

我所知道的关于苏格兰早期历史的所有知识都是姨父教给我的:关于华莱士、布鲁斯、伯恩斯,斯科特、拉姆齐、唐纳希尔、霍格和福格森。可以说,

---

[1] 威斯敏斯特教堂:英国名人墓地。

在那时，伯恩斯的话语在我的身上创造形成了一条对苏格兰的偏见（或者是爱国心）的血脉，热血奔腾不止，它将随我生命的终止而停息。当然，华莱士是我们的英雄。他的身上凝聚了一切英雄的特质。一天在学校里，一个大男孩告诉我说英格兰比苏格兰要大得多的时候，我便开始郁郁不乐。于是我跑去姨父那里，他的话对我总是富有疗效。

"不完全如此，如果苏格兰像英格兰一样平坦地铺开的话，苏格兰的面积会更加大些的。但是你能把高地丘陵削低并铺开去吗？"

噢，不可以的，对一颗受伤的小小爱国者的心灵来说，基烈山上充满了甜蜜的乳香。接着，英格兰更大的人口数目又引起了我的不快，同样地，我又去了姨父那里。

"是啊，七比一，但是在班诺克本[1]一战中，那个比例还要大得多。"于是我的心里再一次充满了喜悦——这样的话，英格兰的人越多，那么我们的荣誉也就越大。

这是对事实的某种注解：战争繁殖战争，每一场战役都为将来的某次战斗播下种子，于是，交战过的民族或国家便成了传统的敌人。美国人和苏格兰人有相同的经历。他们阅读着华盛顿和瓦尔的故事成长，他们还读到黑森人受雇来屠杀美国人，于是他们开始痛恨英国人的名字。这就是我和我的美国侄子们的经历。苏格兰的一切都是正义和良善的，但和他作战的英格兰却恶毒非常。这种偏见只有在他们长大成人之后才会消失，有些甚至还会一直逗留不散。

劳德姨父告诉我说，从那时候起，在他把人们带到房间里来的时候，就会常常向他们保证说他可以将"多德"（乔治·劳德的昵称）和我弄哭，但只要他愿意，又可以让我们哈哈大笑；他既可以使坏让我们握紧小拳头扭打在一起，但马上又可以让我们在诗情和歌唱的影响下尽情玩耍。"出卖华莱士"是他促

---

[1] 班诺克本：苏格兰中部一镇，位于格拉斯哥东北偏北的班诺克河畔，该河为福斯河的一个支流。1314年6月23日，布鲁斯的罗伯特在此打败了爱德华二世领导的英国军队。

使我们两颗幼小心灵呜咽哭泣的王牌,屡试不爽,每一次尝试的结果必定是我们彻底的失落,他讲的故事往往不会脱离他的把握,毫无疑问他会一次又一次地对之进行新的润色。姨父的故事从来不需要斯科特给他的"帽子和拐杖"。一个英雄对小孩子的影响是多么神奇啊。

姨父、我还有多德一起在那条大街上度过了许多夜晚的时光,我和多德之间的兄弟同盟至死不渝。"多德"和"奈格",我们总是在一个家庭之中。年幼的时候我从来不叫他乔治,而他,也更喜欢称我奈格甚于卡内基。因此人们便总在我们之间听到"多德""奈格",任何其他的名字都代替不了它们的含义。

姨父家在镇子的主街道上,要回到摩迪街我自己的家有两条路可以走,一条路沿着修道院可怕的墓地伸展,那里一片黑暗,没有光,似乎在死亡中穿行。而另外的一条路则沿着灯火通明的街道,并且路过梅门(May Gate)。当我需要回家时,姨父便会故意使坏问我将走哪一条路。只要我想一想如果是华莱士会怎样选择时,我总是回答说要借道修道院那边。对于要走那条可以顺着梅门的灯光而行的路的诱惑,我从未向他屈服过,每想及此,我心里便会升起一种成就感。我常常沿着墓地回家,并且总是提心吊胆地穿过修道院的拱门,一路上吹着口哨壮胆。一想到华莱士在遇到自然的或是超自然的危险时会怎样做,我便可以在黑暗中迈着沉稳的步子。

在我们还是小孩的时候,我和我的表兄都认为罗伯特国王是非正义的。因为罗伯特是国王,而华莱士只不过是一个平民,这已经足以说明问题。在我们看来,格雷厄姆先生是延续罗伯特国王之后的第二个非正义人物。苏格兰男孩强烈的爱国心在他的生命中形成了一种真正的力量,直到死亡。如果有人来研究我的勇气——我所拥有的最主要的东西,我肯定那最终的分析会发现它来自于华莱士——苏格兰的英雄,英雄永远是男孩的力量之源。

一个真正的苏格兰人在很多年以后也找不到理由来减弱他所形成的对自己国家的估价,甚至是它在地球上那些更大的国家中的地位。他可以找到充足的理由来提升他对其他国家的看法,因为它们都有很多值得骄傲的地方——这足以激励他们的子女像他们一样决不玷污自己的出生地。

我真正认识到这个地方绝不只是一个居住地也只不过是几年前的事情。我的心是留在苏格兰的。正像彼得斯堡首长的小儿子一样，当他在加拿大回答一个问题的时候，说他很喜欢加拿大，因为那里很适合旅游，但他不会居住在距离布鲁斯和华莱士的遗迹如此遥远的国度。

第二章

卡内基

丹佛姆林和美国

在教育上，我的好姨父劳德一直正确地赋予背诵以很高的价值，多德和我因此受益匪浅。我们经常要穿着外衣或者衬衫，卷起袖子，戴上纸制的头盔，把脸涂黑，拿着木板条做的剑，扮演诺瓦尔和格雷纳温[1]，或者是罗德里克·度和詹姆士·费茨詹姆士[2]，向我们的同学，还常常有老人，背诵他们的台词或是对话。

我清楚地记得，在诺瓦尔和格雷纳温之间的一段非常有名的对话中，我们对一个不断重复的短句——"该死的虚伪"存在疑虑。最开始，我们在说到"该死"这个不雅的词时，总是要轻轻地咳嗽一下，观众对此乐不可支。有一天，姨父告诉我们，可以说出"该死"这个词，而不会遭到责骂。这一天对我们来说非同寻常。此后我们就经常练习这句话，我总是扮演格雷纳温的角色，并且把这个词念得十分的饱满到位。而且，偷吃禁果对我有极大的诱惑力。我能很好地理解玛格丽·弗雷芒的故事：一天早上，她显得很生气的样子，沃尔特·司各特问她怎么了时，她回答道：

"司各特先生，今天早上我非常生气，我只想说'妈的'，但是我不能。"

从此之后，这一带有脏字的表达便意义重大。牧师可以在讲道坛上说"混账"而不为过，而我们，也可以在背诵中毫不拘束地大声说"该死"了。

另外还有一个表达让我印象深刻，在诺瓦尔和格雷纳温争斗的时候，诺瓦尔说："如果我们再打一次，我们的伤害都将是致命的。"1897年，我在为《北美评论》所写的一篇文章里面用上了这句话。姨父读到了它们，便马上坐下来给我写信，说他知道我是在哪里找到这个句子的。在世的人当中，只有他能够做到。

由于姨父这样的教育方式，我的记忆力得到了极大的提高。我想，除了鼓励年轻人记忆他们喜欢的东西并且经常背诵之外，没有什么更能使他们受益的方式了。我能极快地学会任何我感兴趣的东西，对此我有些朋友感到吃惊。我

---

[1] 诺瓦尔和格雷纳温：苏格兰戏剧家约翰·霍姆的悲剧《道格拉斯》中的主要人物。
[2] 罗德里克·度和詹姆士·费茨詹姆士：苏格兰小说家和诗人沃尔特·司各特的叙事长诗《湖上夫人》中的主要人物。

能记住任何东西，不管它是否能引起我的兴趣，但是如果一件事情没给我留下很深印象的话，那也不过是过眼云烟，几个小时之后我就记不起来了。

丹佛姆林的学校生活对我是一个考验，我每天都要背四节赞美诗。我的方法是这样的：在去上学之前一眼都不看，如果我慢慢走，五到六分钟之内可以到学校，但我还是可以在这段时间内完成任务。第一节课就是圣诗，因为我事先已有准备，因此成功地通过考验不成问题。但如果让我在三十分钟后再重复一遍，其结局恐怕就有点惨不忍睹了。

我所赚得的，或者说从家庭圈子之外得到的第一个便士是学校的一个老师马丁先生给我的，因为我在全校师生面前背诵伯恩斯的诗歌——《人生而忧伤》。写到这里，我想起了在稍后的几年里，我有次和约翰·默利先生在伦敦共进晚餐。我们谈到沃兹沃斯的生活，默利先生说他一直在找寻伯恩斯的诗歌《老年》，他为之赞叹不已，可是此标题下的内容他却没有找到。我当时很有兴致地为他背诵了其中的一部分，他立刻给了我一个便士。啊，默利真是伟大，他介绍给我学校的老师——马丁先生，马丁先生是我遇到的第一个"伟大"的人，对我来说，他是真正的伟大。但英雄却是"诚实的约翰·默利"。

在宗教问题上，我们没有太多的束缚。当其他小孩在学校里被逼着学习《简明教义问答手册》时，多德和我可以免受其劳。这种优待的具体原因和细节，我从来没有真正明白过。我的所有亲戚，莫里森家和劳德家的人，对神学的看法就像他们的政治观点一样激进，他们反对教义，对此我毫不置疑。在我家和亲族中没有一个是正统的长老教会成员。我的父亲、叔叔和艾特肯姨妈、劳德姨父，还有我的卡内基叔叔，都放弃了加尔文主义的教条。在之后的某一天，他们中的大部分人在一段时间内从思维登伯格学说中找到了精神寄托。妈妈对宗教话题总是保持沉默，她从未跟我提起过此类事情，也不去教堂，因为在那时，我们家没有仆人，而她包揽了所有的家务，包括准备我们星期天的晚宴。母亲阅读广泛，阅读无神论者查宁[1]的作品是她当时唯一的乐趣。她真是不可思议。

---

[1] 爱德华·查宁（1856—1931）：美国历史学家，主要著作为美国历史（6卷，1905—1925年）。最后一卷描写美国内战，获普利策奖（1926年）。

在我的童年，包围着我的气氛，是一种强烈的政治和宗教事务上的动荡不安。当时在政治世界表现出激动不安的最先进的思想有：消灭特权、人民平等、共和主义。与之相伴，我听到很多关于神学问题的争论，这对敏感的孩子有极大的吸引力，听了大人们的议论之后，我如饮醇酒，酩酊大醉。我一直十分清楚地记得加尔文主义的一条教义，它对我有如恶梦一样恐怖，可是由于上述思想的影响，我的这种精神状况便转瞬即逝了。有件事一直珍藏在我的心里，有一天，当牧师在宣扬原罪说时，父亲愤然而起，离开了会场。

父亲不能忍受这种理论，他说："如果那是你的宗教、你的神，那么我要去寻找一个更好的宗教，一个更高贵的神。"他离开了长老会教堂，并且再也没有回来，但他却并未停止参加其他各种不同的教派。我看到他每天早晨都在阁楼里祈祷，这给我留下很深的印象。他是一个真正的圣徒，时刻提醒着自己保持虔诚。一切宗派对他来说都不过是通向善的中介。他发现宗教理论有很多种，可信仰只有一个。神父构造出来的不是一个天父，而是残暴的复仇者，一个"永远的折磨"——安德鲁·怀特曾斗胆在他的自传中如此称呼上帝。对此父亲知道得比神父更好更清楚，我为他感到骄傲。

我童年时最大的乐趣之一就是养鸽子和小兔。当我想起父亲不辞辛劳地为这些宠物搭建一个舒适的窝时，我都会感激不已。我家成了小伙伴们的大本营。在妈妈的眼里，家庭的影响是让他的两个孩子踏入正途的最好途径。她过去常说，首先是要让家里充满欢乐，只要能让我和在我家玩的孩子们高兴，没有什么是她和父亲不能做的。

我的第一次商业冒险是像一位雇主似的，让我的小伙伴们给我帮一个季度的忙，报酬是允许用他们的名字来给小兔子命名。通常我们都会在周六给小兔子预备食物。回想当时，我与玩伴们签订如此苛刻的合同，他们却大多心甘情愿地帮我采集蒲公英和车前草，整整三个月，除了那唯一的回报，那少得不能再少的酬劳，他们没有提出任何别的条件。而今每念及此，我都会受到良心的谴责。

我非常珍视这段经历，并把它看成是我组织能力的最早证明。它的发展和我一生所取得的物质成功紧密相关。我之所以成功，并不是因为我懂得有多少或是干了什么，而是因为我具备一种能力，使我得以知道谁比我知道得更多，做得更好，并且选择任用他们。这是任何人都该拥有的宝贵知识。我并不懂得钢铁机器，但我尽量去弄懂人的机制构造，这比钢铁机器更为复杂。1898年，我乘车在苏格兰高地旅行，在一个小酒馆里稍作停留，一位绅士走过来自我介绍，他是麦金托先生，苏格兰的大家具制作商，后来我发现他是一个很有意思的人。他说他冒昧地介绍自己，因为他就是那群帮我干活的伙伴中的一员。我记起来了，他有时不爱说话，一心想着那些兔子，而且也给其中的一只起了他的名字。可以想象，我遇到他有多高兴——他是我日后唯一遇见的一起养过兔子的伙伴。我希望能经常见到他，我们之间的友谊天长地久。（当我在今天，1913年12月1日，阅读这份手稿的时候，手头有来自他的一封珍贵的短信，这勾起了儿时我们一起玩耍的时光的回忆。他现在应该收到了我的回信吧，希望我的短信可以温暖他的心，正如他给我带来的一样。）

随着蒸汽机的引入和改良，丹佛姆林小作坊主的生意也每况愈下。于是，我们给妈妈在匹兹堡的两个姐妹写了封信，信上说在经过深思熟虑之后，我们决定去投奔她们，也迁移到匹兹堡去。我记得曾听父母说，他们这么做不是为了改善他们自己的境况，而是为了两个儿子。姨妈给了父母一个满意的答复，于是我们做出决定在拍卖会上卖掉纺车和家具，父亲也经常用甜美的声音向我们歌唱：

向西，向西，奔向自由之邦，
在那里，密西西比河泛着亮光奔流入海，
在那里，人有人的尊严，即使他须辛勤劳作；
在那里，最穷的人也能收获到劳动的果实。

拍卖的收益微薄可怜，让人失望。纺车几乎不值一钱，换不到任何东西，结果是我们还需20英镑才能凑够全家去美国的路费。在这里，请允许我记录一下汉德森夫人的友谊之举，她是我妈妈的终生好友——她总是能吸引忠诚的朋友，因为她自己就是这样一个人。她是艾拉·弗格森的女儿，她是通过这个名字而为我家人所认识的。她大胆地冒险借给我们还急需的 20 英镑,由我舅舅莫里森和姨父劳德作保。劳德姨父也给了我们经济支援和一些建议,为我们考虑到了所有的细节。我们于 1848 年 5 月 17 日离开了丹佛姆林。当时父亲 43 岁,母亲 33 岁,我 13 岁,而我弟弟汤姆还不到 5 岁。汤姆是个长着一头白色头发的漂亮小男孩,黑色的眼睛闪闪发亮,不管在哪,他都是引人注目的焦点。

除了一个冬天在美国上了夜校,后来有一段时间又请了一个法语家教晚上教我之外,我从此永远地告别了学校。那个法语老师是个演说家,我从他那里学会了如何演讲。我能读书写字,会使用密码,并且还一度开始学习数学和拉丁语。我曾努力学习英语语法,也达到了作为一个孩子通常应该学到的程度。除了华莱士、布鲁斯和伯恩斯,我少有其他读物,但我记得很多熟悉的诗歌,当然还有童话故事,尤其是《天方夜谭》,它们带着我进入了一个全新的世界。当我如饥似渴地阅读这些故事时,我恍若梦中。

那天早晨,我们离开深爱着的丹佛姆林,坐在汽车里,沿着去查尔斯顿的运煤铁轨向前奔驰。我忘不了那一刻,我满含泪水站着,望着窗外,直到丹佛姆林在视野中消失。最后消失的建筑是那座伟大而神圣的古老大教堂。在我离开的前 14 年中,我每天都要回想起那天早上的情景:"什么时候我才能再见到你呢?"这 14 年中,只有很少的日子,我不曾在想象中看见大教堂的高塔上,那具有魔力的大字——罗伯特·布鲁斯国王。我所有的童年回忆,我对这片乐土的所有认识,像草一样,围绕这古老的修道院和它的晚钟丛生着。钟声每晚八点悠扬地鸣响,而对我,这是一种信号,我必须赶在它停止之前上床。在我的《美国的四驾马车在大不列颠》一书中,我曾经在写大教堂时提到这口钟,现在,我也要从中引用一段:

> 马车驶下廊道,我和沃尔斯教士长站在前排座位上,我听见大教堂的第一声钟响,是为了我母亲和我而鸣。我跪了下来,泪水不知不觉地夺眶而出,我转过身去告诉教士长,我没法坚持,必须放弃。有一阵,我感觉就要昏厥,幸亏我看见不远处没有人群。我有时间控制自己,我咬着嘴唇,直到流血。我低声对自己说:"没关系,保持冷静,

你必须坚持住。"再没有一种声音如此地深入我的灵魂，不时闪现，用它那悦耳、优美、动人的力量将我征服。

伴着晚钟，我曾被抱上小床，进入孩提时那无邪的梦乡。每天晚上，当钟声敲响时，父亲或母亲慈爱地俯身面对我，告诉我钟声在说什么。通过他们的翻译，钟声的语言变得那么美好。这是从天堂和圣父那里传来的声音，在我入睡前，这声音会慈祥地告诉我，白天做了哪些错事。钟声平和，我知道敲响它的神灵看到了我所做的一切，但是并不生气，永远也不会生气——永远，只会感到遗憾——非常非常遗憾。今天，当我听到钟声，它仍然并不只是一种声音而已，它依然有它的含义，而现在它听上去就像在欢迎背井离乡的母亲和孩子归来，再一次托庇于它珍贵的关爱之下。

修道院晚钟在敲响时给我们带来快乐和荣耀，这是大自然独有的神奇魔力。我的弟弟汤姆应该也在那里，这就是那时产生的想法。当我们要离开这里，去一个新的国度之前，他也开始知道这钟声的巧妙了。

卢梭希望能伴着优美的音乐死去，如果我能选择，我希望在我步入黑暗时，大教堂的钟声能在我耳边敲响，告诉我人生的竞赛已经结束，像召唤那个白头发小男孩一样召唤我入睡——最后一次。

我收到了很多读者的来信，在信里他们谈到我书中的这段文字。他们为之感动，甚至有人说他们在阅读的时候热泪盈眶。这种感情来自我的内心，也许，这也就是它为什么能够引起其他人心灵共鸣的原因吧。

我们先乘一艘小艇，然后在福思湾登上了爱丁堡号蒸汽船。当我将要被抱上轮船时，我冲向劳德姨父，紧紧地搂着他的脖子，哭喊着："我不能离开你！我不能离开你！"一个和善的水手将我们分开，把我抱上了甲板。当我重返丹佛姆林，这个亲爱的老人来看我，告诉我这是他所见过的最感伤的别离。

我们乘坐800吨的"威尼卡塞特号"帆船从道格拉斯出发。在七周的航行中，我和水手们变得熟络，我知道了缆绳的各种名称，并且能够指导乘客们如何应对水手长的指示。因为船上的水手不够，乘客们的帮助就显得非常重要。因此，一到周日，水手们就邀请我共享他们的美味——葡萄干布丁。我是依依不舍地离开这艘船的。

抵达纽约时，我感到晕头转向。曾经有人带我去爱丁堡见过女王，但那是我在移民之前最远的一次旅行，我们也没有时间去游览格拉斯哥。纽约是我见过的第一个大工业区，那里如蜂房般密密麻麻住满了人，它的热闹刺激让我眼花缭乱。我们在纽约停留期间，最令我震惊的是，在我走过城堡公园的草地保龄球场时，我的胳膊被人一把抓住，原来是"威斯卡塞特"号上的水手——罗伯特·巴里曼，他按规定穿着制服，蓝色夹克配以白色裤子。我认为他是我所见过的最漂亮的男人。

他将我带到一个饮料摊上，要了一杯汽水给我，我就像喝着神酒一样，觉得无比受用。在那个时候，我所能想象到的，从那装饰精巧的铜制器皿流出来充满泡沫的仙酿，满是美好的华丽色彩，任何我所见过的东西都无法与之匹敌。好几次我路过那个地方，看见那个站在汽水摊旁的老妇人，我都会挂念那位亲爱的水手，不知他现在怎样了。我曾经努力和他联系，看他是否正安享晚年，也许我能尽些微薄之力，让他在垂暮之年多些乐趣。然而一切都是徒劳。每当我听汤姆·鲍林唱起那首动人的老歌，我在脑海里总是浮现出我那亲爱的"充满男性魅力"的老朋友巴里曼。只可惜，在此前他已去世。然而，他在那次航行中给我的照顾和友爱，使得一个孩子成为他忠实的朋友和仰慕者。

在纽约，我们只认识斯隆夫妇——著名的斯隆三兄弟（约翰、威利、亨利）的父母，斯隆夫人（尤菲米娅·道格拉斯）是我母亲儿时在丹佛姆林的朋友。斯隆先生曾和我父亲一起当过织布工。我们去拜访他们，并且受到了热情的接待。威利于1900年从我手里买下了纽约我家宅子对面的一块地，送给两个已婚的女儿，这样使得我们这第三代成为好伙伴，就像我们的母亲一样，这真是无上的乐事。

纽约的移民代理人劝说我的父亲通过伊利运河，经布法罗和伊利湖到克利夫兰，再由运河到毕佛——这段路程持续了三个星期。而如今坐火车只需十个小时便已足够。但那时还没有火车通往匹兹堡，或者任何一个西部的城市。伊利铁路正在建设中,一路上,我们看到成群的人在上面劳动。年轻永远都不会犯错,当我回首当年在运河船上的三个星期,只有单纯的快乐。所有不愉快的事情都早已在我的记忆中淡去,只是除了在布法罗的那个晚上,我们被迫停在趸船上,等候那条要带我们经俄亥俄去匹兹堡的汽船。当晚我们第一次领教了蚊子的凶猛。母亲被叮得如此严重,以致在第二天早上已难以视物。我们的样子都很可怕,我已经记不起那晚的蚊灾是否使我睡得不香。我一向都睡得着,从不知道什么"恐怖的夜晚,地狱里的孩子"。

我们在匹兹堡的朋友一直在焦虑地等待着我们的消息,他们热情而富有爱心的欢迎使得我们忘记了所有的艰难。我们跟他们一起在阿尔勒格尼住了下来。霍根姨父的一个兄弟在贝利卡街尾开了一间织布店,有两层楼,楼上两个房间,我们就在那里安家住了下来(不需要交房租,因为它的主人是我的艾特肯姨妈),姨父的兄弟很快就不干织布的活了,我的父亲便接替他,开始织台布。他不只是织台布,到后来,他像商人一样走街串巷去推销。因为找不到批发商大批量订货,他只好挨家挨户地自己去推销,收入十分微薄。

像往常一样,母亲又挺身而出,没什么可以阻止她的。在她还小的时候,她就从她的父亲那里学会了怎样给鞋子镶边,以此赚些零花钱。如今,她的这一技艺可以为家庭的收入服务了。菲利普斯先生,是我的朋友与合作者亨利·菲利普斯先生的父亲,他跟我外公一样,也是一位鞋厂主,并且他还是我们在阿尔勒格尼时的邻居。母亲就从他的手里接活,另外她还要做家务——当然,我们家是没有仆人的——母亲,她是一位伟大的女性,她每个星期能挣到4美元。她常常工作到深夜,白天或晚上若有空闲,暂时没什么家务的话,她便让弟弟坐在她的腿上,帮她把线穿进针眼里,再把线打上蜡。如同曾经对我一样,她会给他背诵苏格兰诗歌中的精华部分,她似乎已经把这些深深地记在了心里。有时她也会给他讲故事,每一个都寓意深刻。

这就是诚实正直的穷孩子比富家子最有优势的地方。护士、厨师、女家庭教师、老师、圣徒,母亲集这一切于一身。而父亲是榜样、向导、顾问和朋友!我和弟弟就是这样成长起来的。与我们的这种遗产相比,百万富翁或者贵族的孩子所继承的东西又何足道哉?

我的母亲总是很忙碌，然而，不管工作多么繁重，都不会妨碍她在邻居们遇到困难时给予建议和帮助，邻居们很快就认识到了她的善良和智慧。很多人告诉我母亲为他们做了什么。在以后的日子里，无论我们住到哪里，事情都是如此。无论是穷人还是富人，如果遇到难题，都会来向母亲寻求好的建议。无论她走到哪儿，都能在邻居中展示出她的卓尔不凡。

第三章

卡内基

匹兹堡和我的工作

现在最大的问题是，我能找到什么活儿干。虽然我刚过13岁，但我十分渴望能找到一份工作，以帮助我们家在新的地方开始新的生活。我所希望的前景开始成为一个可怕的噩梦。这个时期，我一直在想，我们要努力工作，省吃俭用，每年挣下300美元——每月25美元，来维持生活所需，而不需要依靠别人。那时所有的生活必需品还都是非常便宜的。

霍根姨父的那个兄弟经常询问我的父母是否有意让我干点什么，有一天发生了一件我记忆中最为可悲的一幕，我永远也不会忘记这一幕。怀着世界上最善良的本意，霍根先生向母亲说，我善于学习，是个聪明的孩子。如果让我提着篮子装上些小玩意儿，到码头周围去叫卖，他相信我一定能赚不少钱。在此之前，我还不知道一个被激怒了的女人是什么样子。母亲当时正做着针线活，她猛地站起来，伸开双手，在他面前挥舞着。

"什么？让我儿子去做小贩，混迹于码头上那些粗野的人中间吗？那我干脆把他扔到阿尔勒格尼河算了，你走！"她吼着，指着门口。霍根先生走了。

她站在那里，像一个悲剧中的女王，她禁不住伤心地掉下了眼泪，啜泣起来。但她并没哭多久，随后把她的两个孩子揽入怀里，告诉我们说，不要介意她的失态。在世界上，我们有很多事情可以做，如果我们只做正确的事，我们会成为受人尊敬的有用的男子汉。海伦·玛格丽特在写给奥斯巴尔迪斯通的回信中，威胁说要将她的战俘"碎尸万段，有如格子呢上的图案"。但是导致母亲发火的原因是不同的，并不因为做小贩是简单的劳动，她总是教育我们说懒惰是可耻的。而是因为，在她眼里，做小贩有点无业游民的性质，不怎么光彩。是的，母亲宁愿一手搂着一个孩子，与他们一起死去，也不要让他们在这么小的年纪就与低俗为伍。

当我回顾早年的奋斗，可以这样说，这个世界上，没有哪个家庭可以比我的家庭更令人自豪的了。那种对荣誉、独立、自尊的热烈期望遍布家中的每一个角落。沃尔特·司各特说伯恩斯在全人类中最独具慧眼，我要说，我的母亲也同样如此，正像伯恩斯说的：

第三章　匹兹堡和我的工作

她的眼睛即使看着空洞的空间，
依然透着对荣誉的热烈渴望。

那英雄伟岸的灵魂远离了一切低俗、自私、欺诈、多变、下流和空谈。我的父亲也是自然的贵族之一，为一切所钟爱的圣徒。有这样的父母，我和汤姆没法不在成长中培养起高尚的品格。

在这件事情之后不久，父亲发现他有必要放弃他的手摇纺纱机，而进入布莱克斯多克先生的棉纺厂。布莱克斯多克先生是住在阿尔勒格尼的一个苏格兰老人。他还在工厂里为我谋到了一个绕线工的岗位，于是，我就在那里开始了我的第一份工作，每个礼拜可以有1.2美元的收入。这是一段艰苦的生活，冬天里，父亲和我摸黑起床，匆匆吃完早饭，要在天亮之前赶到工厂。而且，中间只有一小段午饭的时间，黄昏之后还得继续干活。我感到压力重大，从工作中也得不到什么乐趣。但是乌云总是镶着一道银边，因为这让我感觉到我为我的世界——我们的家庭做了些贡献。迄今，我已经赚得了亿万的金钱，但这些钱所带给我的快乐，都远不及我工作第一个礼拜所赚到的1.2美元。我已经是一个对家庭有用的人，是能赚到面包的人，不再是父母的负担了。我又经常听到父亲用甜美的声音唱着《小船一排排》，我还经常想着要实现歌词最后几行所描述的内容：

当阿莱卡、乔克还有吉奈特，
早早地从床上爬起，
驾着船排捕雀鳝，
我们也关心丽琴。

我将要辞去我的小手艺了。在这里，我必须说明的是阿莱卡、乔克还有吉奈特是首先接受教育的。苏格兰是世界上第一个要求父母对他们的孩子进行教育的国家，不管他们的地位高贵或者卑微；苏格兰也是最先建立教区公共学校的国家。

不久，约翰·海尔先生，阿尔勒格尼的一个苏格兰线轴制造商，需要一个男孩。他来问我是否愿意去他那儿干。我答应了，在他那里，我每个星期可以赚两美元，但最开始的时候，这里让我比在工厂更感到厌烦。我要在线轴厂的地下室里操作一台蒸汽机，烧锅炉，这有点太难为我了。每天晚上，我坐在床上，摆弄着气压计。我有时担心蒸汽压力太低，上面的工人会抱怨动力不足，有时又担心蒸汽压力太高导致锅炉爆炸。

出于自尊，这一切都瞒着父母。他们也有自己的麻烦，有需要操心的事。我需忍受这些苦楚，表现得像个男子汉一样。我的期望很高，每天都盼着会发生什么变化。我不知道是什么，但是我相信只要我坚持，它一定会来到。另外，在那些日子里，我还是像往常一样地问自己，如果是华莱士，他会怎么做？一个苏格兰男人应该怎么做？我确信一点，他永远都不会放弃。

有一天，机会来了。海尔先生要起草几份布告，可是他没有文员，自己也不擅长书写。他问我会哪几种字体，并且给了我一些书写的活儿。结果很让他满意。此后，他便让我给他做布告和报表之类，认为我很合适。我对算术也很擅长，他很快就发现，让我干其他的事情会更加符合他的利益。不仅如此，我相信这位可爱的老人对我这个白头发的男孩印象很好，他心肠很好，有时这个苏格兰人很愿意把我从蒸汽机旁解放出来。对我来说，工作不是那么让人厌烦了，但一件事情除外。

我现在的工作是把新生产出来的线轴放到油缸中清洗。所幸的是，这项工作有一个单独的工作间，只有我独自一人在那儿干活。可是不管下多大的决心，对我自身的弱点感到多么愤怒，都不能使我的胃不再翻江倒海地难受。我想努力克服由于油的气味所引起的恶心，但我始终做不到。这时，华莱士和布鲁斯的重要性就显现出来了。如果我牺牲掉我的早餐或是午饭，在吃晚饭的时候，我会有更好的胃口，因为我完成了当天的份额。华莱士和布鲁斯的真正信徒是永远不会放弃的，否则，他宁愿死亡。

和棉纺厂相比，我在海尔先生这里的工作要优越不少，而且在那里我还结识了不少对我很友善的雇主。海尔先生使用单条目记账法做账，我可以帮他打理这些事情。但我听说大公司记账都采用复条目记账法，于是我和我的同事约翰·菲利普斯、托马斯·米勒、威廉·考利经过讨论，决定冬天时去夜校充电，学习那种更加庞大的记账体系。于是，我们4个上了匹兹堡的一家夜校，学会了复条目记账法。

  1850年初的一个晚上，在我下班回到家的时候，得知大卫·布鲁克斯——电报公司的经理，曾问霍根姨父是否认识什么好男孩可以做信差。布鲁克斯和霍根姨父都是跳棋迷，他们是在下棋的时候提出这个对我来说意义非常的问题的。此类琐碎的小事常常会产生意义最为重大的结果，一个词、一个眼神、一个语调，不仅能影响一个人的命运，有时候甚至还能影响整个国家民族的命运。一个有胆识的人会把什么事都视为小事。当有人劝他，少干点无聊的琐事吧，他会说，可以啊，如果有人能告诉他，什么算是琐事。年轻人应该记住，上帝最好的馈赠往往就隐藏在小事之中。

  姨父提到了我的名字，说他可以问问我是否愿意做这个工作。我记得很清楚，我家还特意为此召开了家庭会议。当然，我欣喜若狂，恐怕没有哪一只笼中鸟比我更加渴望自由了。母亲很赞成，但父亲却有点不大同意。他说，这个工作我可能干不了，我年纪太小，身体也太单薄。每周2.5美元的薪水就证明他们需要的是一个更加壮实的小伙子。我有可能在深夜被叫起来送一份电报去乡下，还可能会遇到危险。总之，我的父亲认为我最好还是待在原地工作。可后来他又撤回了反对意见，允许我去试一试。我也曾找海尔先生商量过，海尔先生认为这对我是个发展的机会，还说，尽管我的离去会给他带来不便，但他仍建议我去试一下，他还好心地说，万一我不能被录用，还可以再回他这儿，做原先的工作。

  就这样决定了，我得过河去匹兹堡拜访布鲁克斯先生，父亲希望和我同去，最后定下来，他送我到电报公司，公司在佛斯和伍德街交叉的地方。那天早上阳光明媚，这是一个好兆头。我和父亲从阿尔勒格尼走到匹兹堡，距我家大概两英里的路程。到门口的时候，我让父亲在门外等我。我坚持自己单独上楼去见那个大人物，面对我自己的命运。这是我有意安排的，也许是因为在一定程度上，我已经把自己看成是美国人了。刚开始，孩子们总是叫我："苏格兰佬！苏格兰佬！"而我会回答说："是的，我是苏格兰人，并且引以为豪。"但在说话时，浓重的苏格兰口音被我改掉，只留下一点点痕迹了。因此，我想如果单独去见布鲁克斯先生，会比我好心的苏格兰老爸在场表现得更好，因为他看到我的样子可能会发笑。

我穿的是自己唯一的一件白色亚麻衬衫，我常常只在安息日的时候才郑重其事地穿上。外面是蓝色紧身外套和一整套在星期天才穿的行头。那时，在我进入电报公司后的几个星期之内，我都只有一件夏天穿的亚麻布衣服。每个周六晚上，不管那天我是否要值夜班，都可能到深夜才能回家。母亲都会等着将我的衣服洗干净，然后熨干，好让我在安息日的早上能够干干净净地穿上它们。为了在这个西方世界赢得容足的空间，这个女英雄无所不做。父亲在工厂里长时间的劳动使他筋疲力尽，但是他也像一个英雄般坚强，从不忘记鼓励我。

面试很成功。我很小心地解释说我不熟悉匹兹堡，也不够强壮，可能不会被录取，但是我想接受考验。他问我多快可以过来工作，我回答说，如果需要我当时就可以留下来。回想起当时的情景，我想我的回答也许值得引起年轻人的思考。如果不抓住机会，那将是一个极大的错误。他给我提供了一个岗位，但是有些意外事情还可能会发生，有些其他的男孩也许正在寻求获得这一机会。既然来了，我就决定留在那里，只要我能。布鲁克斯先生非常和善地叫过另外一个男孩，让他带我四处看看，我是额外增加的。他让我跟他走并且学习业务。很快地，我找到机会跑去街角，告诉父亲说一切都很顺利，并且让他回家告诉母亲说我已经得到了这份工作。

这就是我在1850年如何开始我人生起点的经过。曾经在黑暗的地下室，我操作着一台蒸汽机，为了每个礼拜的两美元辛勤劳动，全身沾满煤污，生活没有一丝可以得到提升的迹象。而现在，我一下子进入了天堂，是的，对我来说，这就是天堂。这里有报纸、钢笔、铅笔，还有照耀着我的阳光。我发现自己所知太少，要学的东西很多，而且基本上，我每一分钟都能学到新的东西。我感觉我的脚下正是一架梯子，我一定要爬上去。

我只有一点担心，那就是还怕自己学得不够快，不能够记住电报需传送到的众多不同商家的地址。所以，我开始沿着街道的一边逐个地记录这些房子的招牌，再沿着另一边返回，这样，我就可以把这条街上所有商家的招牌从头至尾记下来。到了晚上，我就依次念这些商家的名字，以此来练习记忆。没过多久，就算闭着眼睛，我也能把这整条街上商号的名字从头至尾按顺序背下来（从街的这边开始，再从街的另一边回来）。

接下来的一步是要认识人，因为如果认识了每家商号中的成员或是雇员，这对信差来说将是一个极大的便利，往往还可以省下不少的路程。他很可能会碰上一个人，就是他要送信去的那个办公室的。在送信的孩子们中间，这可以算作一个不小的胜利。此外，一个和蔼可亲的人（大多数人都挺和气），在街上收到信或者受托转交，通常忘不了对这个孩子赞赏一番，这对信差自己来说，也会产生一种成就感。

1850年的匹兹堡完全不是它今天的样子。1845年4月10日的那场大火差点毁灭掉这个城市的整个商业区，那时还没有恢复过来。此地的房屋大部分是木质结构，仅有少数部分是砖砌的，完全不能防火。算上周围地区，匹兹堡的总人口也不过四千。商业区也还没有延伸到第五大道。当时的第五大道是条非常冷清的街道，只有稀稀拉拉的一些商家，大片的空地夹杂其间。我记得如今的第五区的心脏地带在当年有一个池塘，我还曾在上面滑冰。我们的联合钢铁公司后来就在那个位置，许多年后，那儿成了一片卷心菜地。

罗宾逊将军，我曾给他送过很多电报，他是在俄亥俄河西部出生的第一个白人小孩。我看到第一条电报线路延伸到这个城市的东部。接着，在后来的某一天，我又看到了第一个火车头，这是为俄亥俄——宾夕法尼亚铁路所准备的，从费城通过运河运来，卸在阿尔勒格尼的码头。那儿没有铁路直接通往东部。旅客们都经运河坐船到阿尔勒格尼山脚下，从那里他们可以坐火车到霍利德斯伯格，中间有30英里的路程，然后再通过运河到达哥伦比亚，再坐火车走81英里去费城——走完这一趟得花3天时间。

因为已经建立起了日常交通，那时候，在匹兹堡最重大的事情是从辛辛那提来的包裹的发出和抵达。由于它是从天然河流到运河之间的枢纽，促进东西之间的货物流通便构成了这个城市商业极重要的内容。有个轧钢厂开始运转起来，但是一吨生炼金属也未生产出来，而且在几年以后，它也没能压出一吨钢。由于短缺能源，生炼金属加工一开始就遭遇到了彻底的失败。尽管世界上最好的炼焦煤就沉积在离它几英里远的地方，但人们从来没有想过把焦炭拿来冶炼铁矿石，天然气矿藏也千万年来一直埋藏在这座城市的地下，没有得到开采。

那时候，镇上的"信件传递员"还不到6个。然而没过几年，甚至有人开始尝试给马车夫介绍侍从了。等到1861年，匹兹堡年报上所记载的最值得关注的金融事件是，伐尼斯托克先生从其生意中撤出174000美元的巨额资本，利息由他的合伙人支付。174000美元，在那时看起来是一笔天文数字，而现在却又是多么的微不足道啊。

我的信使工作使我很快结识了城里的几位大人物。匹兹堡的律师业很不一般，维尔金斯法官是这一行的领袖，除了他还有迈克·坎德里斯法官、马可可鲁法官、查里斯·谢尔，以及后来成为陆军部长的埃德翁·斯坦顿（林肯的左膀右臂），我都很熟悉。尤其是斯坦顿，因为他在我还是个孩子的时候就注意到我了。那些在商界中成功的卓越者：托马斯·豪、詹姆士·帕克、霍塞、本雅明·琼斯、威廉·斯瓦、约翰·查里范特、海润上校，他们都是被我这个信差男孩视为榜样的大人物，他们的生平也证明了他们作为榜样的优秀。

无论从哪方面来说，我当电报信差的经历都是愉快的。而且就是在这期间，我奠定了和几位亲密朋友的友谊基础。资格较老的信差被提升到别的岗位上去，因此需要一个新人，于是来了大卫·麦卡戈，他后来成了大名鼎鼎的阿尔勒格尼山谷铁路的主管。我俩搭档，负责东线的信件传送，而其他的两个男孩负责西线。于是，东边和西边的两个电报公司便分离开了，尽管还在同一幢建筑里面。大卫和我很快成了死党，这其中有一个很重要的纽带，他也是苏格兰人，虽然他出生于美国。但他的父亲，甚至在口音上，却是一个地道的苏格兰人，就像我的父亲一样。

大卫到来后不久，我们的团队需要增加到3个人，这一次，公司向我咨询是否能找到一个合适的人选。我不费吹灰之力就找来了我的好友罗伯特·皮特恩科——日后接替我出任宾夕法尼亚铁路在匹兹堡的主管和总代理。罗伯特就像我一样，不但是苏格兰的后裔，还出生在苏格兰。大卫、鲍勃和"安迪"，成了匹兹堡东线电报信息传送的苏格兰男孩3人组。挣的薪水在当时很可观——每周2.5美元。每天早晨，打扫办公室是我们例行的公事，我们3人轮流着干，可以瞧见，我们都是从底层干起的。奥利弗兄弟公司的头儿洪·奥利弗，还有城市的法律顾问莫兰德，他们随后参军，以同样的方式起步。在生活的竞争中，努力奋斗的年轻人不必害怕富家子弟，他们的外甥或者侄子。让他们看看那些从打扫办公室开始起步的"黑马"吧。

那个时代当一个信差有很多乐趣，有时候因为及时送达了信件，会从水果批发店得到一整袋苹果。面包铺和糖果店也经常会给信差糖果糕点，他们说话幽默，对信差的及时表示赞赏，也许还会让他带个信回办公室。我不知道还有别的什么工作能比这更容易让一个孩子受到关注，而这又是一个真正的聪明孩子得以晋升所必需的。有智慧的大人物总是在寻觅聪明孩子。

如果超过了一定的距离，我们被允许可以多收 10 美分，这笔额外收入让我们极为兴奋。所以这种"10 美分信件"很受重视，我们之间还常常因为抢着去送信而发生争执。有时候，有些孩子不按次序，抢着去送"10 美分信件"，这成为了在我们中间引起严重矛盾的唯一原因。为了解决这个问题，我提议把这种信件合在一起，到每个周末再平均分钱。我被推举为"出纳"。和平与欢笑成为此后的主旋律。这种将额外收入集中处理进行再分配的行为，是一种真正的合作。这是我在财务管理上所做的第一个尝试。

对于分到的钱，孩子们认为他们有自由支配的绝对权利。毗邻的糖果铺还给他们中间的大多数人立了户头。这些账户有时候会大大地透支。这时，"出纳"便要正式地通知店主，我不会为那些既饿又馋嘴的孩子们所欠的债负责。罗伯特·皮特克恩是所有人中反对最激烈的一个，很明显他不光长着一颗糖牙，他所有的牙齿都具有此种性质。有一天，他向我掏了心窝，说他肚子里养了一些东西，如果不用糖来喂它们，那些家伙就会撕咬他的内脏。

第四章

卡内基

安德森上校和书籍

小信差们全身心投入，十分卖力地工作。每隔一天都要值夜班，直到公司关门才下班。在我当班的那个晚上，极少有在 11 点之前回到家的。如果无需值晚班，我们可以在 6 点离开公司。这样的话，我们就没有多少时间来充实自己，家里也不愿意在书本上有什么花费。然而，仿佛是福从天降，一个文学的宝库在我面前打开了。

詹姆士·安德森上校——写下这个名字的时候，我在为他祝福——宣布他可以把他图书馆中的 400 多本藏书向孩子们开放，这样的话，每个人在周六下午都可以从这里借书带走，第二个周六再换。我的朋友托马斯·米勒提醒我说，安德森上校的书主要是开放给"劳动男孩"[1]的，这下问题来了，像信差、店员还有其他一些并非靠双手做苦工的孩子，有没有权利去借书呢？我给《匹兹堡快报》写了一封短信，强烈要求我们不应该被排除在外，虽然我们现在做的并非苦工，但我们中间的一些人曾经做过，我们也是真正的"劳动男孩"。这是我与媒体的第一次接触。亲爱的安德森上校很快就扩大了借阅范围，因此，我作为媒体撰稿人的第一次露面是成功的。

我的好朋友，汤姆·米勒，是核心集团成员之一，他就住在安德森上校家附近。米勒将我介绍给他，就这样，仿佛是地牢的墙上开了一扇窗户，知识的阳光从那里透射进来，照耀着我。我把书随身带着，抓住上班时间的一点空闲努力读书，尽管每天工作辛劳，值班时长夜漫漫，但我的心却被书籍所照亮。每当想起周末又能借到新书，随后的日子就变得无限光明。就这样，我渐渐熟悉了麦考利的散文和历史著作。对班克罗夫的《美利坚合众国史》，我学得比其他任何书都要用心。我对兰姆的文章情有独钟。但在那个时候，除了几篇选入学校教材中的作品，我对大文豪莎士比亚还知之甚少。我对他的兴趣是在不久之后从匹兹堡的老剧院开始的。

---

[1] 劳动男孩：英文是 working boy，图书管理员按照所分派的专栏来制定规则。他所宣称的，其含义是"劳动男孩应该有自己的职业"，卡内基在其反驳中写道，"劳动者，却没有职业"。接着，一两天之后，规则上的条款改为："没有职业的劳动男孩，请来这个办公室。"（大卫·赫玛·贝茨，世纪杂志，1908 年 7 月）

第四章　安德森上校和书籍

约翰·菲利普斯，詹姆斯·维尔森，托马斯·米勒，威廉·考利——我们公司的成员——他们与我一起分享安德森上校图书馆中宝贵的特权。那些在其他地方我根本不可能借到的图书，由于他的慷慨大度而为我饱览。他给了我对文学的品味和鉴赏力，而对此，即便是人们敛集了百万资财，我也不愿与之交换。没有了文学，生活将会是不可忍受的。我和我的伙伴们能远离低俗和坏习惯，我的好上校功不可没，没什么能与之相比。后来，当运气再次冲我微笑时，我做了一件事情，就是在钻石广场上的大厅和图书馆前，为我的恩人立了一座纪念碑。我将它送给阿里格尼，并题字如下：

詹姆士·安德森上校，宾夕法尼亚西部免费图书馆的建立者。他将自己的图书馆向工作的孩子们开放，而在每个周六下午亲自担任图书管理员。他不仅把他的书籍，也把他自己献给了这一高尚的事业。作为受益者之一，建立这座纪念碑的目的是要感激并且纪念安德森上校，他将知识的宝库向我们开放，年轻人将因此得以提升自己的想象力。

对于他为我和我的伙伴们所做的事情，我们深怀感激，建立纪念碑只不过是一件微不足道的礼物，是我们感激之情的微弱表达。根据我早年的生活经历，我认为，金钱应该用来帮助那些天资聪颖、品格优秀并且有能力、有决心发展自己的孩子，使他们获益、健康成长。没有什么比在一个社区内建立一座公共图书馆，并把它作为一个市政机构加以支持，更能体现金钱的价值了。我相信我有心捐助的那些图书馆，在将来会证明我这一观点的正确性。孩子们允许进入这些图书馆中学习，如果在每个图书馆都有一个孩子所获得的收益，有我从安德森上校的400本名著那所得收益的一半，我就会认为这些图书馆不是白建的。

"随着整棵树的倾斜，嫩枝因而弯曲"，书籍所包括的世界宝藏在一个正确的时间向我开放了。图书馆最重要的好处是它无所需求，但也从不主动给予。如果想获得知识，青年人必须自己努力，无一例外。许多年后，我满怀喜悦地发现，在丹佛姆林时，有5位织布工将他们的书集中起来，开办了镇上第一个流动图书馆，而我的父亲，便是其中之一。

那个图书馆的历史很有趣，它搬来搬去，不下于7次。第一次搬家的时候，5个创办者用各自的围裙和两个煤斗，把书从手摇纺织机店搬到另外一个地方。由于父亲是当地第一个图书馆的创始人之一，而我又有幸成为迄今为止的最后一个，这自然成为我的生命中最有意义的一件事。我在做公开演讲的时候常常说，我是一个曾经创办过图书馆的织布工的后代，我还没有听说过，有什么比这更好的出身值得我与之交换。我无意中追随父亲的脚步开办了图书馆——我不禁要说，冥冥中自有天意——这对我也是一种强烈的自豪之源。像这样的父亲是应该作为榜样追随的——这是我所知道的最为甜美、纯洁和和蔼的自然天性之一。

我曾说过，是剧院最先促使我爱上了莎士比亚。在我还是信息传递员的时候，老匹兹堡剧院在福斯特先生的大力支持下，在当地享有盛誉。福斯特先生收发电报都是免费的，作为回报，电报操作员可以免费看戏，信差在某种程度上也享有这种特权。有时候，下午收到了给福斯特先生的电报，我们会留在晚上送去。在剧院门口，我们羞涩地提出请求，可否让我们悄悄地溜到楼上的第二排——这种请求一般不会遭到拒绝。孩子们轮流去送信，这样每人都可以得到那令人垂涎的机会。

通过这种方式，我们渐渐熟悉了那绿色幕布后面的世界。上演的一半都是场面很壮观的剧目，没有多少文学价值，但正好吸引一个15岁年轻人的眼球。在以前，我不仅没有见过这么壮观的事物，甚至就是这类东西我都没有见过。我从来没有进过剧院或是音乐厅，任何形式的大众娱乐都没有见过。大卫、海睿·奥立弗和鲍勃也是如此。我们被那舞台深深吸引住了，每次去剧院的机会，我们都不会放弃。

当"狂风"亚当斯——当时最著名的悲剧演员之一，开始在匹兹堡上演一系列莎士比亚的剧目时，我对戏剧的品味开始发生了变化。从那以后，莎士比亚成了我的全部，我对其他的任何东西都不感兴趣。我好像很容易就能记住他写的台词。以前我从不知道，语言具有如此的魔力，其节奏和旋律就像在我的体内找到了一个栖息之所，与我融为一体，一有召唤，马上就会现身。这是一种新的语言,而我之所以能对它作出正确评价则要归功于舞台上的生动演出,因为,直到我看了《麦克白》的演出,我对莎士比亚的兴趣才腾腾而起,而在此之前我没有读过剧本。

很久以后,我通过《罗英格林》了解了瓦格纳,我在纽约音乐学院被《罗英格林》的序曲所陶醉,听了之后有耳目一新的感觉。而我当时对瓦格纳还所知不多,这是一个真正的天才,他确实有别于前人——像莎士比亚一样,他是一个新的朋友,一架新的促使自己向上攀登的阶梯。

在这里,我要谈论一下属于那个年代的另外一件事情。阿尔勒格尼有一些人——也许总共还不到一百——加入了"斯维登伯格教会",美国的亲戚在里面就非常的活跃。父亲在离开了长老会之后参加了这个教派,当然,我也被带了进去。然而,母亲对此丝毫不感兴趣。尽管对各种形式的宗教都表示敬意,并且不主张宗教信仰争端,但她保有自己的想法。她的立场可以用孔子那句著名的格言来描述,其大意是:谨守本份,勿扰他人,为上智。

她鼓励自己的孩子参加教会和主日学校。但是不难看出,她对斯维登伯格的教义以及许多新约和旧约的内容并不相信,她认为这些不具备神的本原价值,不能作为生活的权威性指导而被接受。我对斯维登伯格的神秘教条产生了浓厚的兴趣,虔诚的艾特肯姨妈对我解释"精神感觉"的能力大加赞赏。这位可爱的老妇人热切地盼望着我有一天会成为新耶路撒冷的一盏明灯,我知道,有时候正如她所想象的,我成了她所谓的"语言的传道者"。

当我对人为的宗教理论越来越疏远之后,她的这些希望也慢慢地变淡了。我是她的第一个外甥,在苏格兰她还曾将我抱在膝上,哄我,逗我玩,姨妈对我的兴趣和疼爱是永远也不会减弱的。她曾希望我的表兄利安得·莫里森能够通过信仰斯维登伯格教的神启而得救,然而很可惜,他后来加入了浸安会并且受洗,这件事情让姨妈非常失望,并为之而忧伤。尽管她应该记得她的父亲有着相同的经历,还经常在爱丁堡为浸安会传教,但这对福音传道者来说也无能为力。

利安得在受洗后接受了浸安会的教义,这并没有给他带来多少兴奋和热忱。斯维登伯格教展示了通往新耶路撒冷的路口,他发现,由于他在这一路口前的后退，使得他的舅舅——斯维登伯格教最先的信徒之一，认为他使得其家族记录蒙羞，他开始恳求道：

"你为何要对我这么刻薄呢？舅舅。没错，浸信会不比任何的好，但看看安迪吧，他没加入任何教派，可你也没有责备过他。"

很快，他就得到了答复：

"安迪，噢，安迪，他一丝不挂，但是你，却穿着破衣烂衫。"

在宗教信仰上，他不再和亲爱的艾特肯姨妈一致。而我可能也发生了改变，变得和信仰无涉，不再信仰任何一个教派，但是利安得选择了一个非新耶路撒冷的教会派别。

我对音乐嗜好的培养与斯维登伯格教会有着紧密的联系。教会赞美诗的附录是宗教清唱剧的选段，我对它们有着本能的喜爱，尽管我的嗓音不是那么尽如人意，我的声调也有待提高，但我却依然是唱诗班练习时的忠实参与者。指挥科森先生经常会原谅我在合唱时发出的不和谐音，我有理由相信他是被我的热情所感染了。后来，我对宗教清唱剧已经有了完全的了解，这个时候，我很欣喜地发现，当我还是一无所知的少年时，我最喜爱的很多段落，在音乐圈里被认为是汉德尔音乐作品精华。所以，我的音乐教育的起点，得追溯到匹兹堡斯维登伯格教会的小型唱诗班。

父亲总是把苏格兰本土吟游诗歌中的杰出之作当作歌曲来演唱，我不应该忘记这些，我爱好音乐的基础便奠定于此。不管是对歌词还是曲调，对那些苏格兰老歌，我极少有不熟悉的。要达到贝多芬和瓦格纳的高度，民歌也许是最好的基础。父亲是我所见过的声音最为甜美、最富感染力的歌手，我很有可能继承了他对音乐和歌曲的热爱，尽管没有他那样的好嗓音。孔子的感叹常常在我耳旁响起：乐者，神之语也，闻其召之，则来。

这段时间还发生了另外一件事情，它显示了父母的宽宏大量。作为信差，除了在暑期有两个礼拜的空余时间之外，我是没有节假日的。而在这两个礼拜，我会和表兄弟们去东利物浦和俄亥俄的河里划船。我喜欢滑冰，就在这个冬天，我家对面的那条河冻得结结实实，冰况极好。当我周六晚上回到家的时候，问题便产生了。我问父母，能不能在次日早起，趁着去教堂做礼拜之前的工夫滑一会儿冰。对一般的苏格兰父母来说，没有什么问题比这更为严肃的了。我妈妈在这个问题上的态度很明确，认为既然如此，应该让我爱滑多久就滑多久。父亲也认为我可以去滑冰，这无可厚非，但他希望我能及时回来，好跟他去教堂。

我估计在今天的美国，1000个家庭中有999个会作出这样的决定，也许在英格兰的家庭中也是如此，但在苏格兰却不可能。今天人们会认为安息日的所有意义都是为了男人，和那些有意向公众开放美术馆和博物馆的人。他们认为这一天安息日就是为人们的休息娱乐而安排的，而不是去教堂做祈祷，为很大程度上是虚构出来的罪过忏悔。他们的想法并不比我父母在40年前进步多少，父母超越了那个年代的传统理念，在安息日去散散步，或者读些非宗教的书，这在当时是不被认可的。

第五章

卡内基电报公司

我当信差已经大约有一年的时间了，这时候，楼下办公室的经理约翰·格拉斯上校，因为要出去与公众接触，他开始不时地找我在他不在的时候帮他照顾一下办公室。格拉斯先生是一个特别受欢迎的人，并且也有政治上的雄心壮志，他不在的时间变得越来越长，并且日益频繁，因此我很快地熟悉了他这方面的工作。我接受公众的函件，并且监督那些从操作间送出来的信件是否恰当地分派给信差们，以便及时传递。

对我来说，这是一项令人厌烦的工作。在那个时候，因为我无需作分内之事，这遭到了其他信差的嫉恨，因此在其他信差中我不甚受欢迎。我还被指责为吝啬、小气。我从不乱花因送远程信件而赚得的那额外的 10 美分，但是他们不知道原因。我必须尽可能地节省下每一分钱，因为我家里需要。我的父母明辨事理，对我的行为，他们从来不加以阻碍和拒绝。家里有三个劳力——父亲、母亲和我，每人每周能赚多少钱，我一清二楚，我也知道所有的开销。我们把个人赚得的钱都放在一起，商议给家里添置一些缺少的家具和衣物，每添一件小东西都能使我们快乐不已。从来没有一个家庭能像我们这样团结。

一天天地，母亲每节余下一个半美元的银币，她都把它仔细地收藏到一个长筒袜里，直到攒够了 200 个。在那时，我便用汇票将 20 英镑寄给慷慨借钱给我们的汉德森夫人。那天我们欢呼雀跃，以示庆祝，卡内基家终于不再债务缠身了。噢，这是多么令人高兴的一天啊！金钱上的债务还清了，但人情债，对帮助我们的人的感激，却是无法还清的。汉德森夫人至今依然健在，在我回丹佛姆林的时候，我去她家拜访，犹如造访一座圣殿。无论世事如何变迁，她是永远不会被我忘怀的。（当我读到这些写于几年前的文字时，我哽咽了："走了，和其他人一起走了。"安息吧，亲爱的、母亲高贵的朋友。）

我的信差生涯中，有一件事一下子把我带进了九重天外。这件事发生在一个周六的晚上，格拉斯上校给大家支付当月的薪水。我们在柜台前站成一排，格拉斯先生按顺序发工资给每一个人。我在队伍中打头，当格拉斯先生拿出第一份 11.25 美元，我伸手去拿，然而让我奇怪的是，他绕过我，付给了下一个男孩。我想他肯定是弄错了，因为直到现在我都是头一个领工资的。可是接下来，他只按顺序发给其他人工资。我的心沉了下来，似乎受到了羞辱。难道是我做错了什么？或者有什么没有做？我会被告知，这里已经没有我的工作了，我将让我的家庭蒙羞。那是我最无法忍受的痛楚了。当其他每个人都领到钱离开之后，格拉斯先生把我带到柜台后面，并对我说，我应该比其他孩子得到更多，他决定每个月付我 13.5 美元。

我的脑袋一阵发晕，我怀疑我是不是听错了。他把钱点给我，我不知道我是否向他道了谢。我想好像没有。我拿着钱一下子跳出门去，蹦跳着一直到家，几乎没有停过。我清楚地记得，我跑着，更准确地说，应该是跳着从桥的这一头到桥的另一头，跨过了阿尔勒格尼河——是在马车道上，因为人行道太窄了。这是在星期六的晚上。我把 11.25 美元交给了妈妈——家里的财务主管，而对装在我口袋中的剩下的 2.25 美元不置一词——对于当时的我来说，它们的价值超过了我现在所赚的百万巨款。

汤姆那时候才 9 岁，他和我一起睡在阁楼上，等到上了床，我把这个秘密悄悄地告诉了我亲爱的弟弟。即便年幼，他还是知道这意味着什么，我们一起商量未来。那是我第一次向他描述将来，我们可以一起搏浪商海，我想，"卡内基兄弟公司"将会是一个伟大的公司。父亲和母亲将会有自己的马车。那时，我们似乎拥有了一切被认为是财富的东西，而这其中的大部分都是值得奋斗追求的。有个苏格兰的老太太，她的女儿嫁给了伦敦的一个商人，她的女婿请她去伦敦住在他们附近，并向她保证说，她将"坐在自己的马车里"。她回答说：

"我坐进马车又有什么好呢？我在斯拉斯堡的亲人再也见不到我了。"

在我们的计划中，不仅在匹兹堡可以见到父亲和母亲，而且他们还可以探望丹佛姆林——他们的老家。

星期天早晨，全家在吃早饭的时候，我拿出了那额外的 2.25 美元。这大大出乎他们的意料，甚至一开始他们还不能马上明白其含义，但很快他们就知道了。父亲的眼神充满着骄傲和疼爱，母亲的眼睛被泪水湿润，闪闪发亮，这些都说明了他们当时的感受。这是他们的孩子的第一次成功，明确证明了他是值得被提拔的。后来所获得的成功和各种各样的赞誉，从来都没有像这一次那样令我激动，我甚至想象不出还会有这样的一件事。这里是人间天堂，我整个的世界都被带进了满是喜悦的泪水之中。

因为每天早上都要打扫操作室，在操作员到来之前，孩子们便可以在电报机上练习一下。这又是一个新的机会，我很快就学会了用键钮来和其他接收站的孩子们交谈，他们和我有着相同的目的。当一个人学会了一件事情的时候，他肯定会迫不及待地找机会去使用他所习得的东西。

有天早上，我听见呼叫匹兹堡的信号特别强烈，据我的猜测，这看起来好像是有人迫切希望联系。我大着胆子做了应答，让纸带"走"了起来。原来是费城要立刻给匹兹堡发一个"死亡通知"。我可以接收吗？我回复说，如果他们慢点发的话，我可以尝试一下。我成功地接收了这条信息，然后带着它跑了出去。我焦急地等待着布鲁克先生的到来，告诉他我都大着胆子做了些什么。幸运的是，他并没有责怪我的鲁莽，而是对我的行为大加赞赏。他提醒我要小心，不要出错，然后便让我走了。不久以后，当操作员需要离开一会的时候，我经常被叫去照看一下仪器。就这样，我学会了发电报的技能。

这次我受益于一个非常懒惰的操作员，他特别喜欢让我去干他的活儿。那时，操作员要做的是从移动的纸带上获得信息，并且把它念给抄写员。但是，有传闻说西部有个人根据声音，通过耳朵就可以获得信息。在此驱动下，我开始练习这种新方法。公司的一个操作员，麦克林先生成了这方面的专家，掌握了这种办法，他的成功也给了我鼓励。很轻松地我就学会了这门新语言，容易得连我自己都感到惊讶。一天，当操作员不在时，我请求收一条信息，那个老抄写员对我的冒昧非常不满，拒绝为一个传递员抄写。我于是停掉了纸带，拿起笔和纸，开始用耳朵来接收信息。我永远都不会忘记他当时的惊讶。他命令我把纸和笔还给他，从那以后，科特内·休斯和我之间再也没有什么问题了，他成了我忠诚的朋友和抄写员。

这件事结束之后不久，约瑟夫·泰勒，离匹兹堡30英里的格林斯堡的操作员要请两个礼拜的假，要布鲁克先生派一个人去顶他一下。布鲁克先生把我叫去并问我是否能够胜任此项工作，我立刻给予了肯定的答复。

"好吧，"他说，"那我们把你送到那儿试一试。"

我是搭坐邮政马车去的，一路上也非常令人愉快。大卫·布鲁斯先生是一位著名的苏格兰籍律师，我碰巧与他和他的妹妹同行。这是我第一次出行，也是我第一次欣赏这个国家的风光，更是我第一次在格林斯堡的旅馆中的酒吧就餐。我觉得那里的饭菜特别好吃。

　　这是在 1852 年。格林斯堡附近正在为宾夕法尼亚铁路挖沟筑堤。早上，我常常散步到那里去看工作的进展，从没梦想过我会很快进入那家大公司，为此而工作。这是我在电报公司第一次担任如此重要的职务，所以我一点也不敢擅离职守。一天晚上，夜已很深了，屋外雷电交加，我坐在办公室里，但不愿切断联系。我太过冒失，坐得离按键太近，一道闪电把我从凳子上打了下来，这差点毁了我的事业。从此，只要有暴风雨，我坐在办公室里就会格外的小心。我成功地完成了在格林斯堡的这个小任务，博得了上级的满意，因此在其他孩子看来，我是顶着光环回到匹兹堡的。很快我就被提拔了，公司需要一个新的操作员，布鲁克先生给詹姆士·里德[1]（他当时是公司在那条线上的总经理，是苏格兰人的另一个典范，后来他成了我的好朋友）发电报，布鲁克先生亲自向他推荐我来担任助理操作员一职。很快就收到了从路易斯维尔的答复，说既然布鲁克先生认为我值得信任，里德先生非常愿意提升"安迪"。结果是我成了一名操作员，每月拿 25 美元的巨额薪水，在我看来，这确实是一笔不小的财富了。我能从信差升到操作员，要归功于里德先生和布鲁克斯先生的栽培。那年我 17 岁，完成了我的学徒经历。我已经是一个真正的男人，不再是一个每天赚一美元的小孩了。

　　对一个年轻人来说，电报公司的操作室是一个非常棒的学校。在那里，他必须用纸和笔，用作品和创作来做好工作。在那里，我对英国和欧洲的一点点知识帮了我的大忙，毫无疑问，知识永远都是有用的，有时候通过这种方式起作用，而有时候则是其他的不同的方式。那时候，外国新闻是通过莱斯角的线路接收的，接收那连续不断的"蒸汽机新闻"是最为荣耀的事情之一，我对它

---

[1]　"我喜欢这个男孩的神情，尽管他还很小，但不难看出他精神饱满，满是激情。他跟我在一起还不到一个月，便问我是否可以教他怎样发电报。我开始向他讲解，发现他学得很快，是一个非常聪明的孩子。"（詹姆士·里德：《美国的电报》，纽约，1879。里德出生在丹佛姆林附近，40 年后，在卡内基先生的帮助下，他被任命为美国驻丹佛姆林的领事。）

的热爱胜过任何其他的工作，很快，这项工作就毫无疑问地分配给了我。

那时候，电报线路的状况很差，如果遇上了雷雨天气，很多内容就只能靠猜测。我有很强的猜测内容的能力，我最大的乐趣就是自己把丢失的一两个单词补上，而不打断发报人，以此作为消遣。在收听外国新闻时，这并不是危险的行为，即便操作员大胆做了什么不适当的改动，那也没什么，他并不会因此卷入麻烦之中。我对国际事务的知识了解得越来越广泛，尤其是对英国的知识，如果有开头的一两个字母，我的猜测一般都不会错。

匹兹堡的报纸都有一个习惯，就是要派一个记者到电报公司来抄写新闻。不久后，所有的报纸共同委派一个人，这个人建议说，接收到的新闻应该被制成多个版本。后来我们之间达成这样的协议：我把所有的新闻报道都复印5份，而他将每个礼拜另外付我一美元。这是我第一次为媒体工作，当然，只有不多的一些收入。但这使我每个月的薪水变成了30美元，而且当时的每一块钱都很值钱。家里的积蓄渐渐增加，似乎成为百万富翁的日子已经显露端倪了。

另外一个对我具有决定意义的影响是我和5位可信赖的朋友一起加入了"韦伯斯特文学会"。我们形成了一个特定的圈子，彼此关系密切。这对我们5个人来说，都是一个进步。在此之前我们组织了一个小型的辩论俱乐部。在菲利普斯的父亲家聚会，而他手下的几个熟练的制鞋工人白天就在那里干活。汤姆·米勒最近声称，我曾有一次对"司法机关是否应该由人民选举产生"这个问题，滔滔不绝地说了一个半小时。对此，我们还是姑且假设他犯了一个错误吧。"韦伯斯特"是当时城中最著名的俱乐部，它把我们吸收为会员，我们为此颇感自豪。因为我们只在皮匠的房间里作过准备。

我不知道还有什么会比参加这样的俱乐部更加有益于青年人的。我日后的辩论就从我在此所读的书本中受益匪浅，它使我的思路更加清晰、稳定。后来我能在众多观众面前保持冷静，毫无疑问应该归功于我在"韦伯斯特"的经历。那时候（现在也如此）我演讲的两条原则是：让你自己在观众面前轻松自如，轻松地跟他们交谈，而不是向他们作报告；尽量不要让自己成为另外一个人，按你自己的方式谈话，除非不能自持，千万不要过于夸张地"演讲"。

我终于成为了一名听声音就可以辨识信息的操作员，完全抛弃了打印纸条的方式。那时候只有极少数人掌握了此项技艺，为此很多人跑到公司来参观。当那场大洪水破坏了施托伊本维尔和惠林之间所有的电报联系，这便让我倍受关注。两个城市之间相距25英里，我被派往施托伊本维尔接下所有的业务，然后往返于东西方之间，每隔一小时或者两小时，在河中一艘小船上将信号发给惠林，回程时再带回来一批，发往东部。在一个多星期中，就通过这种方式，经过匹兹堡东西方之间的电报联系一直保持着。

在施托伊本维尔时，我得知父亲要到惠林和辛辛那提去卖他织出来的桌布。因此，我去等那条船，但是他一直到深夜才抵达。我下去接他，发现他因为想省钱，没有买船舱的票，而是一直坐在甲板上时，我记得当时我有多么感伤。我为这样好的一个人不得不吃这样的苦而愤愤不平，嘴上却宽慰说：

"嗯，爸爸，很快你和妈妈就可以坐进自己的马车里了。"

我的父亲通常很内向、矜持、敏感，他也很少表扬人（典型的苏格兰性格），使得我不至于太飘飘然，但感动时，却不能自控。他这一次便是如此，紧紧地抓住我的手，虽然他用那种常见的眼神看着我，但我永远都不会忘记。他慢慢地咕哝着说：

"安德鲁，我为你骄傲！"

他的声音有些颤抖，对自己说了这么多话似乎还有点不好意思。他向我道了晚安，并吩咐我赶紧回办公室，这时我才注意到，他不得不擦去眼角的泪水。他的那些话常在我的耳边响起，并且一年又一年地温暖着我的心。我们能够互相理解，苏格兰人是多么的矜持啊，他感受最深的地方却表达得最少。在他的心灵深处有一块圣地，谁要是侵犯了这块圣地，那他真是大逆不道。有时候，沉默比话语更能打动人。我的父亲是最可爱的人之一，为他的朋友和亲人所深爱着。他是一个虔诚的信徒，尽管不属于任何教派，也没有任何派别的宗教信仰，在这个世界上，他并不是一个什么了不起的人，但他完全有资格上天堂。尽管矜持不善言辞，但他生来善良。可是他西行归来之后不久就去世了，而我们刚刚可以给他一个较为悠闲而舒适的生活。

回到匹兹堡没过多久，我认识了一个非常杰出的人物，他是托马斯·司各特，凭借他在其领域中的表现，称他为"天才"也丝毫不过分。他是作为宾夕法尼亚区铁路的主管来到匹兹堡的，他和上级之间必须进行频繁的电报联系，他的上司是罗姆贝特先生，是阿尔图纳的总裁。有几个晚上他来电报公司，而碰巧我是操作员。我认识他的一个助理，有一天我惊讶地听到他告诉我，司各特先生曾问他是否可以让我去做他的文书和电报操作员。这个年轻人告诉我他当时回答说：

"这不可能，他现在已经是个操作员了。"

但是，当我听到这些，我立即说："别这么快下结论，我可以为他效劳，我不想干一份仅仅窝在办公室里的工作，请你告诉他这些。"

其结果是，在1853年2月1日，我成为了司各特先生的文书和操作员，每月的薪水是35美元。工资从每月的25美元升到35美元，这是我所知的最大的涨幅了。公用电报线临时接进了司各特先生在火车站的办公室。宾夕法尼亚铁路公司可以在不影响电报公司业务的时候使用这条线，直到铁路公司当时正在修建的电报线路完工为止。

第六章

卡内基铁路公司

现在，我从电报公司的操作室踏进了一个更开放的世界，最开始，我还远远不能适应这一变化。那时，我刚过完第 18 个生日，我至今没见过任何一个孩子在只有纯洁和美好的环境中一直成长到 18 岁。我相信，一直到那时，我没有说过一个不雅的词，也很少听见这样的词。我对卑鄙和邪恶一无所知。幸运的是，在我成长的过程中，所接触的都是善良的人们。

而现在，我突然进入了粗人成群的公司，司各特先生和我临时在商店辟出一角作为办公地点，这里还同时是货运列车长、司闸员以及消防队员的调度指挥部。我们共用一间屋子。这完全不同于我所熟悉的世界。对此，我并不高兴。在这里，知识之树上的果实中美好和邪恶共生，我第一次不得不将它们都吃下去。不过，甜蜜和纯洁依然氤氲着我的家，粗俗和邪恶不得进入。那是我和我的伙伴们的天地，他们都是有教养的青年，努力提高自己的素养并成为受人尊敬的市民。对那些不合我天性以及跟我早期所受的教育格格不入的人和事，我是怀着一种厌恶的心情度过这一时期的。和粗人在一起的经历也许对我有好处，因为这使我对抽烟和嚼烟草，对骂人和下流话感到厌恶，而且我还很幸运地一生保有这种厌恶。

我并不是说，我所提到的那些人粗鄙卑贱或品行败坏。那时候，骂人、说脏话、抽烟和嚼烟草比现在普遍得多，和现在相比，也较少有不好的含义。修铁路是一项全新的工作，很多做河工的粗野之徒都为之吸引。但他们之中的很多人都是不错的年轻人，想要谋得一份可靠的工作，成为受人尊敬的公民。我必须说的是他们对我都很友善。许多人至今依然在世，我偶尔能得到他们的消息，并为之高兴。这种情况终于有了改变，后来司各特先生有了自己的办公室，我们两人可以共同使用。

很快，司各特先生就派我去阿尔图纳取每个月的工资清单和支票。当时，铁路还不能翻越阿尔勒格尼山，我只得爬山过去，这也使得这段路程显得很独特。公司在阿尔图纳建了一些房子，而商店正在建设之中。一点没有现今大城市的迹象。在那里我第一次见到了铁路领域的大人物——总裁罗姆贝特先生。他那时的秘书是我的朋友罗伯特·皮特开恩，也是我介绍他到铁路公司工作的。因此，"大卫""鲍勃"和"安迪"依然在一起工作，我们都离开了电报公司，

第六章 铁路公司

并投奔了铁路公司。

罗姆贝特先生和司各特先生很不一样，他不善交际，严肃而固执。因此，在和我说了几句话后，罗姆贝特先生对我说："今晚，你过来和我们一起喝茶。"这让罗伯特和我都感到很惊讶。我结结巴巴地说了几句表示同意之类的话，然后便心神不宁地等待着约定时间的到来。那时，我把这次邀请看作是我所得到过的最大的荣耀。罗姆贝特太太非常亲切，罗姆贝特将我介绍给她时说："这是司各特的'安迪'"。能被认为属于司各特先生，我由衷地感到自豪。

这次旅行中发生的一件事故差点葬送了我的前程。第二天早上，我就带着工资名册和支票启程回匹兹堡，因为包裹太大放不进我的口袋，我便把它揣在怀里，塞在我的马甲下面，觉得这样会比较安全。当时，我特别喜欢坐火车，尤其是坐在火车头里。我搭上了去赫利德斯堡的机车，过山的铁路在那里交汇。火车一路颠簸，在到达某地方时，我突然感到摸不着装工资名册的包了，我惊惶地发现，火车的震动把它给颠了出去，我把它给弄丢了。

掩盖事实起不到任何作用，这个错误无疑将会毁了我。被派去取工资名单和支票，可我却把它们弄丢了，这本应该是我的一个荣耀，而现在却成了一个噩梦。我告诉列车司机，包裹肯定是在最近几英里的地方被晃出去的，问他是否愿意将机车掉头帮我去找回来？真是个好人，他答应了。我沿路察看，终于找到了它，它躺在溪流的岸边，离水面还有几步远的地方。我几乎不敢相信我的眼睛，跑下去，一把抓了起来。没错，直到安全抵达匹兹堡，我都把它紧紧抓着，没有松手。机车司机和消防员是唯一知道我这次疏忽的人，不过他们向我保证会替我保密。

在这件事发生了很久之后，我才大胆地说出了经过。假设这个包裹再滚得远一点，被水流冲走。那么，这一疏忽对我造成的不良影响，需要多少年的认真工作，才能消除啊。如果有人自信能够成功，但却因偶然事故而没能做到，那我将不再能信任他了。因此，我决不主张对年轻人要求太严格，即便他犯了一两个可怕的错误。我总是努力去想象，如果不发生那件事情，不在离赫利德斯堡几英里远的地方丢失我的包裹，然后又失而复得，我的事业将会有什么不一样。到今天，我还能毫不费劲地找到那个确切的地点，我多次经过那条铁路线，每次都仿佛看到那个浅褐色的小包躺在岸边，它似乎在说：

"没关系，我的孩子，幸运之神陪伴着你，不过这种事情可不要再发生了。"

我在很早的时候就成为了反奴隶制的坚定拥护者，尽管我还太年轻，不能参加选举，但我还是满怀热情地为1856年2月22日在匹兹堡召开的第一届共和党全国会议欢呼。当这些大人物走在街道上的时候，我注视着他们，对参议院威尔逊、黑尔和其他人充满了倾慕之情。我在铁路员工里组织了一个百人俱乐部，支持《纽约论坛报》，偶尔也尝试着写一些短文寄给那个伟大的编辑霍勒斯·格里利[1]，他做了许多事来号召人们在这个重要的问题上采取行动。

当我的作品第一次变成铅字刊出在这个自由的激情喉舌上，这是我的生命历程中的一个里程碑。那份《论坛报》我一直保存了很多年。当我们今天回首往事，没有人不会为之感到深深遗憾，为了将我们的国家从奴隶制的祸根中解放出来，不得不打内战，付出了太高的代价。但是这不仅仅只是奴隶制需要废除，松散的联邦体制、各州过于强大的权力，大大推迟了建立一个稳固的、集权的中央政府。南方的观点有离心的倾向，而今纠正过来了，各州都受着最高法院的支配，一直为中心。最高法院的决策是合理而适当的，一半出于法官的意见，一半出于政治家的工作。在很多领域，一致性需得到保证，结婚、离婚、破产、铁路监督，对公司的控制，以及其他的一些部门在一定程度上必须统一到一个领导之下。（当我在今天，1907年7月，再重新读几年前写下来的这一段内容，看起来是很有预见性的，现在有很多亟待解决的问题出现了。）

在此之后不久，铁路公司拥有了它自己的电报线，当然也需要操作员。他们大部分都是在匹兹堡的公司里接受培训的。电报业务持续快速增长，业务熟练的操作员开始供不应求了。我们还需要新的电报办公室。1859年3月11日，我委派我以前的信差同伴"大卫·麦卡戈"为电报部主管。有人说"大卫"和我首开在美国的铁路上任用年轻女性作为电报操作员的纪录，也许在所有部门里，我们都开了先河。由于工作的需要，我们在各个办公室里雇用女孩，让她

---

[1] 霍勒斯·格里利（1811—1872）：美国报刊编辑和政治家，创建并主编《纽约论坛报》（1841—1872），1872年竞选总统失败。

第六章　铁路公司

们做学徒、师傅，然后让她们分管不同的办公室。在第一批女孩当中有我的堂妹玛丽亚·霍根。她是匹兹堡货运站的操作员，我们还把学生接二连三地安排到她的身边，她的办公室成了学校。我们的经验是，让姑娘们当操作员比小伙子们更加可靠。在这些女性所介入的新生职业中，我没有发现有比电报操作员更适合她们的了。

作为上司，司各特先生是不可多得的、最为使人愉快的人之一，我诚心实意地跟着他。对年轻的我来说，他是伟人、是我的偶像。很快，我就在心里幻想他会成为宾夕法尼亚铁路公司的总经理——后来他确实得到了这一职位。在他手下，我开始处理一些超出我职权范围的事情。有件事情，我一直清晰地记得，它使我得到了提升。

那时候的铁路还是单线，电报指令发车还不是惯例，还经常要用到各种手段。我认为，那时候，只有主管有权对宾夕法尼亚铁路系统的任一路段，或者对其他系统发布指令。因为整个铁路的管理体系尚处幼年，人们没有做过这方面的专门培训，发布电报指令只是危急时刻的权宜之计。司各特先生常常在晚上去故障或者事故发生现场，指挥清理和疏通铁路线路，一般上午他都无法来到办公室。

有天早上，在我来到办公室的时候，发现东部地区一场非常严重的交通事故阻止了特快客运列车的西行。而东来的客车正由信号员一段一段地引领着向前开，两个方向的火车便僵持在旁轨上。当时找不到司各特先生，我终于忍不住，行使了主管的权力，发出了"行车指令"。"死亡或者威斯敏特教堂"不时在我的脑中闪过。我知道，一旦我出了差错，就意味着解雇的耻辱，也许还有刑事处罚。然而，在另一个方面，我可以让在火车上已经睡了整晚的人起来工作，我能让一切都运转起来。我知道我能行，平时在传达司各特先生的命令时都已经做过。我知道应该做些什么，于是我开始行动了，我用他的名义发出指令，将每一列火车都发了出去。我特别小心，坐在机器旁边关注着每一个信号，把列车从一个车站调到另一个车站，当司各特先生回到办公室的时候，一切运行平稳。他已经听说列车延误了，他到来后第一句话就是：

"噢，事情怎么样了？"

他快速地走到我的旁边，抓过铅笔开始写指令。我胆怯地说："司各特先生，我到处都找不到你，我已经在一大早的时候用你的名义把指令发出去了。"

"那它们都在正常运行吗？东部快车现在在哪里？"

我给他展示电报信息，告诉他每一辆火车在线上的具体位置——货车、载沙车、任何一辆——告诉他列车长的答复，火车经过的车站发来的最新的报告。一切正常，他盯着我看了一会儿，我几乎不敢正视他，我不知道将会发生什么事情。他什么也没有说，但他把所发生的事情重新仔细地看了一遍，依然不置一词。过了一会儿，他离开了我的桌子，回到自己那儿，这件事就先告一段落了。他不愿意认可我的行为，但他也没有责怪我。如果一切顺利，那么万事大吉。如果出了什么问题，那我就得承担所有的责任。但我注意到自那以后的好多天早晨，他都来得很准时。

当然，我没有把这件事告诉任何人。铁路公司没有一个人知道司各特先生并没有亲自发出指令。我下定决心，如果以后这种情况再发生，我决不会像那天早晨那样，除非我得到授权。我为我的作为感到痛苦，直到担任匹兹堡货运部的负责人弗朗西斯科先生告诉我，就在那天晚上，司各特问他：

"你知道那个白头发苏格兰小鬼都干了些什么吗？"

"不知道。"

"他在丝毫未经授权的情况下，以我的名义把所有的列车都发了出去，如果不是这样，我责任就大了。"

"那么他做对了吗？"弗朗西斯科问道。

"噢，当然没有错。"

这才让我安心了。当然这也暗示着我下次还可以这样做，因而我更加大胆了。那天以后，司各特先生很少亲自发布列车指令了。

这个时期我所见过的最伟大的人物是约翰·埃德加·汤姆逊，他是宾夕法尼亚铁路公司的总裁。我们后来的钢轨锻造厂就是用他的名字来命名的。在我所知道的人里，他是最为沉默寡言的人之一，仅次于格兰特将军，不过在家里和朋友们在一起的时候，格兰特将军却很健谈。他定期来匹兹堡视察，到处走来走去，但对任何人都熟视无睹。后来我知道他的内向主要是由于害羞。有一

第六章 铁路公司

次,他在司各特先生的办公室里,走到电报机旁边,称我为"司各特的安迪",这让我吃惊不小。不过,后来我得知他已经听说了我那次指挥列车的冒险事迹。如果一个年轻人与高层领导有了接触,那么他的事业之战就已经赢了一半。每个人都要有一个伟大的目标,做一些超出自己职权范围之内的事情——一些能引起上司注意的事情。

自此以后,当司各特先生有一次要出差一两个礼拜,他便向罗姆贝特先生请求授权让我暂时负责这个部门。他真是大胆,因为我那时还不过二十出头。请求自然得到了批准,这是我梦寐以求的机会。在他不在的那些天里,除了因为道碴列车全体工作人员的疏忽造成的事故之外,一切运转良好。但发生的这起事故让我非常苦恼,我下定决心要彻底履行职责,盘查了有关人员,不容分说就解雇了两个主要负责人,还将与事故有关的两名员工停了职。司各特先生回来之后自然听说了这一事故,并且建议调查处理。我觉得自己可能做得有点过火,但既然已经走出了这一步,我告诉他一切都已解决,我已经调查了这件事情,并且处罚了肇事者。有人要求司各特先生重新审理这起事故,但我坚决不同意,于是这个要求被压了下去。我觉得,在这一敏感点上,司各特先生通过我的表情和语言,理解了我的感受,并且默认了我的做法。

也许他当时担心我的处理太过严厉,很有可能他是对的。这件事发生好几年后,我成了这个部门的主任,对那两个曾被我停职一段时间的人,我总在心里抱有一丝歉意。对我那次所采取的行为,我行使的第一次处罚,我在良心上感到不安。如果要对那件事做出一个新的决定,我不会倾向于那么严厉。唯有经验可以告诉我们温厚具有至大的力量,在必要的时候,轻微的惩罚是最为有效的。很多处罚其实是没有必要的,明智的宽恕,至少宽恕第一次犯错,通常都是最好的办法。

我的至交一共有六个人,随着我们知识面的扩大,我们不可避免地要面对一些关于生命和死亡、今生和来世的秘密,我必须与之斗争。我们都是在善良、诚实、自尊的父母的教育下,在一个或另一个教派的影响下成长起来的。在匹兹堡长老教会首席大臣的妻子,麦克米伦夫人的影响下,我们参加他丈夫的教派的活动,并进入了他们的社交圈子。(1912 年 7 月 16 日,当我在荒野的别墅中读起这段文字的时候，我手头有麦克米伦夫人在她80岁那年从伦敦写来的信。上个礼拜，她的两个女儿都在伦敦嫁给了大学教授，一个仍然住在英国，而另一个已收到了来自波士顿的任命。他的两位贤婿都很优秀。这便将我们两个说英语国家的种族结合在一起。）麦克米伦先生是一位善良然而严厉的加尔文教的守旧派，他美丽的妻子天生就是年轻人的领袖。在她的家里，我们比在其他地方更加感到自在和快乐。这使得我们有时会去参加他的教派的活动。

当然，话题一经介绍，我们就把握了主动权，教条被当作是文明尚未开化时期人们的错误思想而被一条条否决。我记不起是谁最先提出那条公理的，我们曾对它详加研究："一个慈悲宽大的神是人们最为高贵的作品。"我们认为，人类文明的每一个阶段都会创造出自己的神来，随着人类的提升而变得越来越好，他们对未知世界的了解也随之发展了。所以，我们都变得越来越不信神，但我信奉更加真实的宗教。危机过去了，幸运的是，我们并没有从麦克米伦的教会中被驱逐出去。那是值得纪念的一天，在那天我们下定决心支持米勒[1]的声明，即使它包括了放逐和更坏的东西。我们这些年轻人对神学变得十分桀骜不驯，但对信仰却非常虔诚。

约翰·菲利普斯从马背上摔下来，不幸去世，这是我们这个圈子里的第一个重大损失。这使得我们大家悲痛万分，尽管我记得我对自己说："约翰已经回到了故土，回到了英国，回到了他出生的地方。我们很快就会随他而去，永远在一起。"对此我坚信不疑，在我的心里，这并不只是一个希望，而是一个必然。快乐是痛苦之人的避难所。我们应该接受柏拉图的建议，永不放弃对希望的无止境的追求。"永远让自己置身于快乐之巅，因为希望是美好的，回报也将是丰厚的。"这句话非常正确。将我们带入到另外一个世界，与我们最亲爱的人永远在一起，将是一个奇迹；而把我们带到这个世界，与亲人们共度一生，这更是一个奇迹。对于有限的存在来说，这两者都同样无法理解。因此，让我们用永恒的希望来安慰自己，就像柏拉图所说的，"就像在极乐世界"。然而，

---

[1] 米勒（1782—1849）：美国宗教领袖，耶稣再临派教会创始人。

不要忘记，我们都各有自己的责任，天堂就在我们中间。"宣称没有从今往后的人是愚蠢的，和那些宣称有从今往后的人一样愚蠢"，这同样地被我们视为公理。既然两者我们都无法知道，那么所有的都应该期望。同时，我们的座右铭是"把天堂变成我们的家"，而非"把家变成我们的天堂"。

在我所追忆的这些岁月中，我家庭的财产一直在稳步增长。我的工资由每月35美元增加到40美元，是司各特先生主动给我加的薪。给每个员工发薪水也成了我的分内之事[1]。发薪水的时候，我们使用银行的支票，而我总是不变地把我的工资换成两个20美元的金币。在我看来，它们是世界上最美丽的艺术作品。家庭会议决定，我们可以鼓起勇气买下一块地和上面的两幢房子，一幢是我们现在的居住地，另一幢有四个房间，原来一直由姨父和姨妈霍根居住，现在他们已经搬到别处去了。由于艾特肯姨妈的帮助，我们才能在那个织布店楼上的小屋落脚，而现在也该是我们让她回到这原本属于她自己的房子来住的时候了。同样的，我们在买下那幢有4个房间的房子后，由于霍根姨父已经去世，在我们要搬往阿尔图那的时候，就把霍根姨妈接回她的老屋子来。购买这些房产时，我们付了100美元现金，而总价我记得是700美元。现在我们的奋斗目标是每半年付一次利息，并且尽量积攒那一大笔本金。没用多长时间，我们就把债还清了，我们成了有产者。然而，在这一切即将实现的前夕，我父亲在1855年10月2日去世了，我们家遭遇了第一次痛苦的分裂。但是，对其他的三位成员来说，生活的重担还在肩上。悲伤和责任交织在一起，我们还得工作。父亲生病时的医疗费还要攒，还要还，而且我们直到此时也还没有多少存款。

这时候我在美国早期生活中的一件很甜美的愉快事情发生了。大卫·麦克坎莱思是我们小斯维登伯格教派的首要成员，他早就留意到了我的父亲和母亲，但是除了安息日在教堂中的几句寒暄，我没见到他们还有什么更加密切的联系。他跟艾特肯姨妈很熟，因此他让她带口信说，如果我们在这个悲伤的时期中，

---

[1] "我很清楚地记得当我写出每月的工资条的时候，司各特先生的工资是每月125美元。我想他是值得这些的。而我的工资是35美元。"（安德鲁·卡内基在美国军事电报联合会上演讲，1907年3月28日）

需要任何资金援助，他都会非常乐意提供一切所需。他早就听说了许多人对我英雄般的母亲的赞誉，这便已经足够了。

　　一个人不再需要帮助，或者在他拥有显赫的地位，可以报答别人的善意的时候，他会得到很多友好的帮助。因此，记录下一件纯洁的非功利的善行是一件令人愉快的事情。这个时候，一个贫穷的苏格兰妇女失去了她的丈夫，而她的大儿子也才20出头。我家庭的不幸需要这个举止优雅、德行高尚的人来减轻痛苦。尽管母亲谢绝了她的好意，但是不用说，麦克坎莱思先生在我们的心底得到了一个神圣的位置。我坚信这样一个信条：如果一个人在生命的困难时期应该得到必要的帮助，那么他通常都会得到。这个世界上有许多好人——男男女女，他们不仅愿意，而且迫切地想要向那些他们认为值得帮助的人伸出援助之手。这是一个规律，那些愿意帮助别人的人不用担心从别人那里得不到帮助。

　　父亲去世后，我要考虑要管理的事情比以往的任何一个时期都要多。妈妈继续做鞋，汤姆还是上他的公立学校，而我则继续跟着司各特先生在铁路公司上班。就在这时，幸运之神来我们家敲门了。司各特先生问我有没有500美元，如果有的话，他可以替我作一次投资。我的总资产是500美分，即使让我拿50美元来投资，我也没有那么多积蓄。但是我不愿意失去这次与我的上司和偶像产生经济联系的机会。所以我大胆地说，我可以筹到这笔款子。他又告诉我，他可以从威尔金斯堡车站的代理——雷诺尔德先生那里买到10股亚当斯快车的股票。当然，在当晚我就把这一情况报告给了家长——我的母亲。她没有考虑太久，就给了我应该怎么做的建议。她什么时候让我失望过呢？那时，我们已经在房子上付了500美元，因此她想这也许可以作为抵押，想办法借笔钱。

　　第二天一早，母亲就乘蒸汽船去了东利物浦，晚上才到达，她从她的一个兄弟那里借到了这笔钱。他是一位治安法官，在当地的小镇很有名望，他手上有大笔农民要投资的钱。母亲把我们的房子抵押了，拿回了500美元，然后，我便把这500美元交给了司各特先生，他很快就把我所期盼的那10股股票给了我。出乎我的意料，另外还要交100美元作为保证金。但是，司各特先生很爽快地说，我可以等方便的时候再支付，这样就容易得多了。

　　这是我的第一笔投资。那时候的股息和红利比现在要丰厚得多，而且亚当

第六章　铁路公司

斯快车是每月分红。有天早上，我的桌子上放了一个白色的信封，用很大的手写体写着"安德鲁·卡内基先生"。"先生"这个词使我受宠若惊。在信封的一角，我看到了一枚亚当斯快车公司的圆形印章。我打开信封，里面是一张纽约黄金交易银行的10美元的支票。我一辈子都会记得这张支票和那个亲笔签名"出纳员巴布科克"。这给了我投资的第一笔收入——我不用满头大汗地劳动就可获得的收入。"我找到了"，我喊道，"这是一只下金蛋的母鸡。"

星期天在森林里聚会是我们几个的惯例。我们在伍滋润附近找到一片小树林，这是我们最喜欢去的地方。那第一张支票我一直藏在身上，当大家都坐在树下的时候，我便把它拿出来给大家看。我的伙伴们反应十分强烈，大家都没想到还有这样的投资。我们决定攒钱，关注下一个可以投资的机会，每个人都有份。然后在几年后，我们再把微不足道的投资收益分掉，像合伙人一样在一起赚钱。

直到这时候，我的人际圈子还没有扩得很大。弗朗西斯克太太，是我们货运代理的妻子。她非常的友善，并且好几次叫我去她在匹兹堡的房子作客。她常常谈起我来送司各特先生的一份信件，第一次敲响在第三街道上的房子的铃铛时的情形。她让我进来，而我却害羞地低下了头，她需要开玩笑才可以克服我的羞涩。这几年来，我从来没有去她家吃过一次饭。直到我的晚年，我对到别人家去做客一直都很胆怯，但是司各特先生坚持要我去他所在的旅馆并且和他一起吃顿饭，这对我来说也是很好的机会。除了在阿尔图那的罗姆贝特先生的房子外，弗朗西斯科先生家是最大的。在我的记忆里，我从来没有去过罗姆贝特先生的房子。那条首要街道上的房子在我的眼里都非常时髦、漂亮，仿佛是一个宫殿的入口。

宾夕法尼亚铁路公司的首席大律师，格林斯堡的斯托科思先生又一次邀请我去他在乡间的漂亮的房子里度周末。而在此之前，我从来没有在一个陌生人家里住过一个晚上。像他这样一位有学识、受过高等教育的人会对我产生兴趣，他的这一行动有些奇怪。我受邀获得此一殊荣的原因是我在《匹兹堡日报》上写的一个通讯，甚至在我还不到20岁的时候，我便已经是新闻界一个不入流的作家了。成为一名编辑，曾是我的目标之一。霍勒斯·格里利和《论坛报》就代表着我理想中的成功。奇怪的是，当有一天我可以买下《论坛报》的时候，珍珠已经丧失了它的光泽。美丽的空中楼阁常常要等到我们生命的晚期才有机会抓取，而那时候，它往往已经失去了早日的魅力。

我那篇文章的主题是市民对宾夕法尼亚铁路公司的看法，没有署名，我很惊讶地发现它占据了《日报》专栏的一个显著位置，编辑是罗伯特·里德。我在接收电报时，收到一份给司各特先生的电报，署名斯托科思先生，要求他向里德先生查证一下那篇文章的作者。我知道里德先生不会说出作者是谁的，因为他也不知道。但是我又担心如果司各特先生去找他的时候，他会把手稿展示给司各特先生，他只要看一眼就知道这是谁的笔迹了。因此，我向司各特先生如实承认了。他看上去有点不相信。他说他在早上已经读过这篇文章，并且也想知道谁是作者。他这种将信将疑的神情没有逃过我的眼睛。钢笔变成了我的武器。司各特先生很快就邀请我与他共度周末，那次拜访是我一生中的亮点，从那以后我们成了非常好的朋友。

司各特先生的家富丽堂皇，对此我印象深刻，但是，在他的书房里有一个大理石的壁炉，这让其他所有东西都黯然失色。在壁炉拱形结构的中央，一本打开的书刻在大理石上，书上刻着：

不能思考的人是愚蠢的，

不愿意思考的人是固执的，

不敢思考的人是奴性的。

这些高尚的语句让我震颤，我对自己说："有一天，必定有一天，我一定会有一间书房。"（这是一个前瞻）"这些警句将像在这里一样使壁炉架变得雅致起来。"如今，在纽约和斯基伯，这已经成为了现实。

几年之后的一个周日我再一次来到他的家里，这一天同样很值得一说。那时我已经成为了宾夕法尼亚铁路公司在匹兹堡分部的主人了。南方各州正式脱离政府，我全身都为国家燃烧起来。司各特先生成为了民主党的主要成员。他反对北方使用武力来维持国家统一。他大肆发泄他的不满，这让我失去了控制，冲他大喊道：

第六章　铁路公司

"司各特先生,在不到六个礼拜的时间内,我们将要把你这种人送上绞刑架。"

写到这里,我似乎又听到了他的笑声,他开始叫他在隔壁的妻子。

"南希,南希,听听,这苏格兰小鬼说他要在六周之内把像我这样的人绞死。"

那段时间里发生的一些事情真是奇妙,还是这位司各特先生,不久之后,在华盛顿请求我帮他在支援部队里成为一名现役少校。那时我是战争办公室的秘书,帮助政府管理军用铁路和电报。他得到了这项任命,从此成了司各特上校。于是那个曾怀疑北方无权动武的人,为了高尚的目的拿起了武器。关于宪法权利,人们开始了激烈的争论并且制订出相关理论。当国旗为战火焚烧,这意义重大。不久之后,每一件事情都燃烧起来了——包括纸上的宪法。统一和古老的光荣[1],那都是人们所关注的,但那已经足够。宪法要保证只有一面旗帜,正像英格索尔上校宣称的:"美洲大陆的上空不容两面旗帜飘扬。"

---

[1]　古老的光荣:美式英语 Old Glory,美国国旗的爱称,又称星条旗。

第七章

卡内基

宾夕法尼亚铁路公司主任

司各特先生1856年被提升为宾夕法尼亚铁路公司的总经理,取代罗姆贝特先生,他随之提拔了我。于是,在我23岁那年,便随他一起去了阿尔图纳。我不得不离开我的家人和朋友,这令人伤心,也是一个重大的考验。然而没有什么东西可以阻碍我事业的发展。母亲对这一点很满意,因为她也具有这种天性。除此之外,我之所以愿意"跟着领导走",是因为还有司各特先生这样一位真正的朋友。

他的升迁招来了一些人的嫉妒,而且,在他上任不久,便面临着一起罢工事件需要处理。不久前,他在匹兹堡失去了妻子,现在孤身一人。在阿尔图纳,在他的新的指挥部里,他是一个陌生人,除了我之外,没有人可以与他作伴了。在他把孩子们从匹兹堡接来之前,我们一起在铁路宾馆住了好几个礼拜,当他把家安顿下来,依照他的意愿,我们还是一起共享那间大卧室,他似乎总是希望我在他的身旁,陪伴着他。

罢工越来越厉害。我记得,一天晚上,我被人叫醒并被告知,货运列车的职工把火车扔在米夫林,因而堵塞了那条铁路线,所有交通都无法运行。司各特先生正睡得香,我知道他是过度疲劳和过度焦虑,实在不忍心叫醒他。但是他醒了过来,我对他说,我应该到那里去处理这件事情。他看起来还没有完全醒过来,便嚷嚷着同意了。于是我跑去了办公室,以他的名义跟工人们谈判。我许诺他们可以在第二天提意见,公司一定会认真听取。我成功地让他们重返工作岗位,恢复了交通。

不光是铁路工人在罢工,连店员们也很快组织起来,准备加入。我是以一种很奇特的方式得知这个消息的,一天晚上,天已经黑了,我走路回家。我意识到有人在跟踪我,渐渐地,他走上来对我说:

"我不能被人看见跟您在一起,但是您曾经帮过我,我决心如果有机会的话,我一定要报答你。在匹兹堡,我到您的办公室,希望谋得一份铁匠的工作,您说匹兹堡不会有这样的工作了,但也许阿尔图纳正需要,那边或许有机会。您还问我说是否可以等几分钟,您先发电报询问一下。您不辞辛劳这样做了,并询问了我的特长,还给了我一张免费票,把我送到了这里。现在,我有了一份很不错的工作。我的妻子和家人都在这里,我这一生从来没有过得像现在这样好。

第七章 宾夕法尼亚铁路公司主任

我现在要告诉您一些对您有好处的事情。"

他接着说，一份签名书正在店员中间传递，他们表示下周一要参加罢工。时间紧迫，不能再耽搁了。我在第二天早上告诉了司各特先生这件事情。他立即印出告示，贴在商店里面。凡是已经签名声称要罢工的人，将被解职，他们可以马上来办公室领取工资。而同时，我们也很快有了一份签名人员的名单，并将它宣之于众。接下来是一片恐慌，即将发生的罢工夭折了。

我这一生中有许多类似铁匠这样的事情。给别人一些关心，或是几句和善的话都将带来不可期遇的回报，好心总会有好报。甚至在今天，我还会不时地碰上一些我已记不起来的人在我面前回忆起一些我曾给过他们的细微的关心。尤其是内战时期，我在华盛顿负责政府的铁路和电报时，曾帮助某位父亲去前线看望他受伤或是病倒的儿子，或是帮忙将尸体运回家，或是类似的一些事情。我感谢这些小事，因为它们是我一生中所作善行最令人愉悦的一部分之一。对于这些事情，我有些话要说：他们与你没有关系，可你对他们施以援手所得到的回报，却与他们身份的卑微程度成正比。帮助一个穷苦的人，要比帮助一个有一天能回报于你的百万富翁有价值得多。华兹华斯的诗行多么富有哲理：

> 好人一生中最为值得称道的，
> 是那些细小的、不留名的、让人难以记起的行为，
> 充满着爱和善意。

由其产生的结果来判断，我在阿尔图纳跟随司各特先生的两年里，发生的最为重要的一件事情，是针对我们公司的一件诉讼案。此案是在格林斯堡由斯托克斯少校来审理的，我还是这个案子中一名非常重要的证人。我担心自己会被原告传唤出庭，少校希望能延期审理这宗案子，便叫司各特先生尽快让我离开本州。对此变故，我再高兴不过了，这样的话，我便可以去拜访两位知心朋友——米勒和威尔森，他们当时正在俄亥俄州的克莱斯特莱恩的铁路公司工作。路上，我坐在最后一节车厢的最后一个座位上，看着驶过的那一行铁路。一个农民模样的人向我走了过来，手上提着一个绿色的小包。他说，火车上的刹车

手告诉他我和宾夕法尼亚铁路公司有关系。他希望能向我展示一下他专为夜间旅行发明的车厢模型。他从包里拿出一个小模型来，看上去是卧铺车厢的一部分。

这就是后来著名的伍德拉夫，现代文明不可或缺的附属品——卧铺车厢的发明者。如一道电光，我猛地意识到它的重要性。我问他，如果我派人去请他，他是否愿意到阿尔图纳来，我向他保证我一回去就立即将这件事汇报给司各特先生。卧铺车厢的想法在我的脑海里挥之不去，迫切地想马上回到阿尔图纳，将我的想法告诉司各特先生。我这样做了，他认为我抓住了一个千载难逢的机会，这个设计十分可行，并让我立即给专利所有者发电报。他来了，并且签订了合同。我们要尽快地造两节车厢并投入运营。出乎我意料的是，在此之后，伍德拉夫问我是否愿意加入此项新的事业中来，并可以提供给我8％的股份。

我当即接受了他的请求，因为我坚信一定会有所回报。这两节车厢交付后，按月分期付款。当首付的日期来临的时候，我应该付的那一部分是217.5美元。我做出了一个大胆的决定，打算向当地的银行家洛德先生申请这个数目的贷款。我向他解释整个事情的经过，我记得他的那双大手紧紧地抱着我（他有6英尺3英寸或是4英寸高），他说：

"为什么不呢？我当然会借给你，你是对的，安迪。"

我写下了平生的第一张借据，而且还是写给一位银行家的。对于一位年轻人的事业来说，这是一个荣耀的时刻。卧铺车厢是一个巨大的成功，它们每个月所取得的收益便可以拿来偿还每月的分期付款。我所获得的第一笔巨款就是从这儿来的。（今天，1909年7月19日，我重新读到这些记录，不久前，洛德先生已婚的女儿告诉我说他爸爸对我深怀感激，这让我非常地高兴，的确如此。）

在母亲和弟弟到达阿尔图纳之后，我们生活中的一个重大变化是，我们将结束纯粹只有家里人在一起的生活，我们考虑有必要请一个佣人。让一个陌生人进入我们的生活圈子，这可能会使母亲感到为难。在我们家里，她可以担当任何角色，并且她也可以为她的两个孩子做任何事情。她曾给她的儿子们做饭、浆洗缝补衣服、为他们铺床叠被、打扫房间，这就是她的生活。作为一个坚强的女人，她不愿意让别人做她家的事，讨厌把一个陌生人引到家里来。谁敢挑战她在家里的特权地位呢？尽管如此，我们还是不可避免地要雇女佣。先是一个，随后又雇了几个。然而随之而来的是，我们单独在一起生活时候的真正的家庭快乐被严重破坏。被外人伺候的感觉根本无法与母亲出于爱心的劳作相提并论。陌生的厨子准备出精美菜肴，然后有人端到餐桌上，这一切都是有偿劳动，是他们的任务。这样的菜肴便缺乏了那种香甜——那种由母亲的双手，作为一种奉献端过来的香甜。

在那些纷繁芜杂的祝福之中，我应该感到庆幸的是，在我年幼时既没有保姆也没有家庭女教师。对此不必感到惊讶，比起那些表面上看起来很幸运，而实际上并非如此的富家子弟来，穷人家的孩子因其对家庭的热爱和亲近而备受称道，相比起来，他们对父母也更加孝顺。在父母的关爱中，他们度过了自己的童年和青年时期，父母就是他们的一切，无人能够取代。这对他们意义重大，印象深刻。父亲意味着是他们的老师、朋友和顾问，母亲则是护士、女裁缝师、女家庭教师、朋友、女英雄，是无所不能的圣人。而那些对孩子来说意义只在于继承财产的父母，他们和孩子之间就像陌生人一样遥远。

也许亲爱的妈妈还没有意识到，会有这一天，儿子长大成人，用手抱着、温柔地亲吻着圣洁的母亲，然后努力向她解释，说如果让他以某种方式来帮助她的话，也许会更加好一些。在外面，在众人之间，儿子有很多的事情要处理，他期待着能作一些改变，那种让小男生们感到愉悦的生活方式在某些方面应该发生一些变化，他们的家也要布置得适合请朋友们来做客，尤其应该让奴隶般苦干的母亲从此以后过上一种比较清闲的生活：读读书，串串门，探访一下自己亲爱的朋友们——简而言之，将她的地位提升，如贵妇人一般，这是合适的，也是她应得的。

当然，这种变化对我母亲来说是痛苦的，但是她终于意识到了它的必要性，也许这是她第一次认识到他的儿子正在迈向成功。"亲爱的妈妈，"我搂着她再三请求，"对我和汤姆，你是我们的所有，也为我们做了一切。现在，让我们为你来做点什么，让我们成为合作伙伴，永远想着怎样对对方最好。现在是你作为夫人享福的时候，这些日子里，你可以坐上你的马车，让这些女孩子来为你服务吧，我和汤姆喜欢这样。"

我赢得了胜利，母亲也开始和我们一起出去探访她的邻居们。她无需学习上层礼仪，她天生就具有端庄的仪表和优雅的姿态。至于教育、知识、判断力和仁慈，也极少有人能与她相比。（开始的时候，我写的是"无人能及"而非"极少有人能与她相比"，后来改了过来。尽管如此，我的个人意见还是有所保留的。）

我在阿尔图纳的生活因为有了丽贝卡·斯图尔特小姐而变得更加愉快。她是司各特先生的外甥女，主要帮他来照顾家务。她十分完美地扮演了我姐姐的角色，尤其是当司各特先生被派往费城或是其他地方的时候。我们经常在一起，常常一起在下午骑车穿越树林。我们的这种亲密关系一直持续了很多年。我在1906年重读她写来的信的时候，我前所未有地意识到我对她的感激。她其实并不比我大多少，但总是显得比我大许多的样子。当然，她比我成熟，扮演起大姐姐的角色也很自然。在那些日子里，我觉得她是一个完美的姑娘。很遗憾的是，在以后的岁月里，我们的生活方向差别很大。她的女儿嫁给了苏克塞斯的伯爵，于是在几年后，她便举家迁往国外了。（1909年7月19日，我和我的妻子在上年的4月见到了我的姐姐和朋友，她的丈夫现在已经过世了，她住在巴黎，其妹妹和女儿都很好，生活很快乐，这确实是令人愉快的事情。她是我年轻时不可多得的好朋友。）

司各特先生在阿尔图纳呆了三年时间，接着又面临升迁了。在1859年他成为了公司的副总裁，在费城拥有了自己的办公室。我何去何从？这对我来说是一个严重的问题。他会带我过去吗？还是把我留在阿尔图纳，面对一个新上司？种种想法折磨着我，与司各特先生分别对我来说太过痛苦，为一个替代他的新上司服务我认为也不可能。在那时，我一直认为，日出日落都得由他负责。我从未想过，如果没有他，我是否还会获得提升？

他去费城与总裁会面回来后，把我叫进了他家的私人房间，他一般在这里与办公室进行联络。他告诉我说，他去费城已成定局，部门经理伊诺克·刘易斯先生将成为他的继任者。我饶有兴致地听他渐渐地也不可避免地把话题引向对我的安排，最后，他终于说：

"现在，我们来谈谈你，你觉得你可以管理好匹兹堡分部吗？"

我正处在一个自以为能胜任一切的年龄，我不懂得我不应该有太大的奢求，但我没有想过别人也会认为我现在能胜任安排好的任何工作，更不用说是

第七章 宾夕法尼亚铁路公司主任

司各特先生了。当时我还只有24岁，但我那时的榜样是约翰·拉塞尔勋爵，他曾宣称，随时能够胜任水上舰队的总司令。还有华莱士和布鲁斯。因此我对司各特先生说："我想我可以。"

"那好，"他说，"坡兹先生（当时匹兹堡分部的经理）将要被提升到费城的运输部去，我推荐你继任他的职位，他同意给你一个机会，你期望的薪水是多少？"

"薪水，"我很生气地说，"难道我在乎薪水吗？我不要薪水，我只要那个职位，能够到你先前的职位，回到匹兹堡分部，这已经够荣耀的了。你可以按你的意思，高兴给我多少就给我多少，并不一定要比现在给得多。"

那时，我每个月拿65美元。

"你知道，"他说，"我在那里的时候，每年的工资是1500美元，而坡兹先生是1800美元，我想在开始的时候，给你每年1500美元会比较合适一些，如果你干得好，不久之后，你可以拿1800美元，对此你感到满意吗？"

"哦，求求你，"我说，"不要跟我提钱！"

那不仅是雇佣和薪金的问题，在那儿，在那时，我的升迁还未公开。我将有我自己的一个部门。我不用再在来往于匹兹堡和阿尔图纳的指令上签下"T.A.S"，我现在可以写上"A.C."[1]这对我来说，已经是足够大的荣耀了。

任命我为匹兹堡分部经理的命令发布于1859年12月1日。接着，马上又要准备搬家，这种改变是令人欣喜的，尽管我们在阿尔图纳的住所有诸多优势，尤其是我们还在郊外一处风光宜人的地方有了一所大房子，它的周围还有一大片空地，在那里我们可以尽享惬意的乡村生活。但是这一切与回到老朋友、老相识中间，回到虽然又脏又乱、烟尘笼罩的匹兹堡相比，其分量便轻如鸿毛了。我的弟弟汤姆在阿尔图纳时学会了电报技术，他将和我一起回到匹兹堡，并且成为了我的秘书。

接下来的那个冬天是我所经历过的最为严酷的寒冬。铁路线的建设质量很

---

[1] T.A.S: 托马斯·A·司各特的英文简写；A.C.: 安德鲁·卡内基的英文简写。

糟糕，装备效率低下，根本应付不了当时堆积如山的业务。铁轨修建在大块的石头上，需要铁铸的轨座加以固定，据我所知，有一个晚上共有47个轨座断裂。事故频发，便不用感到惊讶了。作为部门经理，我在那些日子里必须在夜里用电报指令发车，外出处理所有的事故，要做一切事情。有次一连八天，日以继夜，我都在铁路线上，处理一个又一个的事故，清除一个又一个障碍物。可能在所有曾担任过这项管理工作的人中，我是最不体恤下属的一个。也许是靠一种责任感的支撑，我本人从不知疲劳，但我让手下的员工也超负荷地工作，没有细心考虑到他们的耐力是有限度的。我总是在任何时刻都能睡着。晚上，在一节破旧的车厢里抓住时间躺上半个小时便已足够了。

内战给宾夕法尼亚铁路带来了极大的需求，以至于我最后不得不组织一个夜班组。但当我向上级申请把晚上对线路的调度指挥权交给火车调度员时，却遇到了一些困难。事实上，在没有得到他们明确授权的时候，我自作主张，任命了也许是全美第一个夜间火车调度员——至少也是宾夕法尼亚系统内的第一个。

1860年，在我们回到匹兹堡后，我们在汉考克街（就是现在的第八大街）租了一套房子，在那里住了一年或者更长的时间。对当时的匹兹堡做任何的精确描述，都会被视为泛泛而谈的夸大之词。烟雾到处弥漫，如果你把手放在楼梯的栏杆上，当拿开的时候它就变成了黑色。你洗完脸或者手的一个小时之后，它们会变得和以前一样脏。烟雾中的黑尘会落在头发上，刺激着皮肤，很不舒服。当我们刚从阿尔图纳的山地回来的那段时间里，我们生活或多或少地有些痛苦。我们很快就开始考虑要怎么才能住到乡下去，幸运的是，当时公司的货运代理人斯图尔特先生，在荷姆武德给我们介绍了一所房子，与他的住所相邻。我们立刻搬到了那里，电报也带了进去，这样必要的时候我就可以在家里指挥分部的事务。

在这里，我们开启了一个新的生活。这里阡陌纵横，繁花似锦，居民大多拥有5~20英亩不等的土地。整个荷姆武德占地好几百英亩，这里有美丽的峡谷和森林，还有潺潺的小溪。我们也有一个自己的园子，在我们的房子的周围还有一块很大的空地。母亲一生中最为快乐的时光便是在这里度过的，在花朵中间，

第七章　宾夕法尼亚铁路公司主任

和小鸡在一起的乡村生活以及周围的环境都很让她惬意。她爱花，甚至是迷恋。她几乎从不采一朵花，事实上，有一次她还责备我拔掉一棵野草，说："这是绿色的东西呀。"我也继承了她的这一特性，当我从房间走出，打算摘下一朵花来，放到我的纽扣眼上，然后戴着去城里，可是我找不出哪一朵是我可以毁坏的。

我们搬到乡间，这让我们结识了一大群新朋友。这一地区许多有钱人都在这个令人愉悦的乡村里拥有寓所，可以说，这儿是一个贵族区。我这个年轻的经理常常被邀请到这些富丽的大宅里面参与他们的娱乐活动。年轻人喜欢音乐，我们便曾多次举办音乐晚会。在这里，我听到人们谈论我以前从未知晓的事情，因此我为自己定下了一条规则：在听到他们的谈论时，我应该立即从中学到些什么。我每天都很快乐，因为我感到每天都能学到新的东西。

在这里，我第一次遇到了范德沃特兄弟、本雅明和约翰。约翰后来成为了与我一起出游的伙伴，我们一起参加过各种各样的旅行。"亲爱的范迪"则成了我"环游世界"的好友。我们的邻居，斯图尔特夫妇，和我们变得越来越亲近，最后建立起了深厚的友谊。斯图尔特先生后来与我们一起做生意，成了我的合作伙伴，这是使我高兴的事情之一，"范迪"也是如此。然而，搬家最大的收益是结识了宾夕法尼亚的名门望族维尔金斯法官一家。法官当时已年近八旬，身材修长、相貌英俊、举止得体大方，谦和而不失威严，是我迄今遇见过的最为博学多识的人。他的妻子是美国副总统乔治·达拉斯的女儿，她是我心目中最为慈祥的老妇人，是我所见过或知道的最美丽、最可爱、最令人敬重的老人。她和女儿维金斯小姐和妹妹桑德斯夫人以及孩子们都住在荷姆武德的那座大宅子里。这座豪宅在当地就如同英格兰的男爵府，或者说，它算得上是当地所有有文化、有上进心的人的中心。

它尤其令我高兴，因为我似乎是那里一个很受欢迎的客人。音乐晚会、猜字游戏、以及主角是维尔金斯小姐的戏剧，都为提高我的自身修养提供了某种途径。法官先生是我所认识的第一个记入史册的人物，我永远都不会忘记他给我留下的深刻印象，在一次谈话中，他想要对一段评论进行阐释，他就会说"杰克逊总统曾对我说"，或者"我曾对惠林顿公爵如此这般地说过"。法官先生在他早年的时候（1834年）曾是杰克逊总统手下负责俄国事务的大臣。他也以同样轻松的方式谈起他和沙皇的会面，而我似乎接触到了历史本身。这所宅邸有一种全新的氛围，而我与这个家庭的交往就像一种强烈的兴奋剂，激起了我丰富头脑、提高个人修养的欲望。

维尔金斯家族和我之间表面上非常平静，唯一引起对立的话题是政治观点。那时候我热情拥护废除奴隶制，那时候美国的废奴主义者有点类似于英国的共和主义者。因为与南方的名门望族有紧密的联系，维尔金斯们是倾向于南方的坚定的民主派。有一次在荷姆武德，在我正要进入休息室的时候，我听到这家人在兴奋地谈论着不久前发生的一件可怕的事情。

"你怎么想？"维尔金斯夫人问我，"达拉斯（她的孙子）写信告诉我说，西点军校的司令命令他坐到黑人的身边，你听过此类事情吗？这不是一种耻辱吗？黑人也能进西点军校？"

"噢，"我说，"维尔金斯夫人，还有比这更糟糕的事情呢，我还知道他们中的有些人被获准进入天堂。"

我能感受到那儿的沉默，然后，维尔金斯夫人冷峻地说：

"那是一件完全不同的事情，卡内基。"

以这种方式，在那段时间里，我得到了很多至今看来还是最为珍贵的东西。亲爱的维尔金斯夫人开始编制一种阿富汗毛毯，在她工作进行过程中，会有很多人问她这是织给谁的。不，维尔金斯夫人是不会说的。对此，她一直把它当作一个秘密保守着。直到圣诞节临近，这件礼物也完工了，并被仔细地包好，卡片中写下一些关爱的话语，她让她的女儿把它寄来给我。我在纽约适时地收到如此高贵的夫人送的如此贵重的礼物。那条阿富汗毛毯，尽管我常常拿给朋友们看，但我一直收着没有使用。在我所拥有的珍贵的财富之中，它对我来说是一件圣物。

我很幸运，在匹兹堡认识了莱拉·阿狄森。她父亲阿狄森医生不久前刚刚过世。很快地，我便与阿狄森一家熟识了。这让我受益良多，对此我一直心存感激。这是另外一种友谊，一种与受过高等教育的人的友谊。莱拉曾到国外深造，她能说流利的法语、西班牙语和意大利语。正是通过与这一家人的交往，我第一次认识到，在我与受过高等教育的人之间，有一条无法形容又难以逾越

第七章　宾夕法尼亚铁路公司主任

的鸿沟。但是"我们身上同流着苏格兰的血"一如继往地发挥着力量。

阿狄森小姐是个理想的朋友，因为，如果你是一块真正的钻石，她会帮你打磨得更加精致而富有光泽。她是我最好的朋友，因为她是对我做出过最为严厉批评的人。我开始特别注意我的言谈，还关注起英文经典名著。直到现在我还在如饥似渴地阅读这些书。我也开始留心怎样对所有人都在言谈上更加文雅、更有礼貌和谦恭——简言之，怎样表现得更好。一直到那时，我在穿着上都很粗枝大叶，甚至有点装模作样：笨重的大皮靴，松散的衣领，整体上打扮得粗线条是当时西部的一种独特风格，在我们平时的生活圈子里被视为有男子气概。任何被贴上了"浮华，有纨绔习气"的标签的东西都会遭到鄙视。我还记得在铁路公司上班时见到的一个绅士，他带着羔羊皮手套。他成为我们这些一心想成为所谓男子汉的人嘲笑的目标。多亏了阿狄森一家，自从我们搬到荷姆武德之后，我在这些方面有了很大的改进。

第八章

卡耐基

内战时期

内战爆发于 1861 年，司各特先生被任命为陆军部长助理，主管交通部门。我便被他召到了华盛顿，做他的助理。我当时负责政府的军用铁路和电报，还要组织一支铁路武装。在战争开始不久，交通部是当时最为重要的部门之一。

第一批通过巴尔的摩的联邦军队遭到了袭击，并且巴尔的摩和安纳波利斯之间的铁路也被切断，破坏了联邦军队与华盛顿之间的联系。这就需要我的铁路兵团了。在费城，有一条铁路通向安纳波利斯，在那里与通向华盛顿的主线相交。我的第一个任务便是抢修这条铁路，使得重型火车可以由此通过，我们花了好几天时间来完成这项工作。巴特勒将军和好几个团的部队在我们之后几天里抵达，我们成功地把所有的军队都输送到了华盛顿。

我坐上第一列发往首都的机车，一路上小心翼翼。在离华盛顿还有一段距离时，我注意到有几条电报线被木桩子压在了地上。我停下机车，跑过去松开它们，我没有注意到电报线是绷紧的，在弹力的作用下，它们猛地抽到了我脸上，把我打得翻了一个跟斗，还在我脸上划了一道大口子，流了很多血。我就是这样随着第一批部队进入华盛顿的。除了一两个几天前在巴尔的摩大街上受伤的士兵，我可以理直气壮地宣称，我是第一批"为美国流血"的保卫者中的一员。我很荣幸能为这片给了我许许多多的大陆做点有用的事。毫不夸张地说，为了让通向南方的交通顺畅，我夜以继日地工作。

很快我就把指挥部搬到了弗吉尼亚州的亚历山大[1]，当时那场不幸的布尔溪战役正在激烈进行中。最初我们还不相信这一消息，但这很快就得到了证实。我们不得不将所有的机车和车厢冲到前线，运回那些战败的士兵。离前线最近的是伯克车站。我赶到了那里指挥，把可怜的志愿兵伤员一车接一车地装运走。有报告说叛军已经离我们很近了，最终我们不得不关闭了伯克车站，而我和电

---

[1]　"当卡内基抵达华盛顿时，他的第一个工作是建立一支去亚历山大的渡船，并且把巴尔的摩与俄亥俄铁路从老华盛顿车站开始，沿着马里兰大街，一直延伸到波托马克河，这样，机车和火车车厢边可以在费吉尼亚交叉使用。横跨波托马克河的大桥也需要重建。我记得当时在卡内基和莫利的指挥下，华盛顿和亚历山大之间的铁路在仅仅七天的时间之内便很快完工了。所有人，包括卡内基在内，为了完成这一任务而日以继夜地工作。"（贝茨：林肯在电报工作室，P.22，纽约，1907）

报操作员,则乘坐最后一列火车退往亚历山大。那里也是一片恐慌,一部分铁路工人开了小差,离开了岗位。不过,从第二天早晨在食堂吃饭时的人数来看,与其他部门比起来,我们已经有理由庆贺了。少数几个列车员和火车司机已经坐船渡过了波托马克河,虽然好几天夜里听到的声音像是敌人追兵的枪炮声,但是大部分工人都没走。至于我们的电报员,没有一个溜号的。

在此之后,很快地,我又回到了华盛顿,我的指挥部和司各特上校一起安在了陆军部大楼。当时我主管电报局和铁路,这使得我有机会见到林肯总统、苏厄德先生、卡梅伦部长以及其他大人物。偶尔,我能和他们有些私人接触,这也带给了我很多的快乐。林肯总统有时会到我的办公室来,坐在办公桌旁等待回复他的电报,或者只是焦急地等待最新的消息。

这位杰出人物的所有画像都与他本人很像。他的特征如此明显,以至于没有任何画他的人会画得走了样。当他平静的时候,他的相貌平平,仅从长相上来说,他是我所见过最为普通的人之一。但当他兴奋的时候,或是正在讲一个故事时,他眼里会射出智慧的光芒,照亮他的脸,其亮度是我很少或者说从未在别人那儿见过的。他的举止因自然而完美,对每个人,即便是办公室里最年轻的小伙子,他都语言友善。他总是细心周到,对所有人都是一样。不管是对一个小信差说话,还是对苏厄德国务卿,都一样彬彬有礼。他的魅力就在于他的平易近人。有些事情如果不用他的方式说出来,可能并不见得能打动人。我经常后悔当时没有仔细地把他的一些古怪的言行记录下来,因为即便是说一些平常的事情,他用的方式也很独特。我从来没有见过像林肯总统这样彻底地与大家打成一片的伟大人物。海部长说得好,"对林肯先生来说,我们难以想象还会有人是他的仆人,因为所有人都是他的伙伴。"他是最为完美的民主党人,他的一言一行都显示着人人平等。

1861年,当梅森和斯莱德尔从英国的轮船特伦特号被抓回的时候,那些知道英轮上庇护权具体含义的人对此有着强烈的焦虑,我也是如此。要不立刻归还战俘,要不战争将不可避免。当内阁召集会议考虑这一问题时,卡梅伦部长没有参加,司各特先生作为战争的部长助理参加了这一会议。我努力让他知道,在这一问题上,英国将毫无疑问会开战。我力劝他赞成交换战俘,尤其在美国,轮船免于检查是一条基本原则。他对国际事务一无所知，倾向于扣押这两个俘虏。但是当他从会议上回来时，他告诉我说，西华德在会上警告内阁——这意味着战争，正如我所说的。最开始的时候，林肯也倾向于扣留这些战俘，最后还是听从了西华德的意见。但是，内阁决定推迟到第二天执行，到时候，卡梅伦和其他缺席者都将到场。由于大家觉得卡梅伦可能不会主张交出战俘，因此西华德将军要求司各特先生在他回来的时候立即去见他，让他在开会之前支持这一决定。第二天，这一切都进行得很顺利。

我无法形容当时华盛顿的混乱局面所给我的感受。当我第一次看见当时任总司令的司各特将军的时候，他正在两个人的搀扶下从办公室穿过人行道，走进他的马车。他已经老了，不仅身体年迈不堪，思维也已经瘫痪。但是，共和国的军事组织还在依靠这位在过去的岁月功绩赫赫的垂垂老者。他的后勤总监泰勒将军在很大程度上是司各特的副本，其他人也差不多。我们要开通电报通讯，要运送人员和物资，就必须跟这些人打交道。他们仿佛已过了有用的年龄，就像一群循规蹈矩者，许多需要立即采取行动的事情都要耗费好几天才能决定。在任何重要部门的总部，我都看不到一个年轻有活力的官员——至少我一个也想不起来。长年的和平使得军队变得陈腐不堪。

我理解，在海军部里，相同的原因产生了类似的结果，但我与海军部并没有什么接触。最开始的时候，陆军的地位很重要，而海军则处于相对较次要的地位。如果不撤换各军部的首脑，除了战败之外，我们看不到任何前景。而这也不可能在一天之内完成。因为政府推迟生产一种有效的武器，这个国家开始对这一艰巨的任务变得不耐烦，这毫无疑问是很自然的。在军队各个部门中盛行的混乱情况很快就变得秩序井然，这让我感到十分惊讶。

在我们的业务受到关注的时候，我们的工作有了一个极大的进步。卡梅伦部长授权司各特先生（他已经拥有了一个上校军衔）不用等陆军部官员缓慢而滞后的决策和行动，可以直接做那些他认为是必要的事情。这一授权派上了大用场，政府的铁路和电报部门从战争一开始所发挥的重要作用，得归功于这样一个事实，就是我们得到了卡梅伦部长的大力支持。他的才能和对问题根基的把握都远远胜过了他手下的将军们和各个部门的首领。但迫于众人的压力，林肯总统最终还是将他撤换掉了。不过那些幕后知道内情的人都清楚，如果其他部门都能像卡梅伦的陆军部一样管理得井井有条，那么许多灾难也许都能避免。

洛其尔——卡梅伦喜欢这样称呼他——是一个很感性的人。在他90岁的时候，他来苏格兰看我们，当他坐在四轮马车的前座上，穿过我们的大峡谷时，他非常虔敬地脱下了帽子，就那么光着头过去，他被这峡谷的宏伟所征服了。

我们的谈话马上转换到政府部门的候选人上来，认为除了在紧急情况下，必须由确实亲自做出了努力，并且具备政府所需才能的人才能当选。这是洛其尔讲的关于林肯第二任期的故事。

那天，在宾夕法尼亚的哈利斯堡，卡梅伦在乡村的家中，他接到电报说林肯总统要来看他。因此，他赶回了华盛顿，林肯说：

"卡梅伦，我身边的人告诉我说，成为第二任期的候选人是我应该做的义不容辞的职责，他们说，我是唯一能够拯救我们祖国的人，等等之类的话，而我也开始愚弄自己，有那么一点点相信了。你觉得呢，你觉得应该怎样？"

"哦，总统先生，28年前杰克逊总统也像你一样把我叫了过来，同我讲了一个与你同样的故事。我在奥尔良收到他的信，并且花了十天时间赶到华盛顿。我告诉杰克逊总统，我认为最好的办法，是让一个州的立法机关通过这样一项决议，船员在有暴风雨的时候不要抛弃船只，等等。如果一个州这样做的话，其他各州都会照办的。杰克逊总统同意了我的观点，然后我就回哈利斯堡了，准备了这样一份决议并且得以通过。如我预料的，其他各州都相继照办。正如你所知，他赢得了第二任期的选举。"

"那好，"林肯说，"你现在可以做那项工作吗？"

"不，"他说，"我和你太亲近了，总统先生。如果你需要的话，我可以让我的一个朋友参与此项工作。"

"那好吧，"林肯总统说，"那我就把这件事交给你处理了。"

"我找来了福斯特，"（福斯特是与他同坐一辆马车的同伴，也是我们的客人）"并且叫他查找出杰克逊的那些议案，把它们稍作修改，以适应新的情况，然后它们获得了通过。接下来的结果和杰克逊总统的情形很类似。在我第二次去华盛顿的时候，我在晚上去了总统的公众招待会。当我挤进拥挤而宽敞的东厅时，由于林肯很高，因此他越过一大群人认出了我。戴着白色手套的两手握紧，看起来就像羊的两腿。他喊道：'今天又多了两个，卡梅伦，两个。'他是说，另两个州通过了杰克逊—林肯议案。"

除去这件事情对政治生活产生的意义不说，相隔28年，同一个人被两个美国总统召见，在几乎相同的背景下询问他的意见，并且运用了同样的计谋，这两个人都是总统候选人而且都成功连任，这确实是不同凡响。正如我曾对一个值得纪念的时刻所做出的解释一样："一切都在预料之中。"

在华盛顿的时候，我没有见过格兰特将军，因为直到我离开那里，他都在西线。但有一次，他去往华盛顿，以及从那里返回，他都在匹兹堡做了停留，为他调往东线做一些必要的安排，两次我都在铁路上遇见了他。我带他到匹兹堡一起吃饭，那时候火车上还没有餐车。在我所遇见的权贵之中，他是最貌不惊人的一个。如果让人凭第一印象来挑选杰出人物，肯定最后才挑中他。我记得陆军部长斯坦顿说过，他在西线视察军队时，格兰特将军与他的参谋人员走进车厢，斯坦顿看着他们一个个进来，当他看到格兰特将军时，他说："好吧，虽然我不知道哪一位是格兰特将军，但是有一位肯定不是。"而他指的就是格兰特。（写完这段文字多年后再来读它，我笑了。这一段对格兰特确实很刻薄，因为我跟他打过不止一次交道。）

在那些战争年月里，战略和将军们的计划被大加议论。当时格兰特将军毫不介意地与我谈论这些东西，这令我感到惊讶。当然，他知道我曾在陆军部呆过，斯坦顿将军对我也很熟悉，[1]知道我对情势的发展也略有所知，然而当他谈起下面这些，你完全可以想象到我的惊讶。

"总统和斯坦顿想让我到东线去，接手那里的指挥权，我已经同意了。我这就要去西线作必要的安排。"

"我想也是。"我说。

"我打算让谢尔曼接管。"他说。

---

[1] 1906年4月26日，卡内基先生赠予肯尼恩的斯坦顿学院80000美元，并且还在这个学院中作了关于这个伟大的陆军部长的演说。

"那会引起举国震惊的，"我说，"因为大家都认为继任者应该是托马斯将军。"

"是的，我知道，"他说，"但我了解这个人，而托马斯肯定会第一个说，谢尔曼是不二人选。这不会有什么问题。事实上，西线战事已经向南方打得够远的了，下一步我们必须做的是把东线战事向南推进一点。"

他也是这么做的，那就是格兰特将战略行之于语言的方式。我有幸能在以后的岁月中与他熟悉起来。如果说有人从不装腔作势、矫揉造作的话，那个人就是格兰特，即便是林肯在这一点上也不及他。不过，格兰特是个沉默寡言、慢条斯理的人，而林肯在行动上总是很积极。我从未听格兰特用过复杂华丽的词藻，或是讲究什么"方式方法"的，但是如果你认为在整体上他是一个沉默寡言的人，那便是犯了一个错误。有时候他说起话来滔滔不绝，简直令人震惊。他使用的句子简短却往往切中要害，他对事物的观察也总是出奇的准确。当他在没什么要说的时候他就沉默。我发现他在战争期间，对夸奖部下总是乐此不疲，就像一个慈爱的父亲谈起他的孩子一样。

这是战争期间发生在西线的一个故事，格兰特将军开始不加节制地饮酒。他的参谋长罗林斯大胆地进言劝阻。这一行为在格兰特先生眼中是出自真正的友谊。

"你是说这件事吗？我完全没有意识到这一点。真是奇怪！"将军说。

"是的，我说的就是这件事情。它甚至成了你的部属们谈论的一个话题。"

"那你为什么不早点告诉我？此后，我将滴酒不沾。"

他确实再没喝过酒了。后来，我在纽约多次与格兰特及其家人就餐，我看到他把酒杯推到一侧。正是他这种坚定的意志让他下定了决心，而这，在我的经历和见闻中也极少见到。有的人只能克制一段时间，在一个著名的案例中，我的一个合伙人曾戒酒三年，但最终还是放弃了。

格兰特在任职总统期间，曾被指控在某些官职任命或政府行为方面涉嫌贪污受贿。但是他的朋友们都知道，他非常清贫，以至于不得不宣布一项决定，取消惯例上的国宴。因为他发现一次需要花费 800 美元——这是他的工资所不能承受的一个数目。在他的第二个任期内，他的工资由每年的 25000 美元涨到

50000美元，这使得他有少量的结余，尽管钱在他眼里远不如制服来得重要。在他第一任期结束的时候，他几乎一无所有。但是我发现，当时在欧洲，很多高层官员都认为格兰特将军依靠对官员的任命权获取了某些经济利益。我们知道在美国，这种指控基本上没什么份量，但是，对于那些殚精竭虑地盘算着从国外的公众舆论中获得什么效果的人来说，是有好处的。

在今天，英国的民主进程遇到了一种大众舆论的阻力，那就是美国政治是腐败的。因此他们认为共和主义比其他的任何制度都更容易滋生腐败。根据我对英国和美国政治的一些知识，我会毫不迟疑地说，如果新大陆的共和政体产生出一盎司腐败，那么在古老的君主制国家相应地也会产生一盎司腐败，只不过是腐败的形式不同而已。在君主制国家，贿赂的形式是职衔，而非金钱。对两者来说，公职都是一种普通并且合适的酬劳。然而这种区别对君主制国家是有利的，因为头衔是公开授予的，不会被接受者和民众认为是贿赂。

当我在1861年被叫往华盛顿的时候，人们都以为战争会很快结束，但此后不久，大家都意识到这将是一场持久的战争。因此，相关部门需要长期的官员来负责。宾夕法尼亚铁路公司少不了司各特先生，而司各特认为我应该回到匹兹堡，那儿需要我工作。最后根据政府对宾夕法尼亚铁路的要求，我们把在华盛顿的工作交给了别人，回到了各自的工作岗位上。

从华盛顿回来之后，我第一次得了重病。我被彻底击垮了，在坚持着工作一段时间之后，我不得不请假休息。一天下午，在弗吉尼亚的一条铁路线上，我似乎是中暑了，这给我带来了很多麻烦。尽管我挺了过来，但是从此之后，我发现我忍受不了太高的温度，必须小心防晒，炎热的天气会使我彻底萎靡。（那就是为什么很多年来，清凉的空气是我的万应灵药。我的一生坚持认为我必须躲开美国炎热的夏季。）

宾夕法尼亚铁路公司准许我休假，等待已久的重返苏格兰的机会到来了。1862年，在我27岁的时候，我母亲、我的知己好兄弟汤姆·米勒和我三个人乘坐埃特纳号轮船出发，在利物浦登陆，然后我们立即去了丹佛姆林。这次故乡之行使我感触良多，我感觉像是在梦中，越是接近苏格兰，这种感觉越强烈。母亲同样非常激动，我记得，当她第一眼看到那熟悉的灌木，便喊了起来：

"哦，那儿是金雀花，是金雀花。"

她百感交集，再也控制不住自己的泪水，而且我越是安慰她，她越是无法自持。对我而言，感觉就像是来到了圣地，我亲吻了这片土地。[1]

在这种情绪中，我们到达了丹佛姆林。一路上经过的所有事物，我都一眼就可认出来，但是，和我想象中的相比，每一件看起来都很小，我甚至为此感到迷惑。终于，我们到了劳德姨父家，走进那间他教给我和多德很多事情的房子，我大叫起来：

"你们都在这儿，每样东西都和我离开的时候一样，但是你们现在看起来都和玩具差不多。"

那条大街，我曾认为是一条不错的宽大的公路。姨父的小店，我一直把它与纽约的一些商店相提并论。还有环城的那些小山，我曾经在星期天去上面跑来跑去玩耍，还有那些房屋，一切都缩小了，这儿成了小人国的城市。我甚至能触摸到那间我出生的房子的屋檐。以前我曾把在周六步行去海边看成是高难度的一项工作，而现在，那也只不过三英里的距离。海边的礁石似乎也消失了——我曾经在那里捡海螺，而现在只剩下一条平展的浅滩。那校舍，在它的周围凝聚了许多我学童时期的回忆，这是我唯一的母校。还有那操场，我在那儿做过游戏，和伙伴们赛跑，现在都变得这么小，小得荒谬、可笑。那些住所、金雀大厅，尤其是东尼布里斯特的温室，一个接一个地变得细微和无关紧要。后来有一次我去日本，那儿的小型房屋模型玩具，看起来就像是这些老房子带给我印象的复制品。

那里所有的东西都成了微缩模型，甚至连摩迪街上的那口老井，也和我想象的大相径庭。但那光荣而古老的大教堂没有使我失望，她依然那么雄伟、庄严，那高塔上的大字，令人难以忘怀——"罗伯特·布鲁斯国王"，还是一如既往

---

[1] "我能出生在苏格兰，那是神的恩赐。因为成为任何其他的样子，我都不会感到满意。她以自己的方式，矜持而深沉，头脑清醒、精明能干、总是关注着重大的变化，如此娇弱，惹人怜爱，如此多情、钟情于歌曲和故事、容易为美好的事物感动，如此的忠诚和真实。哦，你适合我啊，苏格兰，我因是你的儿子而骄傲。"（安德鲁·卡内基：我们的马车旅行，P152，纽约，1882 年）

地占据了我的眼睛和我的心。大教堂的钟声也没有令我失望,当我回到这里第一次听到它,这使我感激莫名。它给了我一个聚焦点,在教堂周围,是残破的宫殿和大峡谷,一段时间之后,其他的景物渐渐地得到调整,恢复了它们真实的比例。

我的亲戚们仍是那么友好,其中年纪最大的是我亲爱的夏洛特姑妈,她高兴了一阵后叫道:

"噢,你很快就能回来在大街上开一家店铺了。"

按照她的理解,在中央大街上开一家店铺便算是成功,他的女婿和女儿(也就是我的平辈表亲)已经实现了她的这一伟大的目标,因此对于她这位有出息的侄子,这也不是什么不可能的事情。中央大街的店主就算是贵族,甚至这条街上的蔬菜摊贩和摩迪街上的比起来,其地位也不一样。

姑妈以前经常照看我,总喜欢说起我小时候的趣事:那时候,我是一个爱哭闹的婴儿,喂我饭的话,需要两把勺子才成,因为只要勺子一离开我的嘴,我便会大叫。琼斯船长,他后来成为了我们炼钢厂的经理。他认为我是一个生来就有两副牙齿的贪吃鬼,而我对于新的工作以及增加产量的胃口也一样贪得无厌。我是直系亲属中最大的孩子,因此,我得到了很多关照,姑妈便是其中之一。在他们老年的时候,他们和我讲起我小时候的那些恶作剧和说过的有特色的话语。姑妈讲到的一件事情使我对我的早熟感到惊讶。

我是伴着很多睿智的格言长大的,其中有一条格言是父亲教给我的,后来立刻派上了用场。在我还是小孩的时候,我们从三英里外的海边回家,父亲背着我走了一段,他在薄暮中走上一座陡峭的小山,感到有点吃力了,希望我能下来自己走。然而他得到的回答是这样的:

"噢,爸爸,没关系,忍耐和坚持成就大丈夫,不是吗?"

因为背着我,尽管当时他步履蹒跚,但还是忍不住笑得发抖。他被自己点燃的炮竹炸飞了起来,也算是自食其果了。但是我相信,他此刻肩上的负担一定轻了很多。

劳德姨父曾是我的老师、向导和激励者,他在我8岁的时候就花费了那么多的精力来努力使我变得浪漫、富有爱国心和充满理想。现在我27岁了,但劳德姨父还是劳德姨父。他在我心中的形象一点也没有缩小，没有人可以替代他的位置。我们不停地散步和交谈，于是，我又再一次地变回了他的"奈格"，除此之外，他从未叫过我其他的名字。我最最亲爱的姨父，事实上，他对于我，已经远远不止是姨父了。[1]

我记得当我回到公司的时候，我被欢迎仪式深深地打动了。东边的工人集合在一门礼炮下面，当火车经过时，他们用礼炮来欢迎我。这可能是我的下属们第一次有机会让我成为游行的主角。他们的欢迎仪式给我留下了持久的印象。我知道我自己有多么地在意他们，而且我也很高兴地看到他们用这种特殊的方式回报了我的感情。劳动者总是能对好意做出回报。如果我们是真正地关心他人，那么我们无需担心他们如何看待我们，好心会有好报。

---

[1] "这个热爱自由的姨父，他有着传统的勇敢精神，在美国内战的黑暗日子里，他为了林肯为之献身的事业，在他所处的社会环境里孤军奋战。"（汉密尔顿·赖特，《世纪杂志》，第64页卷，第958页）

第九章

卡内基

建桥故事

内战期间，钢铁的价格涨到了每吨 130 美元。即便是那个数字，也还不是有钱就可以买到的。因为缺乏新的轨道，美国的铁路很快变得危险。这一状态促使我于 1864 年在匹兹堡建立了一家铁轨制造企业。在寻求资金和合作伙伴方面，我没遇到什么困难，并且先进的钢轨炉和鼓风机也已经问世。

同样，当时对火车机车的需求量也是巨大的。在 1866 年，我和托马斯·米勒[1]先生一起组建了匹兹堡机车厂。这是一个信誉良好、繁荣兴旺的企业，它所生产的机车在全美享有盛誉。到 1906 年，这家公司原价 100 美元的股票在市场上可以卖到 3000 美元，30 比 1 的比例，这在今天听起来像是一个童话。每年的红利很丰厚，总能如期下发。这家公司取得了很大的成功，当时的方针便是一个充分的证明："只做最好。"

在阿尔图纳的时候，我曾看到宾夕法尼亚铁路公司在试制当时第一座钢铁小桥，并获得了成功。当时我就看出，为了永久性的铁路结构，再也不用依靠木头来制造铁路桥了。有一次，宾夕法尼亚一座非常重要的铁路桥被烧毁，导致交通被阻隔了 8 天。该是铁路桥梁登场的时候了，我给铁路桥梁的设计者林维尔，以及负责管理宾夕法尼亚铁路桥梁的约翰·帕伯和希福勒提出建议，认为他们应该来匹兹堡，而我将组建一家公司来修建一座钢铁大桥。这类公司在此之前还没有先例。我请我的好朋友，宾夕法尼亚铁路的司各特先生和我们一起参与这项冒险，他答应了。我们每人出五分之一的股份，也就是 1250 美元。我的那笔钱是从银行借来的。现在回想起来，那点钱真的不算什么，然而"高大的橡树都是从小树苗成长起来的"。

就这样，我们在 1862 年组建了"帕伯和希福勒公司"，后来又于 1863 年并入吉斯通桥梁公司。我记得我对这个名字感到骄傲，因为这个名字最适合一家处于宾夕法尼亚州——吉斯通的桥梁公司。由此开始，铁路桥开始在美国得到了广泛的应用，而据我所知，在世界的范围内，它也开始大行其道。只要我写个借据，匹兹堡的钢铁生产商就愿意把材料赊给我们的新公司。我们用木头

---

[1] 在 1861 年之前，卡内基先生就已经结识了米勒先生，当时他在太阳城的福格公司经营着一家小型的钢铁生意。

第九章 建桥故事

搭建了几个小型的车间,一些桥梁结构也正在动工了。铸铁是主要材料,我们建造的桥梁质量极佳,有一些那时建造的桥,经过多年繁重的交通运输,现在依然还在使用。

在施托伊本维尔,人们要在俄亥俄河上修一座桥,于是问题出现了。我们能否应承在这条水道上建一座跨度有300英尺的铁路桥呢?如果在今天,我们还这么严肃地对待这一问题,怀疑自己的能力的话,那确实有点荒诞不经。但我们要记住,那还是在钢铁时代以前,熟铁在美国甚至还没有得到广泛应用。我们能用的最主要材料就是铸铁。尽管如此,我还是竭力劝说我的合伙人试一试,最后我们签订了合同。有一件事我记忆犹新,铁路公司的朱伊[1]总裁前来视察施工情况,当他看到那些用来造桥的沉重的铸铁管时,他转过身来对我说:

"我不相信这些沉重的铸铁管子能支撑住它们自己,更不用说让火车过河了。"

然而,事实胜于一切,这座铁桥至今依然在那发挥着它的作用,完全可以承受繁重的交通。我们原本希望这第一项工程可以大赚一笔,可是由于通货膨胀在工程完结之前便已发生,我们的利润差不多都没了。宾夕法尼亚铁路公司的总裁埃德加·汤姆逊注意到了这一情况,他同意另外支付一笔酬金,以使我们免于亏损,这足见他的公道。他说,在签合同的时候,双方都没有预料到这一情况。宾夕法尼亚铁路公司的谈判代表埃德加·汤姆逊是一个伟大而高尚的人,他一直认为,法律的精神要高于文字。

有了林维尔、帕伯和希福勒,我们便有了当时最佳的人才组合:林维尔是工程师,帕伯精力充沛,是个活跃的技工,而希福勒自信而稳重。帕伯上校是个杰出的人,汤姆逊总裁曾经说,如果有一座桥烧坏了,他宁愿让帕伯一个人去修,而不是一个工程队或军团。帕伯最大的嗜好就是马(这对我们是件好事)。当我们在业务方面争论得太激烈,上校便有了要发脾气的征兆,这种情况并不少见。此时最好的办法就是把话题引向马,他便把所有的一切都抛诸脑后,开始沉醉于马的话题。在他工作过于劳累的时候,我们想让他休息,给他放个假,就派他到肯塔基州去挑一两匹马,给我们之中需要的人,他是我们唯一信任的

---

[1] 托马斯·朱伊:潘汉德的总裁。

相马人选。然而，他对马的痴狂有时候也会给他带来麻烦。有一天他出现在办公室的时候，半边脸满是污泥，衣服扯破了，帽子也弄丢了，但手上依然执着马鞭。他解释说，他努力想去驾驭一匹肯塔基的未被人骑过的小马，可是有一条缰绳断了，他控制不了方向。

他是一个卓越的人，我们都亲切地叫他"管子"。如果他喜欢一个人，比如说我，那么他会永远支持并且跟随他。后来，我去了纽约。他便把对我的感情转移到我的弟弟汤姆身上，可他总是叫他托马斯。因为我得到了他的支持，弟弟在他心中的地位便也高了起来，他同样地很尊敬汤姆，凡是出自汤姆之口的，他都当作是法律和福音。他总是极度地嫉妒我们其他的公司，因为他与之没有直接的利害关系，比如供给吉斯通公司生铁的冶炼炉。关于质量、价格等类似的问题上，上校和冶炼炉管理者之间总起争执。但他从没有向我弟弟抱怨过，说他在生铁供应方面的谈判有不当之处。价格是净利润，但契约一旦达成，便不再有关于"净利润"的人和评论了，他只是想知道，"净利润"这个词是什么含义。

"嗯，上校，"我弟弟说，"这就是说，不能够再增加任何东西了。"

"很好，托马斯。"上校这样说，显得非常满足。

有人设置许多障碍以阻挡事情的发展，"没什么可以扣除"将会导致争执。

有一天他被布莱德斯瑞特的一本关于商业排名的书所激怒。在此之前，他从来没有读过这样的书，因而很自然地，他很想知道外界对自己公司的评估到底怎样。可是他读到，吉斯通桥梁公司的评价是"BC"，其含义是"信誉很差"（Bad Credit）。这时候，很难有人阻止他去见律师，要求投诉出版商。然而，当汤姆向他解释说，吉斯通公司之所以会冠以"BC"，那是因为我们从来不借贷款，这时候他才平静下来。借贷当然不是上校的爱好。有一次，当我正要去欧洲，而当时很多公司资金短缺，我们周围有几家已经因为难以为继而倒闭了。这时他对我说：

"当你不在的时候，如果我不签署任何的单据，县治安官就不能从我们这得到任何东西，是吗？"

"没错，"我说，"他不能够。"

第九章　建桥故事

"那好，我们在这等你回来。"

说到帕伯上校，这让我想起了另外一个非同一般的人物，是我们在从事造桥的日子里结识的。他就是圣路易斯州的伊兹船长[1]。他是一个天才，但没读多少书，不能用自然科学知识来指导自己的那些古怪的呆板的想法。看起来，他总想按照自己最初的想法来做每一件事情。尽管时机并不成熟，各方面的条件还不完全具备，但他还是喜欢一条路走到黑，不撞南墙不回头。当他关于圣路易桥的计划提交给我们之后，我把它交给了林维尔先生——全美最通此道的人之一。他跑来找我，十分担心地说：

"如果照这个方案来建这座桥，它根本就站不起来，它无法承受自己的重量。"

"噢，"我说，"伊兹船长要来，在谈到这件事情的时候，你可以委婉地把这一点指出来，给他一个正确的方案，别让他走弯路，还有不要跟任何其他人提起。"

林维尔做得很成功，在建桥过程中，可怜的帕伯不能够满足船长的一些特殊需求，起初，他还很高兴能够得到这么大的一个业务，因而他对伊兹船长也极为客气，他甚至开始都不叫他伊兹船长，而称他伊兹长官。打招呼的时候也热情地说，"您好！""很高兴见到您。"可不久之后，事情变得有些复杂起来。问候也不似先前那么热忱，但仍然是"早上好，伊兹船长。"慢慢地，友好程度一路下降，直到我们惊讶地听到帕伯称他为"伊兹先生"。在桥梁快完工的时候，"长官"已经降格为"吉姆·伊兹"。不过说实话，在这项工程开始很久以前，在"Jim"之前还要加上一个大"D"。毫无疑问，伊兹船长是一个有才能、有魅力、有趣味的人，但如果不利用科学技术和别人的实践经验，他就无法在密西西比河上架起一座跨度达 500 英尺的大桥。

在工程完工之后，我还和上校在圣路易呆了几天，以防在我们收到全部工程款之前，有其他人占有使用这座桥。上校把桥两端的木板抽走，并制定了一个警卫轮班的计划。那时候，他十分想家，迫切地想回到匹兹堡去。他决定搭夜班车走，这弄得我茫然不知所措，不知道怎么才能把他留下来，这时候，我

---

[1] 詹姆士·伊兹船长，后来因他在密西西比河的防洪系统而名声大噪。

想起了他的那个弱点。我告诉他说，我特别想给我妹妹弄两匹马，把两匹共轭的马送给她做礼物，我听说圣路易是著名的好马产地，不知道他是否见过一些出色的马匹？

这一诱饵立刻发挥了效用，鱼上钩了。他开始滔滔不绝地向我介绍他见过的马，和几个他去过的马场。我问他是否能够在这里呆几天，以替我挑马？我知道得很清楚，他肯定要认真观察，并且试驾多次才能决定，这样他就会忙碌起来。事情如我所预料的那样发展。他买到了一对极好的马匹，可是随即又有了另外一个问题：怎样才能把这些马运回匹兹堡去呢？用火车他不放心，而好几天也没有合适的船只。显然是神有意地眷顾我，世上没有什么事能让他在那两匹马儿平安运走之前就独自坐火车离开。我们掌握着大桥，帕伯成了一位了不起的"贺雷修斯"[1]。他是我喜欢的人中最好的一个，也是最可贵的合作伙伴。他做了这么多，是应该得到丰厚回报的。

对我来说，吉斯通桥梁公司总是那满意的泉源。几乎美国所有修建铁桥的公司都失败了。他们所建设的许多铁桥倒塌了，因此造成了十分严重的灾难。有些桥梁在强风的压力下，被吹垮了。但这样的事情从来没有发生在吉斯通桥梁上面，尽管我们有些桥梁也建立在风势并不和缓的地区，这绝不只是出于运气。我们使用最好的建材，从不偷工减料。开始的时候，我们使用自己的铁，后来又用自己的钢材。对于结构的安全性，我们对自己的检测最为严格。如果有人要我们建造那种不够坚固的或者说设计不太科学的桥梁，我们会毅然拒绝。只有那些值得为之盖上"吉斯通"印记的工程，我们才会准备与之签署协议（美国还有几个州没有我们的桥梁）。我们为我们所建造的桥感到骄傲，就像卡莱尔对他父亲建的那座桥感到骄傲一样。这位伟大的儿子说得很对："这是一座城市的桥。"

这条原则是成功的不二法门，在你的工作得到认可之前，几年的艰苦工作是必要的；但在此后，便可一帆风顺。不应该拒绝和抵制那些质量检测员，相反，他们应该得到所有公司的欢迎。高标准是很容易保持的。我从未听说过有哪个公司不是通过出色诚实的工作而取得显著成功的。即便是在今天这样竞争激烈

---

[1] 贺雷修斯：罗马神话中的英雄。

第九章 建桥故事

的日子里，每一件事情看起来都是价格问题，事实上，探究商业取得成功的根源，质量依然是很重要的因素。对质量的关注，公司里的每一个人，从最高层的总裁到最底层的体力劳动工人，都不应该忽视。同样地，车间的卫生、良好的工场工具和周围的环境，事实上都比我们通常假设的要重要。

我很高兴听到一句评论，那是一位杰出的银行家说的。有一次匹兹堡举行了一次会议，他是几百名代表中的一员，他参观了埃德加·汤姆逊公司，看了我们的产品，然后，他对我们的经理说：

"这些东西看起来好像是属于同一个人的。"

他的食指直接指向了我获得成功的秘密之一，它们确实是属于某一个人。一位很重要的制造业主曾经无比骄傲地跟我说过，当地一位质量检测员刚在他们工厂露面就被他们的工人赶跑了，从此之后再也没有质检员来过。这听起来像是洋洋得意的贺词，可我暗暗地对自己说："这家公司肯定在竞争中站不住脚，当严峻时刻来临的时候，他将面临失败。"后来的结果证实了我的判断。一家企业得以发展的可靠基础是质量，成本远远不如它重要。

有好几年，我投入了大量的精力在吉斯通桥梁公司的日常事务上。当需要签署重要的协议时，我都会亲自参与谈判、竞标。1868年，我和工程师沃尔特·凯特一起去爱荷华州的迪比克，为在当时被认为是最大的一座铁路桥竞标，当时河面被封冻住了，我们坐着四匹马拉的雪橇过了河。

这一趟证明了成功源于细节的绝对正确性。那一次，我们并不是出价最高的竞标者，我们最大的竞争对手是芝加哥的一家桥梁建设公司，当时招标董事会已经决定要和他们签署协议。我四处找机会，并和几位董事谈了谈。发现他们对铸铁和熟铁的区别一无所知。我们总是用熟铁来建造桥梁上的横木，而我们的竞争对手用的却是铸铁。我们就在这一点上做文章，我描绘出轮船撞到不同材料时候的情形，如果横木是熟铁，发生碰撞时，它最多只会弯曲。而如果是铸铁的话，横木会断裂，然后导致整座大桥的倒塌。幸运的是，其中的一位董事，著名的佩里·史密斯，进一步强化了我的论点的说服力。他对董事会陈述，我所描述的情况千真万确。前一个晚上，他驾着马车在黑暗中撞到了街灯柱，恰好那柱子是用铸铁造成的，在这一撞击之下便断成了好几截。如果我认为佩里·史密斯的证明是出于神的帮助，不知道我是否应该受到责备呢？

"啊，先生们，"我说，"这就是重点所在。多花一点点钱，你们就可以拥有一座用熟铁建造的大桥，能在任何轮船的冲击下屹立不倒。我们所建造的桥梁从来不以廉价取胜，但我们的桥从来不塌。"

接下来是一阵沉默，招标方的总裁，伟大的参议员艾利森先生，问我能否让他们再商议一下。我回避了。很快，他们便把我叫了回去，同意给我合同书，但希望价格还能再低一点，不过是区区几千美元。我同意做出让步。那根铸铁灯柱被撞得恰逢其时，带给了我们一份利润最为丰厚的合同。更加重要的是，它为我们赢得了在迪比克的信誉，胜过了任何其他的竞争对手。这次谈判为我和全美最优秀的、最可贵的公众人物艾利森先生之间长达一生的、坚不可破的友谊打下了基础。

这个故事的寓意其实很浅显：如果你想要得到一份合同，那么需要多与招标方接触。只有投标人在场，街灯的被撞或者其他不可知因素才有可能帮你赢得竞标。如果可能，请尽可能留在现场，直到你可以把合同揣在兜里带回家中。我们在迪比克就是这么做的，虽然对方提出我们可以先走一步，合同随后寄给我们再签字生效。我们还是选择了留下来，期待看到迪比克更多迷人的风光。

在建完施托伊本威尔大桥之后，巴尔的摩和俄亥俄铁路公司觉得有必要在帕克思保和惠灵两地建造桥梁横跨俄亥俄河，以防止他们主要的竞争对手——宾夕法尼亚铁路公司取得决定性的优势。轮船的时代很快就成为了过去。由于与这几座桥梁的合同关系，我认识了加勒特先生。他当时把有要职，是巴尔的摩和俄亥俄铁路公司的总裁，与他相结识是一件很愉快的事。

我们非常渴望能获得这两座大桥及其所有引桥的工程项目，但是我发现加勒特先生非常果断地认为，我们不可能在指定的时间内完成这么多的工作，希望由他自己的工程队来承建引桥和跨度较窄的桥梁。他问我能否使用我们的专利技术，我回答说，巴尔的摩和俄亥俄铁路公司愿意如此合作，我感到无上荣幸。能得到巴尔的摩和俄亥俄铁路公司的认可比 10 倍的专利使用费更有价值，他们可以使用我们所有的东西。

毫无疑问，这位铁路大资本家对我们产生了良好的印象。他非常高兴，甚至出乎我的意料,他邀请我到他的私人房间里,非常直率地谈一些总体上的事务。尽管他知道宾夕法尼亚铁路公司的总裁和副总裁托马斯先生和司各特先生是我的好朋友,但他还是着重提到了和他们之间的争吵。我告诉他,在我来这里的途中,路过费城,见到了司各特先生,他还问我往哪儿去。

"我告诉他我是来拜访你,争取得到俄亥俄大桥的合同,司各特先生说我很少干傻事,但这次我肯定要失败。加勒特先生绝不会考虑把合同给我,因为每个人都知道我以前是宾夕法尼亚铁路公司的雇员,和宾夕法尼亚铁路公司关系密切。但是,我说,我们将要建造加勒特先生的大桥。"

加勒特先生立即说,在拿公司利益作赌注的时候,他只会选择最好的。他的工程师已经写出报告,我们的方案是最好的,托马斯和司各特将会看到,他只有一条原则,那就是:公司利益至上。尽管他十分清楚我是宾夕法尼亚铁路公司的人,但是他还是愿意把这项工程给我们。

谈判的结果还是不能让我满意,因为我们要做的全都是这项工程中最困难的部分——那些大跨度的桥面在当时被认为是极富风险、十分艰巨的任务——而加勒特先生承包了我们方案中所有小跨幅的桥面和最有利润的工作。我大胆地向他质询,问他是不是因为他不相信我们能在他建好砖石结构部分时就能让大桥开放通车,所以把大桥分了段。他承认他正是这样认为。我告诉他在这一点上,他无需有任何担心。

"加勒特先生,"我说,"我个人给你保证金,作为抵押,你认可吗?"

"当然。"他说。

"那好,"我回答说,"那现在就给我些压力吧,我知道自己在做什么,我愿意冒一次险。如果你给我整个合同,以保证你的桥能在规定的期限内建成通车,你需要多少保证金?当然,你的砖石结构也得在那时候完工。"

"哦,年轻人,我希望你支付10万美元。"

"没问题,"我说,"准备签约吧,把整个工程给我,我的公司不会让我损失掉10万块的,你应该了解。"

"没错,"他说,"我相信如果你押上了10万块,你的公司将会没日没夜地干,而我也可以按时得到我的桥了。"

这个安排使我们得到了巴尔的摩和俄亥俄铁路公司的庞大的合同。不用说，我永远都不会赔掉我的保证金。我的搭档们比加勒特先生更加了解这项工程的情况。俄亥俄河可不能视同儿戏，在他们完成任务很早之前，我们就从合同的责任中解脱出来，把大桥的上层建筑交给了银行，等待他们完成桥梁的下层建筑。

　　加勒特先生很为他的苏格兰血统感到自豪，我们之间还谈起过伯恩斯，我们结下了牢固的友情。后来他邀请我到他乡间的别墅中做客。他是那种在乡村拥有豪华别墅的少数的美国绅士之一，有数百亩美丽的庄园、公园般的驾驶车道、一群训练有素的马匹，另外还有牛、羊、狗等动物。他的家被认为是英国贵族乡村生活的翻版。

　　后来他决心让他的铁路公司进入铁轨制造业，并且申请使用贝西默的专利权。这对我们是件大事，因为巴尔的摩和俄亥俄公司是我们最大的客户之一，我们自然急于阻止他们在坎伯兰建造铁轨钢厂。我认为，对于巴尔的摩和俄亥俄铁路公司来说，这将是一项失败的规划，我敢肯定他们购买钢轨要比自己生产便宜得多，因为他们自己需要的量很小。我为此特意去拜访了加勒特先生，那时候他正在为外贸和轮船航线的发展而感到高兴，因为这样巴尔的摩便成为一个港口城市。在侍者和员工的陪同下，他把我带到他正要扩建的几个码头。当时，外贸货物正从轮船上卸下来，放进火车车厢里，他转过身来对我说：

　　"卡内基先生，你现在应该为我们巨大的商业系统而感到惊叹，并且也要理解为什么我们有必要生产我们所需要的所有东西，甚至是铁轨。我们不能依靠私人企业为我们提供任何主要物资，我们将是一个自成一体的小世界。"

　　"很好，"我说，"加勒特先生，这确实很庞大，然而事实上，你的'巨大系统'并没有让我震惊，我读了贵公司去年的工作报告，发现你们为别人运输货物上的收入是14000万美元。我控制的公司从山上采掘原料，加工以后再售出，所得的利润远远高出这个数字。与卡内基兄弟公司相比，你的公司才是真正的小公司。"

　　我的铁路学徒身份在那里显示出了优势。我们再也没有听到巴尔的摩和俄亥俄铁路公司要和我们竞争的消息。加勒特先生和我之间的友谊也保持了终生，他甚至把自己饲养的苏格兰牧羊犬送给我做礼物。我曾是宾夕法尼亚铁路公司一员这件事，被"我们之间那一滴苏格兰的血液"所淹没。

第十章

卡内基

钢铁厂的回忆

吉斯通公司作为其他所有公司的母公司，我对它有一种独特的偏爱，但是在熟铁明显地显示出它对铸铁的优势之前，它存在的时间并不长。因此，为了保证同样的质量，也为了制造出当时买不到的特种型材，我们决定介入钢铁行业。我弟弟和我开始对托马斯·米勒、亨利·菲利普斯和安德鲁·克鲁曼的小炼铁厂感兴趣。米勒和克鲁曼最先成立了这个炼铁厂，后来又把菲利普斯拉了进来，在 1861 年 11 月借给他 800 美元以购进公司的六分之一股份。

在这里我必须说，米勒是我们钢铁行业的先锋，对他我们都心怀感激，至今（1911 年 7 月 20 日），他依然健在，我们依然还能感受到他的诸多可爱之处。他是一个随着岁月的流逝而愈感珍贵的朋友。随着年龄的增长，他开始变得温和。即便是面对着与其信仰的宗教背道而驰的神学理论，他的勃然大怒也不那么让人感到惊惧。随着年龄的增长，我们都开始变得所谓贤明通达，也许这是好事。（1912 年 7 月 9 日，读起这些，我为我的密友，亲爱的托马斯·米勒流下了热泪，他已于去年冬天在匹兹堡去世。我和我的夫人参加了他的葬礼。自此以后，生活中总是少了什么东西，缺少了太多的东西：我早期创业过程中的第一个合作伙伴、我晚年最亲密的朋友。我可以随他而去吗？去哪里都可以。）

安德鲁·克鲁曼在阿尔勒格尼有一个小小的锻造厂。作为宾夕法尼亚铁路公司的部门主任，我发现他这里生产的车轴是最好的。他是一个伟大的技工，尽管那时候在匹兹堡还默默无名，他发现只要是与机器有关的事务，都值得好好去做。他的德国式思维让他对事物看得很透彻。他所制造的东西价格十分昂贵，但是经久耐用，从开始使用的时候起，他可以从一年底用到另一年底都还不会坏。那个时代谁也不知道一个车轴能使用多长时间，因为没有科学的方法对材料进行分析。

这个德国人的创造发明何其多啊！他最早采用冷锯法，将冷铁按照要求切成精确的长度。他发明了镦锻机，可以制造连接桥梁的物件，同时，他还建造了美国第一个万能铣床，这些都被我们公司采用了。当伊兹船长买不到圣路易桥拱的连接器（合同供货方做不出来），事情陷入僵局的时候，克鲁曼告诉我们说他可以做出来，同时他还解释了其他人失败的原因。然后，他成功地做出来了。这是到那时候为止做出来的最大的半圆形连轴节，我们对克鲁曼先生的信心由此可见一斑：当他说他可以做到的时候，我们毫不迟疑地与他签订了合同，交给他生产。

我已经介绍过我家和菲利普斯家之间的亲密关系。在早年时期，他的兄长约翰是我主要的伙伴。亨利有几年是我的下级，但还是很成功地引起了我的注意，因为他是一个聪明活泼的人。有一天他要他的哥哥约翰借给他25美分，约翰以为他有重要用途，因此问也没问就给了他。第二天上午，《匹兹堡快报》上登出了一则广告：

"一个勤劳的男孩企盼一份工作。"

这就是精力充沛而又勤劳的亨利使用那25美分的所在，也许这也是他平生第一次一下子花去25美分。著名的迪尔沃斯和彼德威尔公司对这则广告产生了兴趣，要这个"勤劳的男孩"去与他们见面。亨利去了并且得到一个跑腿的差事。按照当时的惯例，他每天上午的第一个任务就是打扫办公室。他跑去征求父母的意见并且得到了他们的许可，就这样，这个年轻人后来投入到海运商务当中。这样的男孩是没有什么东西可以阻止他的。这是一个老故事了，后来他很快成为老板的臂膀，在这家公司一个间接的分部里获得了一小支股份。他一直保持着警惕，就在几年前，他吸引了米勒先生的注意，米勒和安德鲁·克鲁曼为他做了一小笔投资，于是他们终于在第二十九大街建立起了那家炼铁厂。他曾是我弟弟汤姆的同学和密友，在还是小孩的时候，他们便在一起玩，一直到我弟弟在1886年去世，他们都是好朋友。因此，他们在朋友的基础上又成了合伙人。在与他们有联系的任何公司里，他们总是不变地享有相同的股份，做着差不多相同的事情。

那个跑腿男孩现在已经是全美最富有的人之一，而且他开始向世人证明他是知道如何扩展他的利润的。很多年以前，他给阿尔勒格尼和匹兹堡的大众花园捐建了漂亮的温室花房，并且明确规定，"这些花房只在星期日开放"，这表明他是他时间的主人。这一条款引起了公众的极大关注，牧师在讲道坛上对他公开指责，教会也聚集起来通过决议宣布反对他亵渎安息日神圣性的这一行为。但是人们起来反对这一小心眼的指责，议会也以喝彩表示对他的礼物的接受。针对牧师们的抗议，他的回答表明了一个常识：

"一切对你们都很合适，先生们，你们每个礼拜只需要工作一天，而其他六天你们可以自由支配，可以欣赏自然的美景，这对你们多好啊，但是劳动人民的安排中每个礼拜只有这么一天可以供自己支配，可你们还要剥夺他们渴望的放松和娱乐，这种行为多么可耻！"

还是那些牧师，他们很快就在其谈话中对匹兹堡教堂器乐的主题进行了激烈的争论。然而，当他们还在为是否要在教堂中安放手风琴进行辩论的时候，聪明的人们开始在安息日开放博物馆、温室花园和图书馆。除非讲道坛快速地学会怎样迎合人们在生活中真正需要的东西，比他们现在做得更好，否则，那些大众兴趣的竞争者们将很快掏空他们的教堂。

不幸的是，克鲁曼和菲利普斯很快就因生意上的问题与米勒产生了分歧，并且迫使米勒离开了工厂。我意识到米勒受到了不公平的对待，与他联手建立了新的工厂，这就是1864年建立的"独眼巨人"厂。在它们投入运营后，把新旧工厂重新整合可能是最明智的决定。1867年，它们合并为联合钢铁公司。米勒先生不愿意再和他以前的合作者菲利普斯和克鲁曼打交道，但我并不认为他们之间的嫌隙无法克服，因为他们不会控制联合钢铁公司。米勒先生、我和我弟弟将持有控股权。但是米勒先生依然不肯改变主意，他请求我买下他的股份。我劝他摒弃前嫌，但一切努力都无济于事，最后我只好买下了他的股份。他拒绝了我真诚的请求，后来他曾向我表示了悔意。他是我们这些人的先锋，本来是能够得到他应得的回报的——他和他的追随者都成了百万富翁。

在制造业方面，我们是新手，没有经验，我们为"独眼巨人"厂找了一块在当时被认为巨大的土地——共有7英亩。有几年，我们把这块地租给了别人。我们是否还应该在如此小的一个地方继续我们的制造业？这很快就成了我们所面对的一个问题。克鲁曼先生成功地制造出了铁梁，在这方面，与其他竞争对手相比，我们厂长期保持着很大的优势。新公司开始的时候我们按照客户要求生产各种规格的产品，尤其是其他公司接不了的活儿。我们还依靠那些在最开始需求很少，而随着我们国家的发展其需求量也快速增长的东西。凡是别人不能做或是不愿做的东西，我们都愿意尝试，这是我们厂严格遵守的一条法则。另外，我们要么不做，既然做了，就要绝对保证质量。即使牺牲一点自己的利益，也要替客户着想。而一旦有了纠纷，我们尽量不把过错往对方身上推。这些都是我们的原则。从来没有人向我们提起过诉讼。

当我熟悉了钢铁制造业的业务之后，我惊讶地发现每一个不同环节的成本应该是多少，谁也说不清楚。对匹兹堡几家制造业主要工厂的调查就说明了这一点。这是一笔糊里糊涂的生意，不到年底统一结算，厂主们对经营结果就一无所知。我听说有人本以为他这一年的生意是亏损的，结果却发现赢利了，反之亦然。我感觉我们就像是在黑暗中挖洞的鼹鼠，而这对我来说是不可忍受的。我坚持一种权重和计算的系统被运用到我们的工厂中来，这样使得我们可以知道每一道程序中的成本是多少，尤其是我们可以知道每个人都做了些什么，谁节约了材料，谁在浪费，谁产生了最好的结果。

要达到这个目标，其困难程度远远超出了人们的想象。工厂中的每个经理都自然地抵制这一体系。要想使这个制度达到完美、精确，需要好几年的时间。但由于许多员工的支持，我们引入了对工厂中不同的生产点进行称量的方法，最终，我们不仅知道每个部门的工作情况，而且能知道在高炉旁工作的人员中，每个人都干了些什么，这样就可以相互比较了。制造业的成功有一个重要的源泉，那就是在制造业中必须引入并且严格执行一套完美的会计体系，使每个人都意识到他们对成本应负有责任。那些坐在办公室里的老板们，对员工花了5块钱也要审查一番，但对于每天消耗掉的成吨的原料却不太计较，从没想过称一称制成品的重量。

为了煅烧钢铁，西门子煤气熔炉在一定程度上得到了使用,但这却过于昂贵。我记得很清楚，匹兹堡制造业的几位巨头对于我们在这种新型高炉上的巨额开支颇有微词。但是，在大批量地煅烧原料时，用这种新高炉有时候可以节省大约一半的原料，即使再贵一倍，这笔开支也是值得的。好多年以后，才有人像我们一样采用这种新方法，而就是在这些年中，我们的大部分利润都是靠采用了这种改良高炉，节约了成本而取得的。

严格的会计体系使我们得以发现在大批量煅烧钢铁过程中所产生的巨大浪费。这一改进使得我们发现了一位很可贵的员工，他是克鲁曼的远亲，来自德国的威廉·波恩特莱格。有一天，他向我们递交了一份详细的报告，列举了一段时期内实行严格会计制度的成效，虽然觉得似乎难以置信，但这让我们着实惊讶了一番。为准备这份报告需要的所有工作，他都是在夜间加班加点完成的，我们既没有让他这么做，事先也毫不知情。报告采用的形式独特而新颖。不用说，这个年轻人很快成了公司的一名主管，后来又成为我们的合伙人。这个穷小伙后来成为一个百万富翁，他是应该得到这些财富的。

1862年，宾夕法尼亚的大油井引起了世人的关注。我的朋友威廉·克鲁曼——他的妹妹后来成了我的弟妹——对这一发现有着深厚的兴趣，可是，除了和我一起到油井地区考察了一番之外，他什么也做不了。这是一次很有意思的旅行，大量的人涌入油田，很多人甚至找不到栖身之所。尽管人们成群地涌入，但还是有极少部分的人退回。只需几个小时，简陋的小木屋内就挤满了人。仔细盘算一下，你会为之感到惊叹，在他们一生中，被舒适的生活所包围的时间竟然如此短暂。他们都是经济实力在中等之上的人，有了可观的资产，却依然为了寻求财富而甘愿冒险。

让我感到惊讶的是，四处都洋溢着幽默和欢笑，仿佛是一次巨型的野餐，充满着有趣的事情。每个人都欢天喜地，以为财富唾手可得，到处都呈繁盛之象。在钻塔的顶端飘扬着旗帜，上面写着古怪的标语。我记得看见两个人在河岸边操作着踏板掘地取油，他们的旗帜上写着，"要么下地狱，要么发大财"。他们只要向下，而不管有多远。

在这一地区，美国人的适应性得到了最好的体现。秩序很快就在混乱中产生了，我们到达之后不久，沿河居住的人们便组成了一支铜管乐队，开始为我们演奏小夜曲。我可以满怀信心地打赌，如果有一千个美国人到了一个新的大陆，他们一定可以把自己很好地组织起来，建立起学校、教堂、报社还有铜管乐队——简而言之，为他们自己提供文明生活中所需要的一切，不断努力发展自己的国家。而同样多的英国人处于同样的环境下，估计他们会首先找出一个具有最高贵的血统，在他们之中世袭爵位最高的人，这个人便因为他的祖父而成为理所当然的领导者。美国人之中只有一条准则，那就是：有用，便有价值。

而今，那条"石油之河"已然成为一个拥有好几千居民的城镇，而在河的另一端，则是蒂图斯维尔[1]。最开始的时候，这一地区的塞内卡印第安人用毛毯在河的表面取油，每个季度可供应几桶。而现在这里则有好几个市镇，精炼厂和数百万美元的资产。在那些早期的日子里，所有的安排都具有最天然最原始的特点。采到石油后，便被放到平底船中，这种方式泄露严重。河水灌入船中，石油便随水而漂走了。河流很多地方都筑起了大坝，在特定的某一天或者某一时刻，大坝打开，油船便漂到阿尔勒格尼河，随后到匹兹堡。

这样一来，不只是那条小河，就连阿尔勒格尼也被石油所覆盖。据估计，石油在运往匹兹堡的途中，会有三分之一流失。而油船在没有出发前，可以毫不夸张地说，已经因为泄露而损失了三分之一的石油。当年印第安人收集起来的石油在匹兹堡装瓶出售，价格就像药水一样昂贵，每小瓶可以卖到一美元。当时盛传，它是治疗风湿的特效良药。当它因供应充足而变得价格低廉的时候，它的灵验也就消失了。我们人类是多么愚蠢可笑啊！

最好的几口油井在斯图里农场，基于此，我们作出了选择，用4万美元把它们买了下来。克鲁曼先生提议挖掘一个足以容纳十几万桶石油的池子，泄露了的原油每天随河水流到里面，来建立一个所谓的"油湖"。我们当时预想，在不久的将来，当石油供应终止的时候，这样储存起来的石油便可派上用场。这一想法很快就付诸实施，我们一直在等待着那个时刻（石油供应终止）的到来，在我们损失了好几千只桶后，这一时刻还迟迟没有露面，于是我们便放弃了这个计划。克鲁曼预言说，当石油的供应停止时，每一桶可卖到10块钱，因此，这个湖中便已有了100万美元的价值。我们不相信，地下的石油储存可以由我们持续以每天几千桶的速度开采，而不会枯竭。

这4万美元的投资是我们到那时为止最有成效的，由此获得的收入来得正是时候。我们在匹兹堡新建的一座钢铁厂不仅需要我们能调动的所有资金，还需要我们的信用贷款。回首当年，我认为，贷款对于年轻人是大有好处的。

对石油冒险的兴致日浓，后来我还去过产油区好几次，在1864年，我去了

---

[1] 蒂图斯维尔：美国宾夕法尼亚西北部一城市，位于匹兹堡东北偏北，1859年4月美国第一口油井在此钻成。

一趟俄亥俄州的油田,那里生产的一种石油,其质量特别适合用来提炼润滑油。克鲁曼先生和大卫·里奇先生和我同行,这次旅行是我最离奇的一次经历之一。我们在距匹兹堡数百英里的地方离开铁路线,穿越一个人烟稀少的地区到达达克河水域,看到那口巨大的油井,我们在离开之前买下了它。

在我们返回的时候,冒险才真正开始。在我们去那儿的时候,天气非常好,而且路况也很不错。在那里停留期间,雨便已经开始下起来了,我们坐着四轮马车返回,途中大雨滂沱,让我们寸步难行,道路变得十分泥泞,马车吃进泥里很深,行走艰难。很显然,我们必须在雨中行走一夜。克鲁曼先生全身舒展,躺在马车左边一侧,里奇躺在右边,因为我比较瘦,还不足100磅,便夹在这两个肥胖的绅士中间。马车不时地上下颠簸,以一种蛮横的方式前进,很快又无法前行了。我们就以这种方式度过了那晚,在马车的前部横着一条凳子,我们就把头放在凳子下面睡觉,尽管条件艰难,但那晚我们依然过得很高兴。

第二天晚上,我们在最糟糕的情况下成功抵达了一个乡村小镇。镇子里的小教堂亮着灯,我们能依稀看见它的形状,还能听见教堂里的钟声。我们刚到客栈,就有一个委员会过来说,圣会已经开始了,而他们正在等着我们。他们似乎把我们当成了他们正在等待的著名的劝勉者。他们把我当成了那位缺席的牧师,问我多快可以和他们一起到会议室中去。我和伙伴们已经作好准备来跟他们开个玩笑,可我们实在太累,便作罢了。这一次,我差一点占有讲道坛,离充当牧师只有一步之遥。

我的投资牵扯了我太多的精力,因此,我决定脱离铁路公司的业务,全身心地投入到我自己的事业中来。汤姆逊总裁将我召回费城,想要提拔我做刘易斯先生手下的总经理助理,办公地点在阿尔图纳。我婉言谢绝了他的好意,跟他说我已经决定放弃铁路公司的工作,我想发财,而铁路公司的工资无论如何做不到这一点,我又不愿用不正当的手段来达到我的目的。当晚躺在床上的时候,我要作出一个裁断,得到最高法庭的批准,那里驻着法官。

在我写给汤姆逊总裁的信中,我又重申了这一点。他在回信中给予了热情的祝贺,我于1865年3月28日辞去了我的职务。铁路公司的员工送给我一只金表。这块表和汤姆逊先生的信我都作为宝贵的纪念品珍藏至今。

第十章 钢铁厂的回忆

下面的这封信是我写给我所在分部的员工的：

宾夕法尼亚铁路公司

匹兹堡分部主任办公室

致匹兹堡分部的全体员工

先生们：

　　至此分别之际，我要为不能再与你们携手工作深表遗憾。

　　经过12年的愉快交往，我以个人的名义，向那些和我一起忠诚地为公司服务的员工表示敬意。对于我的辞职，只有一点令我痛苦，那就是从今以后，我再也不能像以前那样与你们保持密切的联系，包括其他部门的很多人，他们在与我的商业交往中，已经成为我的朋友。我向你们保证，虽然我们之间将不再有公务上的关系，但我将一如既往地祝你们健康、幸福。我相信，经过多年来对宾夕法尼亚铁路公司的贡献，你们将分享它的成功和繁荣。

　　最诚挚地感谢你们对我的关心，感谢你们用积极的工作来支持我，也请你们对我的继任者给予同样的支持。

　　再见

　　此致

敬礼

安德鲁·卡内基

1865年3月28日

　　从那以后，我再没有为了工资而工作。一个人要听命于人，那他必然只能在小范围内有自主权。即便当他成为一家大公司的总裁，他也很难是自己的主人，除非他掌控自己的股票。一个再能干的总裁也要受到董事会和股东的制约，他们有可能对商业一窍不通。但是我还是要很高兴地说，我今天最好的那些朋友，是和我一起在宾夕法尼亚铁路公司工作的那些朋友。

1867年，菲利普斯先生、范德沃特和我一起重游欧洲，包括英格兰、苏格兰及欧洲大陆。在这之前，"范迪"就成为了我亲密的朋友。我俩读了拜尔德·泰勒的《旅行手册》，大受鼓舞。当时正处于石油兴奋期，股价以火箭般的速度攀升。一个星期天，我躺在草坪上，对"范迪"说：

"如果你能赚到3000美元，你会和我一起去欧洲旅游吗？"

"鸭子会游泳，或者，爱尔兰人吃土豆吗？"他回答说。

"范迪"用他积攒下来的几百美元投资石油股票，很快就赚到了这一笔钱，这就是我们旅行的开始。我们邀请我的合伙人亨利·菲利普斯一起参加，他当时已是个不小的资本家了。我们游览了大部分欧洲国家的首都，以年轻人特有的激情，背着背包爬上每一座山，在山顶上睡觉。我们旅行的最后一站是维苏威火山。在那里，我们立下誓言，有朝一日我们一定要环游世界。

这次欧洲之行受益颇多。在此之前，我对绘画和雕刻一无所知，但很快我就学会了鉴别一些大画家的作品。也许有人不会感觉到他在欣赏大师们的伟大作品时所获得的那种能力，但是当他回到美国，他会发现他开始无意识地抵制那些以前在他看来漂亮的东西，开始用一种新的标准来审视作品。那些真正的杰作给他的印象是如此之深，一切自命不凡的作品便再也没有了吸引力。

这次欧洲之行也第一次让我感悟到了音乐盛宴的无穷魅力。当时伦敦的水晶宫正在庆祝韩德尔的诞辰，在此之前我从来没有这样深刻地体会过音乐的魅力和壮美，而在此之后我也很少有这样的感觉。我在水晶宫所听到的、我后来在欧洲大陆的天主教堂中所听到的、还有唱诗班的合唱，都毫无疑问地使我对音乐的鉴赏能力有了大幅度的提高。在罗马，教皇的唱诗班和教堂在圣诞节和复活节举办的庆祝活动更使我站到了音乐壮美之巅。

这次欧洲之行对我的商业意识也极具意义。一个人只有跳出共和国的漩涡，才能够有一个对其旋转速率的正确估计。我觉得我们这样一个制造企业，其发展速度无法快速满足美国人民的需求，然而在国外，好像没有什么正在发展进步的东西。如果排除这个大陆上的几个首都城市，那么这里的每一件事情看起来都是静止的。而美国到处都呈现出这样一番景象，就像书中描述的建造巴别塔的景象：成千上万的人来回奔忙，比它的任何一个邻居都要有活力，而且所有人都参与到了这座通天塔的建设中来。

我们工厂——美国同类企业中的第一家——的运营能取得新的发展，我必须感谢我的表兄"多德"。是他带克鲁曼先生去英格兰的威根区，并且给他讲解如何从煤矿中清洗煤渣和炼焦的工艺。克鲁曼大为振奋，不断地跟我们说，如果可以把我们这儿的煤矿所产生的矿渣利用起来，那该是多么伟大。而将它们扔掉又是多么的浪费。"多德"表哥是个机械工程师，毕业于格拉斯哥大学，师从凯尔文爵士。他证实了克鲁曼先生的说法是正确的。于是，1871年12月，我开始筹集资金，在宾夕法尼亚铁路沿线建了几家工厂。我与几家主要的煤炭公司签订了长达10年的合同，它们为我们提供煤渣。另外我们还需要铁路公司的运输，也与它们签订了合同。劳德先生来到了匹兹堡，并且好几年主管这个项目整个的运行，还开始建造美国第一台洗煤机。他获得了成功，在采矿和机械设备领域他向来都能出色地完成任务，很快他就将建厂的投资收回了。难怪后来我的合伙人要把焦炭厂纳入我们的集团公司，他不仅仅想拥有工厂，也想得到"多德"，他已经声名卓著。

我们的炼焦炉数量不断增加，直到后来我们已经拥有了500座，每天能够洗煤1500吨。我承认，每次我说起这些炼焦炉，都会有这样一种感觉：如果一个人使先前只长出一棵草的地方长出了两棵，就算得上有功于人类，那么，那些从扔掉的废料中生产出来优质焦炭的人完全有理由为自己庆祝。变废为宝，点石成金，这是一件美妙的事情。而能在我们这块大陆上成为这样一个先驱者，也是很了不起的。

我在丹佛姆林的表兄莫里森的儿子后来也成为了我的合伙人，对我来说，他同样是可贵的。有一天，我在工厂车间里巡视，经理问我是否知道我的一个亲戚是位杰出的技工。我告诉他我并不知道，我问他能否和他聊上几句并且四处走走。然后，我们见面了，我问了他的名字。

"莫里森，"这是他的回答，"罗伯特的儿子。"罗伯特是我的表兄。

"哦，你是怎么来这儿的？"

"我想我们能过得好一点。"他说。

"那，是谁和你一起来的呢？"

"我妻子。"他回答。

"你为什么不先来见你的这位亲戚,我可以介绍你到这儿来。"

"呵呵,如果有机会,我想我并不需要帮助。"

这就是真实的莫里森,从小便被教育要依靠自己,像金星(Lucifer,另一含义是魔鬼)一样独立。之后不久,我就听说他被提拔为我们在迪凯纳的一家新厂的主管。从这起步,他的职位不断稳步上升。如今,他已经是不折不扣的百万富翁了,但依然保持着他特有的明智判断。我们都为汤姆·莫里森感到骄傲。(我昨天收到他的一封短信,在信中他邀请我和夫人在参加卡内基学院的周年庆典时一同到他家做客。)

我以前一直认为我们应该扩大钢铁厂的规模,而许多与钢铁制造业息息相关的新兴行业也应该得到发展,而当时这些还正处于发展初期。所有对钢铁行业未来的担心都随着美国在进口关税上的举措而烟消云散。我清楚地认识到,内战已经使美国人民下定决心,建立一个独立自主的国家,任何与国家安全有实质联系的产业都不能依赖欧洲。美国所有形式的钢材和所需要的大部分铁一度依赖进口,英国是最大的供应国。美国人民强烈要求自足,国会决定向进口钢轨按价征收28%的关税——相当于每吨28美元,当时钢轨每吨可卖到100美元。其他物品也按相应比例征收。

在美国制造业的发展中,保护起到了很重要的作用。在内战以前,这还只是一个政治问题。南方主张自由贸易,而北方则认为征收进口税是必要的。英国政府对邦联体制的支持,在它从阿拉巴马和其他一些攻击英美商业的武装民船中逃离出来之后达到了顶点。由此美国人民对英国政府产生了敌意,尽管大部分的英国人民支持并喜爱美国。如今征收关税已经不再是一个政治问题了,而是一项国家的政策,受到两个政党的一致支持。关税变成了爱国税,有利于经济发展。国会中的90多个北方民主党议员,包括议长都赞成这一点。

资本毫不迟疑地登上制造业这艘大船,自信得就像国家会尽一切可能保护它一样。内战后的几年中,降低税率的呼声开始高涨,我也不可避免地卷入了这场争论。经常有人指责,制造业主贿赂议员的现象很普遍。但据我所知,这种说法没有任何根据。除了维持钢铁协会每年所需的几千美元之外,他们从来没有为任何目的集过资。他们只不过为一次保护贸易对抗自由贸易的活动捐了款。

在我的大力支持下，钢材的进口税持续下降，到后来降到了先前的四分之一，每吨 7 美元。（今天［1911］年，进口税又降了一半，即便如此，在接下来的方案中还要得到继续修改。）克利夫兰总统为通过一项新的激烈的税则所做出的努力很有趣。它在很多地方降税太多，如果它获得通过的话，那么将会有多家而不是一家制造商受到损害。我被召往华盛顿，准备对威尔逊法进行修改，提高税率。参议员高曼（参议院中的民主党领袖）、纽约州州长弗劳和许多出色的民主党人都和我一样是坚定的适度贸易保护论者。他们倾向于反对威尔逊法，因为它过于严厉，降税太过厉害，肯定会阻碍我们国内的一些工业。高曼议员对我说，他希望我尽量减少对本国生产商的损害，他还说他的同事们对我有信心，如果税率大幅度降低，参议员们又一致支持这一法案，那么在钢铁的税率上，他们将接受我的引导。我依然还记得他说的话，"我可以反对总统，但必须打败他，因为我承受不起去反对他却被他打败的结果。"

弗劳尔州长也持同样的看法，让我们党同意我所提议的大幅度降税，这没有丝毫困难。威尔逊——高曼关税案获得了通过。后来我会面了高曼参议员，他解释说，他必须给棉花包让路，以确保一些南方参议员的利益。棉花包须免关税，所以，关税立法获得通过。

在内战刚结束的时候，我在制造业中的影响力还不够参加关税法的制定，所以我总是在扮演一个赞成者的角色。我反对极端主义——既反对那些认为关税越高越好，对所有的减税措施一概抨击的非理性的贸易保护主义者，也反对那些抵制一切关税，倡导无限自由贸易的极端分子。

1907 年，我们有能力废除在钢铁上的一切进口税，而不会有任何损害。高额关税在早期是必要的。欧洲没有多少剩余的产品，所以，即便这里的钢铁价格大幅度上涨，人们也只能从欧洲进口少量的钢铁产品，甚至这还可能导致欧洲钢铁产品价格上涨，国内的制造工业不会受到影响。自由贸易只有在需求过量的时候才会妨碍国内钢铁价格的上涨。对于自由贸易，国内的制造商们无须害怕。

第十一章

卡内基 总部在纽约

我们的商业继续膨胀，我需要频繁地去东部，尤其是纽约，它在美国就像伦敦在英国一样重要——美国真正重要的大公司都把总部设在这里。似乎不在纽约设立代表处，大公司就不能良好发展。我弟弟和菲利普斯已经完全掌管了匹兹堡的业务。对我来说，似乎只要指挥一下公司整体政策，以及参与重要的合同谈判就可以了。

我弟弟很幸运地和露西·克鲁曼小姐结婚了，克鲁曼小姐的父亲是我们最可贵的一个合伙人和朋友。我们在荷姆伍德的家交给了弟弟，这样我又一次被迫放弃现有的生活圈子，于1867年离开匹兹堡，到纽约安家。对我来说，这个变化是痛苦的，而对我母亲则更加难以接受。但是她依然还年富力强，不管到哪里，只要我们都在一起，大家就会很高兴。她依然满怀离愁别绪，在纽约我们完全就是陌生人，一开始，我们把住处安在圣尼古拉斯旅馆，那时它在当地十分有名。我在百老汇街开了一个办公室。

匹兹堡的朋友们有时来纽约，我们都会感到非常高兴，这也是到纽约之后能让我感到快乐的主要事情了，匹兹堡的报纸也是不可少的。我频繁地奔赴匹兹堡，母亲也总是与我同往，这样我们和老家的联系便一直保持着。但是过了一阵之后，我们就有了新朋友，也有了一些新的兴趣爱好，对于纽约也渐渐开始有家的感觉了。后来圣尼古拉斯旅馆的老板在城外开了一家温莎旅馆，我们就搬到了那里。我们在那里一直住到1887年，直到我们在纽约有了新家为止。老板霍克先生成为我们的朋友，他的侄子和那个与他同名的人也同样如此。

在纽约，对我影响最深获益最大的是帕尔默夫妇组织的"19世纪俱乐部"。俱乐部在他们家集会，讨论各种各样的问题，这很快便吸引了许多杰出人士。我能成为它的成员多亏了伯塔夫人的推荐，她是一位很出色的女性，伯塔教授的妻子，他们家的客厅更像一个沙龙。有一天，我应邀参加伯塔家的聚会，这对我来说是一个莫大的荣幸。也就是在那里，我第一次认识了很多杰出的人物，在他们之中有当时康奈尔大学的校长，后来被派往俄国和德国做大使的安德鲁·怀特，他还是海牙和平会议的美国代表团团长，也是我的终生好友和顾问。

这里，19世纪俱乐部事实上是一个舞台。会员们非常正式地讨论当天的主要议题，并且依次向听众们演说。参与的人越来越多，私人的房间很快就容纳不下了。于是，每月一次的会议便改在美国艺术馆举行。我记得我第一次发言当晚的主题是"金钱贵族"，托马斯·文特沃森·希金森上校是第一个发言者。这是我第一次被介绍给纽约的观众，后来，我就时不时地发表演说，这是一个非常好的训练，因为每一次出场演讲，都需要精心准备，大量的阅读和研究是必不可少的。

我在匹兹堡生活了很长时间，学习并且发展自己的制造业，与投机生意比起来，我把它看成是一种实业，一种精神。我在匹兹堡当电报员的经历使我学到了各种知识，使我认识了当时在匹兹堡有限的几个通过纽约股票交易所从事股票交易的人和公司，我怀着浓厚的兴趣关注着他们。在我看来，他们的运作就像是一场赌博。当时我并不知道，这些人和公司的信誉已受到严重损害，因为人们都认为他们热衷于投机。不过，当时这类公司的数量很少，屈指可数。石油和股票的交易还没有出现，通过电报与东部的股票交易所联系的经纪人办公室还没有产生的必要。匹兹堡就是一个制造业重镇。

当我发现纽约的状况有多么不同的时候，我感到甚为惊讶。几乎所有人都或多或少地在华尔街冒过险。人们纷纷向我打听与我打过交道的铁路公司的情况，搞得我应接不暇。有人提出愿意筹集资金来投资，但要我来负责管理、运作——他们认为我能得到内部消息，所以容易成功。还有人邀请我加入他们，与之合作，他们正悄悄地打算买下某家公司的控股权。事实上，尽管投机领域诱惑巨大，但我却从未涉足。

我抵制了这所有的诱惑。我刚搬到纽约不久，有一天上午在温莎，我收到了一个最富诱惑力的提议。德杰·古尔德找到了我，当时他正处于事业的巅峰，他说听说过我，想买下宾夕法尼亚铁路公司的控股权。如果我参与管理的话，那他可以付给我一半的收益。我谢绝了，说尽管我和司各特先生是竞争对手，但是我永远都不会与他为敌。接下来，司各特先生就告诉我，他听说纽约的公司已经选中我来接替他。我不知道他是怎么知道这些的，因为我从没提起过。我告诉他说，只有在我自己的铁路公司，我才愿意做总裁，以此来使他放心。

改变时间之轮的东西带来了惊奇。1900年的一个上午，大约三十年之后，我将这一提议告诉了古尔德先生的儿子，说：

"你的父亲曾提议让我来控制宾夕法尼亚铁路公司,现在作为回报,我提议让他的儿子来控制一条跨越大洋的国际线路。"

我们同意了第一个步骤——把他的瓦伯计线引入匹兹堡。我们签订了一个合同,承诺把我们钢铁公司1/3的运输权给这条铁路,在这个协议下,这一步骤取得了成功。我们准备把东部的扩展由匹兹堡开始一直延伸到大西洋,这时候(1901年3月),摩根先生通过斯科维博先生找到了我,问我是不是真正打算退出生意场。我很坚定地回答说,在我完成我们的铁路业务之后,我会这样做的。

在我的一生中,我从来没有买入或者售出过一只投机股票,但有一次除外。那是在我的早年时期,我买了一小股宾夕法尼亚铁路公司的股票投资,花的还是银行借给我的低息贷款。我一直遵循着一条原则:绝不购买我无法偿还的东西,也不出卖我并不拥有的东西。然而,在那些早年的岁月中,我在做生意的过程中也获得过一些股份,其中包括一些在纽约证券交易所上市的股票和债券。我发现当我早晨打开报纸的时候,我首先看的便是股票市场的行情表。后来我决定售出所有非本公司的股票,并且把我的精力集中到我们在匹兹堡的钢铁公司上来。此后,我就从来没有涉足过证券市场上的股票交易。除了少量通过各种途径到了我手中的股票外,我一直都严格遵循着这条原则。

每一个制造业从业人员,所有拥有自己职业的人,都应该遵循一条原则。对制造业者来说,这一条尤其重要。如果他要明智地裁断哪些问题会持续在他面前出现,他就必须在脑海中保持平静和自由。没有什么比好的判断更加可靠,如果一个人的脑子中满是股票交易的商业投机,那他也就不可能拥有好的判断力了。因为股票投机使他置于类似于醉酒般兴奋,然后昏昏然,无法根据他所见到的对事物的相关价值和实质作出判断。他会把高山看成小丘,而又将小丘看成高山。他会迫不及待地下结论,而不作缜密的推理分析。他的心思都在股票的涨跌上面,而无法顾及那些需要冷静思考的问题。投机是蚕食价值的寄生虫,而不能创造价值。

在纽约定居下来之后,我所承接的第一项重要的工程是在基奥卡克建一座横跨密西西比河的大桥。宾夕法尼亚铁路公司的总裁汤姆逊先生和我签订了整个的合同，包括整个桥梁的结构、基础、石工和上层建筑。合同还规定，我们拥有大桥的部分债券和工程款作为报酬。除了财务之外，在任何方面，这项工程都是一个杰作。一场危机导致了相关铁路公司的破产，他们无法支付规定的款项。竞争对手在柏林顿修建了一座跨密西西比河的大桥，并且还在河西岸修建了一条通向基奥卡克的铁路。我们亲眼看着即将到手的丰厚利润无法兑现。尽管没什么盈利，但万幸的是我自己和托马斯先生也并没有受什么损失。

这座桥的上层建筑是由我们在匹兹堡的吉斯通公司修建的。工程需要我不时去基奥卡克进行巡视，在那里我认识了很多聪明可爱的人，像里德先生、莱顿夫妇等。后来我带着几个英国的朋友去参观了基奥卡克，对西部社会留下了深刻的印象，对他们来说，似乎已经站到了文明的边界上，这是一件奇妙的事情。一天晚上我们收到了里德将军的邀请函，在英国各镇的帮助下，他们组织了一个聚会，希望我们能参加。在到会的客人中，不止一人曾在战争中声名显赫，并且后来晋升为国家议会中的重要人物。

在建造基奥卡克大桥时我们赢得了声誉，这使得那些负责在圣路易斯修建密西西比河大桥计划的人与我接洽商谈。我的第一笔巨额资金与此有紧密联系，这项工程的负责人是麦克弗恩先生（他是个典型的苏格兰人），1869年的一天他来到我在纽约的新办公室，说他们正在为修桥筹集资金，他想知道我能否游说几家东部的铁路公司加入这一项目。仔细审阅了工程计划书之后，我代表吉斯通桥梁公司与他就桥梁的建筑签订了合同。我还获得了大桥所属公司400万美元的选择买卖权，1869年3月，为了联系债券的发卖，我出发去伦敦。

在旅途中，我准备了一份内容说明书，一抵达伦敦便叫人印了出来。我上次来伦敦结识了尼厄斯·摩根，一个大银行家。一天早上我去拜访他，并且开始了谈判。我给他留了一份说明书，当我第二天再去他那里的时候，很高兴地发现他对这件事充满了兴趣，认为有利可图。我卖给他一部分债券，但他的律师们建议，债券的措辞需要作一定的修改。摩根先生对我说，如果我打算去苏格兰，那么最好现在就走，因为我需要写信给圣路易斯的董事会确定他们是否同意上述的修改。他说，我三个礼拜后再回来，还有充足的时间来处理这件事情。

但是我不希望夜长梦多，因此我告诉他说，明天早上我将收到电报，确认对所有的改变的一致意见。大西洋的电缆开通已有一段时间了，不过我那天发的那么长的一份私人电报可能还比较罕见。我给合同的每一行都编上号码，这是一件比较容易的工作。然后仔细地向他们讲解哪些地方已经作出了修改，这需要在每一行中加入冗长和额外的话语。在发送之前，我给摩根先生看了这份信息，他说：

"嗯，好吧，年轻人，如果你成功了，你应该得到奖励。"

我在第二天早上到他办公室的时候，在专给我使用的办公桌上放着一个彩色的信封，里面是答复我的电报。内容是："昨晚董事会作出决定，所有修改都予批准。""现在，摩根先生，"我说，"我们可以继续了，请确认这份合同是你的律师所需要的。"我们很快达成了协议。

当我在办公室的时候，《泰晤士报》财经版的主编桑普森先生进来了。我曾和他有过面对面的接触，深知他的几句话便能提高债券交易的价格。美国的有价证券受到了猛烈的冲击，起因于菲斯克和古尔德与伊利铁路公司的诉讼，他们控制了纽约的法官们，那些法官好像惟命是从。我知道这件事肯定会被桑普森先生用来作为反对我发行债券的理由，我很快就遇到了这一情况。因此我提醒桑普森先生注意这样一个事实，圣路易斯大桥公司是中央政府特许成立的。如果有必要，对他的诉讼可以直接提交到美国最高法院。桑普森先生说他会很高兴将这一特点作为重点报道，我把大桥描述为大陆高速公路处的收费站，这似乎让他很满意。一切都很顺利，他一离开公司，摩根先生就拍着我的肩膀，说：

"谢谢你，年轻人，你今早把那些债券价格提高了五个百分点。"

"不客气，摩根先生，"我回答说，"那么现在，告诉我是怎样把价格提高五个百分点的呢？"

这件事取得了很大的成功，圣路易斯大桥的修建资金有了着落。通过谈判，我获得了可观的利润。这是我第一次与欧洲的银行家们合作。普尔曼先生告诉我说，在几天后的一次宴会上，摩根先生讲起电报的事情，并作出预测说，"那个年轻人将会声名远播。"

在结束了和摩根先生的谈判之后，我去了一趟我的家乡——丹佛姆林。也就是在那个时候，我送给这座小镇一件礼物———座公共浴室。这是我的第一

第十一章 总部在纽约

次大额捐款。很多年以前，我的劳德姨父建议，给斯特灵的华莱士纪念馆基金会寄一笔捐款，那座纪念馆海拔很高，可以由此看到班克诺本。这笔捐款虽然数目不大，但那时我还在电报公司工作，每月薪水30美元，同时还得负担家里的开支，这样看来，这也是一笔可观的数额了。母亲对此没有丝毫吝啬，相反，她因为自己儿子的名字刻在捐助者名单中而感到自豪，而他儿子也认为自己开始成为一个有用的人了。几年之后，我和母亲重游斯特林，那时候，在华莱士塔下，沃尔特·司各特的半身像公之于众，这是他捐赠给纪念碑委员会的。从最早期的捐助开始，至少在资金上，我们已经有了很大的进步。不过，大额的捐赠还没有开始，那时还只是处于积累阶段。

1867年，当我正在游历欧洲大陆，并为所见所闻深深吸引的同时，我依然牵挂着公司的一切事务。我通过频繁的信件往来保持着对公司业务的参与。因为内战，通向太平洋的铁路交通显得至关重要，国会也已通过了一个法案，要鼓励建设这样一条铁路线。这条铁路刚刚在奥马哈破土动工，并打算最终铺设到圣弗朗西斯科。我得到消息时在罗马，这项工程的进展速度要比当初设计的快得多。国家已下定决心，要将国土紧紧地联系在一起，并且要抓紧时间实现这一目标。我写信给斯考特先生，认为我们应该争取获得在这条加利福尼亚大铁路上运营卧铺车厢的合同。他在回信中写道：

"很好，年轻人，你的确抓住了时机。"

回到美国之后，我继续着我的想法。卧铺车厢的业务十分繁忙，我对此也十分感兴趣。当时需求上升如此之快，以至于我们无法满足人们的需要。这一现实促成了今天普尔曼公司的成立。中心运输公司的业务不能足够快地覆盖这个国家的领土，普尔曼先生开始在芝加哥建立世界上最大的铁路公司。他同样认识到，太平洋铁路将成为世界上最大的卧铺车市场。我发现他也正在做我已着手做的事情。他是一个真正的拦路虎。再一次，从这些事件中，人们将会学到我从普尔曼本人身上学到的东西，那些无所谓的小事，有时却能够起到决定性的作用。

联合太平洋铁路公司的总裁正在芝加哥视察工作，普尔曼先生去拜访他，并被带进了总裁的房间。桌上放着一封给斯考特先生的电报，写着："你对于卧铺车厢的建议已被接受。"普尔曼先生无心地读到了这份电报。电报所放置的位置也使得他无法不去注意。这时候，德伦特总裁走进了房间，普尔曼先生向他解释说：

"我相信在我向你提出建议之前，你是不会对此事作出决定的。"

德伦特先生答应等待，此后不久，联合太平洋铁路公司董事会在纽约召开会议。我和普尔曼先生都列席了会议，我们都在努力争取那份我们都很看重的订单。一天晚上，我们同时登上圣尼古拉斯旅馆的楼梯。我们以前见过，但并不熟识。和他一起上楼的时候我说：

"晚上好，普尔曼先生！我们又在一起了，你不认为我们是一对绝妙的傻瓜吗？"

他并不愿意承认这件事，说：

"你是什么意思呢？"

我向他解释了具体情况，我们各自提出一份相互竞争的提案，努力夺取自己的效益，而这事实上损害了我们自己的利益。

"噢，"他说，"那你将怎样做呢？"

"联合，"我说，"向联合太平洋公司提出一份共同的提案，你我组成一个公司。"

"你打算把它叫做什么？"他问。

"普尔曼皇宫车厢公司。"我答。

这让他很满意，当然我也同样如此。

"到我房间来谈谈吧，"这位卧铺车厢大王说。

我照办了，结果是我们得到了一份共同的合同。我们的公司随后并入了普尔曼总公司，我们拥有部分股权。直到1873年金融恐慌来临，我不得不卖出这些股份以保护我们自己的钢铁公司。我相信，我是普尔曼公司的大股东。

中肯地说，普尔曼其人和他的事业都是美国式的。他本是一个木匠，当芝加哥大兴土木之时，他给人盖了大量的房屋，收取一定的报酬。当然他做得非常成功。由此起步，他成了这一行中著名的承包商。如果有一家大旅馆想要将房子加高10英尺，而又不想打搅客人或影响生意，那就得找普尔曼先生。他是那种罕有的、能把握事物趋向的人，或者可以这么说，游泳的时候置身主流之中，这可以让你的行动达到最快的速度。如我一样，他很快就看到，卧铺车厢在美国大陆是一个绝对的必需品。他开始在芝加哥制造了一些车厢，并且与周边的铁路签订了合同。

东部的公司不适合与普尔曼先生这样杰出的人竞争。尽管最初的专利权在东部的公司和伍德罗夫先生自己手中，但我还是很快地认识到了这一点。原初专利权是很大的一笔股份，几年后，有人起诉我们侵犯了专利权，虽然没有受到损失，但是在解决这件事之前浪费掉的时间，足以使普尔曼公司发展成为全国最大的公司。因此我真诚地提出，我们应该和普尔曼先生的公司联合，就像我们在与联合太平洋铁路公司签订合同时候的联合一样。因为与普尔曼先生的私人关系之故，东部公司的一些员工不满意，认为最好的办法是在双方平等友好的基础上进行谈判。我很快就同意普尔曼公司并购我们的中央运输公司，这对普尔曼先生来说，并不意味着禁闭了西部，而是获得了宾夕法尼亚铁路公司大西洋主干线的控制权。这一位置的这家公司不可能遇到任何竞争了。在为人处世方面，普尔曼先生算得上是一位大师，他给我讲过一个寓意深刻的故事。

普尔曼先生也和其他人一样，有自己的难处和失意的时候，并不是每次都能够成功，这也没有人可以做到。在经营卧铺车厢业务的时候，困难重重，但他以一种令人满意的方式承受了下来，并且依然保持着铁路公司一定要尊重的权利，我不知道除了他之外，还有什么人可以做到。铁路公司应该经营他们自己的卧铺车厢。有一次，当我们在一起的时候，他告诉我说他总是能从这个故事中获得宽慰。

在西部的一个县里，一个老人经受了人生的各种苦难，他的邻居们都很同情他。但是他对他们说：

"是的，我的朋友们，你们说的都对，我的一生烦恼不断，但是很奇怪的是——90%的忧虑并没有变成现实。"

这是至理名言，人类很多的忧虑和烦恼都不过是想象的，不值一提。杞人忧天是愚蠢的，只要天没塌，一切都会好的。即使天塌了下来，十有八九也没有想象的那么糟糕。一个聪明人就应该是个坚定的乐观主义者。

因为在各类的谈判中获得成功，我开始受到纽约的关注，我接下来很多大的行动也都与联合太平洋公司相联系。它的一个董事在1871年来找我，说他们必须设法弄到60万美元（相当于今天的几百万美元）来渡过一个难关。公司管理层中几位认识我的朋友建议说，我也许能弄到这笔钱，而且能让这条重要的西部铁路置于宾夕法尼亚铁路公司的控制之下。我相信普尔曼先生也跟随着这个董事来了，或者也许这是普尔曼第一次就这个问题来找我。

我揽下了这件事，因为我想到，如果联合太平洋铁路公司的董事会愿意将宾夕法尼亚铁路公司提名的几位候选人选入董事会，那么宾夕法尼亚铁路公司就完全有理由帮助联合太平洋公司。我去了费城，向汤姆逊总裁提出了我的方案。我建议说，如果公司信任我，我愿意为联合太平洋公司在纽约借到钱，我们就可以在宾夕法尼亚公司内部控制联合太平洋公司。汤姆逊总裁一向自信，而这一次则最好地呈现了出来。汤姆逊先生在对公司资金的使用上要比对待他个人的钱保守谨慎得多，但这件事的利益如此巨大，不容错失。即便失去了这60万美元，那对这家公司来说，也并不是一次失败的投资。更何况，这有惊无险，作为贷款给联合太平洋公司的报答，我们将把自己持有的股票转交给他。

在宾夕法尼亚，我会见了托马斯先生。当我起身要走的时候，他过来拍着我的肩膀说：

"安迪，请记住，这件事完全指望你了。我相信你，我依靠你所持有的所有股票。因为宾夕法尼亚公司从来不愿意丧失一个美元。"

我将这责任承担了下来，而结果成功了。联合太平洋铁路公司非常想让汤姆逊先生本人出任总裁，不过他说这是不可能的。他推荐宾夕法尼亚铁路公司的副总裁托马斯·司各特先生出任这一职位。司各特先生、普尔曼先生和我也因此在1871年被选为联合太平洋铁路公司的董事。

我们得到联合太平洋铁路公司的股份一共有300万股，它们锁在我的保险柜里，待价而沽。正如我所预料的，宾夕法尼亚公司的参与，使得联合太平洋公司的股票有了更大的价值，股价一路飙升。这时候，我要去伦敦参与奥哈马密苏里大桥的债券相关事宜的谈判，就在我离开期间，司各特先生决定卖掉所有联合太平洋公司的股票。我临走前跟我的秘书说过，司各特先生是我们的合伙人之一，他有权接触我的保险柜，而且当我不在的时候，我的股票也许要由这个人来管理。但是卖掉这些股票，放弃我们已经获得的对联合太平洋公司的重要地位，这样的想法我从来都没有过。

我回来之后发现，我不再被认为是一个值得信赖的同事，相反，联合太平洋的董事们认为我是为了达到投机的目的而利用了他们。我们本来夺得了一个借这一伟大事业来密切合作的最好机会，从来没有人如此草率而鲁莽地丢掉这一机会。普尔曼先生知道这件事情，也像我一样愤怒。他马上又买入联合太平洋铁路公司的股票。我虽然也想这么做，并对已发生的事情进行指责，但我觉得如此泾渭分明地与老朋友司各特先生划清界限有点不太合适，也不近人情。

我很不光彩地被赶出了联合太平洋公司董事会。对一个年轻人来说，其滋味就像吞下了一枚苦果。这件事也使我和那个曾对我影响巨大的人之间产生了分歧，他就是我少年时期可亲可敬的雇主——托马斯·司各特先生。汤姆逊先生对此事懊悔不已，但是，正如他说的，他对此事没予以关注，整个的股票都被司各特先生和我持有，他以为我认为最好的办法就是将之卖掉。我一度以为我失去了一个好朋友莱维·莫顿，他也有联合太平洋公司的股份，但最终他知道我是无辜的。

对建设奥哈马大桥的将近250万美元债券的谈判取得了很大的成功。在我与这家公司有任何联系之前，它很多的债券就被联合太平洋公司相关的一些人买走了。所以我这次的辛苦只对他们有利，而与公司无关。董事会在我启程去伦敦之前并没有向我说明这一点。很不幸，我回到纽约后，发现我所有的债券收益，包括我的利润在内，都被这些人用来偿还他们自己的债务了。此前我从来没有上过当受过骗，总是能清楚明白地断定事情。但此时我发现自己还年轻，要学的东西太多。许多人值得信赖，但有一些却需要观望。

第十二章

卡内基 商务谈判

大概就是在这个时期，我为匹兹堡阿尔勒格尼峡谷铁路公司的总裁威廉·菲利普斯上校而参加的一次谈判大获成功。那天，上校跑到我的办公室来，跟我说他现在急需要一笔钱，尽管有宾夕法尼亚铁路公司的担保，但还是没有一家金融机构对他们500万美元的债券感兴趣。这位老先生确信，他之所以会走投无路，是因为银行之间有协议，只能以他们商定的价格购买债券。他愿意给他们打九折，但银行依然觉得太高。那时候，西部铁路公司的债券一般以八折的价格出售给银行。

菲利普斯上校说他这次来就是想看看我有什么办法能帮他摆脱困境。他需要25万美元，但是宾夕法尼亚铁路公司的托马斯先生不愿借给他这笔钱。阿尔勒格尼铁路公司的债券的年息是7%，但不用黄金支付，只是在美国本土用货币支付。因此，这是不适于在国外市场交易的。但是我知道，宾夕法尼亚铁路公司持有大量"费城和伊利铁路公司"的债券，年息是6%，用黄金支付。我认为，如果用这些债券来换阿尔勒格尼公司7%年息的债券，对宾夕法尼亚公司来说，这应该是件称心如意的交易，何况他们本来就要为阿尔勒格尼公司作担保。

我给托马斯先生发电报，问他是否愿意以多得25万美元的利益，把这笔钱借给阿尔勒格尼铁路公司。很快我收到了托马斯先生的回复：当然愿意。为此，菲利普斯上校很高兴，并且承诺说，因为我的帮助，他愿意给我60天的优先权，以9折的价格购买他的500万美元的债券。我把情况告诉了汤姆逊先生，并建议他进行交易，这个建议理所当然被很高兴地采纳，因为能多赚1%的利息。我马上带着这500万美元"费城和伊利铁路公司"抵押债券的控制权赶往伦敦。这些债券由宾夕法尼亚铁路公司担保，可以保证我能够卖得一个很高的价钱。然而此行给我带来了我金融生涯中最大的一次打击。

我给银行写了封信，说我有债券要卖，这个买卖一定能让他们心动。我一到伦敦，便在旅馆收到了他们写来的短信，请求与他们见面。第二天上午，我在他们的银行达成一个协议：他们买入这些债券，如果以票面金额出售，则还要扣除2.5%的佣金；他们借给宾夕法尼亚铁路公司400万美元贷款，年息5%。这一次交易我至少将获得50万美元的利润。

就在我们即将签署相关文件时，拉塞尔·斯特吉斯先生说他们刚得到消息，巴林先生将于第二天上午亲自来到伦敦，出于礼貌，应该让他了解一下这次交易的具体情况。因此，他们将推迟到第二天再签署协议文件。如果我可以在第二天的下午两点来一趟的话，到时一切事情将办理妥当。

当我走出银行大厅，要去电报公司给托马斯先生发电报的时候，有一种不祥的预感浮上心头，这种感觉我永远都不会忘记。直觉告诉我还不是报喜的时候，我应该等到明天，等我把合同装进自己的口袋中。我走路回了旅馆——中间有好几英里的距离。当我回到旅馆时，发现有个信差正气喘吁吁地等着我，他交给我一封已经封好的巴林银行写来的信。俾斯麦在马得堡冻结了好几亿美元的资产，金融界受到严重的冲击，一片混乱。巴林银行说，在此种情况之下，他们不可能向巴林先生建议此项交易。我一下子懵了，没想到煮熟的鸭子也会飞走，然而这却是事实。这个打击实在太大，以至于我都愤怒不起来，只能默默承受，暗自庆幸还没有给托马斯先生发电报。

我决定不再回去找巴林银行，我把债券以低于和巴林银行商定的价格卖给了摩根公司，尽管他们正大量卖出美国证券。最先，我不想去找摩根公司，因为菲利普斯上校告诉我他曾在美国向摩根银行推销他的债券，但未获成功。我猜想伦敦的摩根银行可能与纽约的支行有关联而不愿意接受。但是后来，所有此类的谈判，我都是首先找米尼厄斯·摩根，他很少让我无果而终地离开他的银行大厅。如果他自己的银行不买我的债券，他会给我推荐另外一家对此事感兴趣的银行。让我感到满意的是，我所联系买卖的证券到最后都会有所收益。当然，那时我没有回去找巴林银行是一个错误。我应该给他们时间，等恐慌过去（很快就平息了）。与巴林银行做交易时，如果一方很激动，另一方则应该保持冷静，并需要有耐心。

作为我的一次金融操作行为，我记得一天曾对摩根先生说：

"摩根先生，如果你将所赚得的1/4利润分给我的话，我将给你一个赚钱的好主意，并且帮助你实现。"

他大笑着说："这看起来很公平，我可以选择干与不干，当然，如果答应的话，我很愿意给你1/4的利润。"

我注意到这样一个事实：我曾把阿尔勒格尼峡谷铁路公司的债券换成宾夕

法尼亚和伊利铁路公司的债券，而后者有宾夕法尼亚铁路公司的担保，这个大公司在不断进行实质性的扩张，总是需要大量的钱。如果提供合适的价格，这家公司很愿意卖出它自己持有的债券。而从当时的情形来看，出于需要，他们毫无疑问将在美国发行债券，我为此写了一份报告给摩根先生。他以一贯的认真态度对情况作了研究，之后，他决定接受我的建议。

那时候，托马斯先生正在巴黎，我跑过去找他。因为我知道宾夕法尼亚铁路公司正需要钱，所以我告诉他说，我已经将公司的债券推荐给了摩根先生，问他是否可以开个价，我看看是否可以出售。他给了一个很高的价格，但是低于宾夕法尼亚公司的债券所达到的市价。后来，摩根先生买下了部分债券，并享有购剩余部分的优先权。就这样，阿尔勒格尼公司 900 万或者 1000 万美元的所有债券都被卖出，而宾夕法尼亚公司也获得了他们所需要的现金。

在卖出这些债券后不久，1873 年的金融恐慌就来临了。而当时有一笔收入我是从皮尔蓬·摩根先生那儿获得的。一天他对我说：

"我父亲给我发来电报，他问我你是否愿意按你说的方法卖出你的那份债券。"

我说："是的，我愿意，这些日子里，我愿意把所有东西换成钱。"

"很好，"他说，"你出个价。"

我说："最近呈交给我的报告显示，我的账户上已经有 5 万美元，所以，我总共可以得到 6 万美元。"第二天上午，他交给我 7 万美元的支票。

"卡内基先生，"他说，"你错了，你少卖了 1 万美元，所以总共是 7 万美元。"

支票分为两张，一张是 6 万美元，而另外一张是多出来的 1 万美元。我把那 1 万美元归还给他，说：

"这是你应该得的，请你收下这 1 万美元，作为我最美好的祝福。"

"不，谢谢，"他说，"我不能收。"

这种行为，表现了一种强烈的荣誉感和诚信意识，而不只是法定的权利，这在早期的生意场上并不常见。于是，从那以后，我就下定决心，只要我力所能及，决不让摩根父子和他们的银行因为我而受到损害。他们从此有了我这个可靠的朋友。

如果缺乏诚信，一个大企业很难存活。若被冠之以"精明过分"的评价，那将是企业在大事上的致命伤。真正的规范，不是法律条文，而应该是法律的精神。商业道德的标准到如今已经大大提高，某人所犯的错误，即便对本公司是有利的，那也应该立即得到纠正，就像它利于其他公司一样。一个企业要获得长久性的成功，公正诚实的信誉比守法更具有实质性的意义。也许有人不会相信，我们长期坚持的一个方针给了我们巨大的回报，那就是，永远替别人着想。当然，这不适于投机商，在他们的世界里，完全是另外一种氛围，在那里，人完全就是赌徒。股票赌博和重视荣誉的商业行为是不具可比性的。在近些年里，我们必须承认一点，像朱尼厄斯·摩根这样的老式"银行家"已经很少了。

在被罢免了联合太平洋铁路公司总裁职务之后不久，司各特先生[1]决定参与到得克萨斯——太平洋铁路的建设中来。有一天，他给我发来电报，让我务必去费城与他见面。我和其他几个朋友一起去了费城，其中包括麦克鲁夫，他是宾夕法尼亚铁路公司的副总裁。得克萨斯太平洋公司有一笔巨额贷款已经到期，摩根银行答应续借，但是我必须加入借款方。我拒绝了。然后，朋友们质问我为何拒绝拉他们一把，难道真要看着他们坠入深渊？这是我一生中最为难过的时刻。我一点也不愿意卷入这件事。我问自己：我的首要任务是什么？这一问题的答案阻止了我那样做。我所有的资金都被投进了制造业当中，每一个美元对我来说都必不可少。我是我们公司的资本家（尽管是非常谦逊的一个），我们公司的成败都依靠我的资本投入。我弟弟、菲利普斯先生、克鲁曼先生，还有他们的家人，似乎正站在我的面前，等待我保护他们的利益。

我告诉司各特先生说，我已尽力阻止他在获得足够的资金之前开始这一庞大的工程（得克萨斯——太平洋铁路）的建设。我坚持认为，仅靠暂时的贷款建不成几千英里的铁路。另外，我已经支付 25 万美元购买了一些股份，这是在我从欧洲回来之后，他告诉我说特意为我留的，尽管我从未赞成过这一安排。但是这世界上没有什么东西可以让我犯下过错，为这个建筑公司签下这一协议，而不考虑我自己的公司。

---

[1] 托马斯·司各特上校在 1872 年离开联合太平洋铁路公司，在同一年，他成为得克萨斯铁路公司的总裁，1874 年入主宾夕法尼亚铁路公司。

我知道，在60天内根本无法偿还摩根银行的贷款，甚至支付我的那一部分。另外，除了这笔贷款，自那以后我要考虑的还有其他六笔贷款。我和司各特先生在生意场上彻底地分道扬镳了，这比我在那时所经受的所有磨难都更让我痛苦。

此后不久，灾难降临了，那些被认为是最有实力的人的突然逝世，震惊了全国。我怀疑司各特先生的突然早逝[1]源于他不堪忍受这样的耻辱。他是一个很感性却不骄傲的人。看起来正在迫近的失败对他来说是一个致命的打击。麦克马内斯先生和贝尔德先生也是他的合伙人，同样，他们不久也逝世了。这两个人和我一样都是制造业主，本不应该涉足铁路工业。

在商海中航行，没有比签署商业合同更危险的礁石了，一着不慎，便可能触礁身亡。如果他常常思考这两个问题的话，这还是很容易避免的：第一，我是否有足够的资金来冒险；第二，我是否甘心为朋友而损失这笔钱。如果两个回答都是肯定的，那么就去做吧。反之则别做。如果他足够明智，并且可以十分肯定地回答第一个问题，那么他就可以想一想，按朋友的请求投入他所有的钱会不会更好。答案一定是肯定的。一个人只要还有责任和债务，那他就应该为债权人的信赖而小心翼翼地支配他的钱。

尽管我拒绝签署摩根银行的续借条款，朋友们还是邀请我第二天一早一同前往纽约，以便在车上再做商议。我很乐意这样做。安东尼·德克希尔也被邀请与我们随行。在途中，麦克鲁夫先生感叹说，他环顾了四周，最后得出结论，这节车厢里除了一个人聪明外，其他的都是傻瓜。只有"安迪"已经为他的股份付过了钱，因而只有他不欠一分，无须承担任何责任。其他人都应该如此。

德克希尔先生希望我能解释我是如何避开这些不幸的纷扰的。我回答说：严格遵守我信奉的原则，对于那些我很清楚没有把握的事情，决不轻易涉足。或者，引用一下西部一位朋友说过的话，不要到那些你无法趟过的河流中去。这条河对我来说是太深了。

---

[1] 司各特于1881年3月21日去世。

正是遵守这一原则，我不仅使得自己，还使我的家人远离了麻烦和困顿。事实上，在我们的合作协议中规定除非为了公司的利益，不得以任何方式使用数额较大的款项，这也是我这次坚决拒绝借钱的原因之一。

在此期间，我不断地到欧洲商讨各类债券的事情，总共售出了300万美元。这一时期，纽约还没有因为大西洋电缆的开通成为像伦敦那样的金融中心，而伦敦的银行家们宁愿把钱借到巴黎、维也纳或是柏林，获取少得可怜的利息收益。欧洲大陆被认为是比合众国更加安全的投资场所。我的弟弟和菲利普斯先生运营钢铁业务十分成功，即便是我离开好几个礼拜的时间，我也不会有任何的担心。他们担心我将由制造工业而转入金融和银行业。我的成功给我带来了广泛的机会，但是我对制造业更情有独钟。我希望能够做些切实的事情，因此，我继续投资扩大我在匹兹堡的业务。

最初为吉斯通桥梁公司建立的小车间已经挪作他用。我们在劳伦斯威尔买下了10英亩的土地，新建了规模庞大的工厂。不断的投入使得我们的联合钢铁公司成为美国此行业中的领导者，可以生产各种各样的型材。我们的事业前途远大，我在其他领域所获得的利润，都被拿来扩大我们的钢铁产业。我本打算与宾夕法尼亚铁路公司的朋友一起，在西部投资铁路建设，但渐渐地我把资金撤出，决定彻底违背"不要把所有的鸡蛋放在一个篮子里"这句谚语。我认为正确的是："将所有的好鸡蛋都放在同一个篮子里，然后保持特别的审慎。"

我相信在任何一个行业中，要想干得出色，那么你就必须成为这一行业中的大行家。我不赞成到处撒网的做法，在我的经验中，我也很少看到一个人涉足许多行业而能赚到大钱的——在钢铁制造业一个也没有。那些成功的人总是选择一个特定的行业，然后盯住不放。奇怪的是，很多人并不看重投资于自己的企业而获得的丰厚收益。世界上的每一家工厂都需要更新设备。然而厂主们却舍不得花钱添置机器，更新设备，反而越过自己的领域进行投资，以便赚取红利。我所认识的大多数的实业人士都投资银行、证券以及那些和他们风马牛不相及的行业，而不去发掘自己工厂中的金矿。

我一直在坚持这种思想，事实上，这一最基本的理论使我能比别人更好地管理我的资金。一个商人一生遭遇的最大挫折往往并不是因为投资于他的本业，而是因为对他并不在行的领域进行投资。我要奉劝年轻的朋友们，不光要把你们所有的时间和精力集中到你们的事业中，而且还要把你们的每一分钱都投进去。如果有的企业已经扩张到了极限，而又找不到其他有成长性的行业，那么就把剩余的资金投向一流的证券，这样就能获得稳定可靠的收入。对于我来说，我很早就拿定了主意，我要全力投入到钢铁制造业，并要成为其龙头。

我的英国之行给了我很好的机会去结识钢铁工业中的著名人物——贝西默是其中的佼佼者，还有罗西安·贝尔爵士、伯纳德·萨穆尔森爵士、温莎·理查兹爵士、爱德华·马丁，以及宾格力、埃文斯等，他们都是这个行业中的领袖。我被选入理事会，很快我又成为大不列颠钢铁行业协会的主席，我是第一个非英国公民主席。对这个荣誉，我高度重视，尽管一开始的时候我也曾推辞，因为我住在美国，再加上自己的生意，我害怕会没有足够的时间来履行主席的职责。

当年，我们因为建造桥梁而不得不介入钢铁制造，生产熟铁，而现在，我们觉得该生产生铁了。这便促成了1870年露西高炉的建立（如果我们当时能充分意识到这一项目的重大意义，我们一定会推迟实行）。我不止一次听到钢铁业的老前辈对我们这个快速成长和膨胀的新企业做出的不吉利的预言，但我们并没有因此而止步。我们觉得我们有足够的资金和信用来建造一座高炉。

预计的成本还不够实际开支的一半，这对我们是个考验。克鲁曼先生对于高炉的运转一窍不通。即便如此，也没有出现什么严重的问题。露西高炉（我以弟媳的名字为它命名）的产量远远超过了我们最乐观的估计，当时一座高炉每天100吨的产量可谓空前，我们创造了纪录，许多参观者啧啧称奇。

我们的钢铁产业并非一帆风顺，几年中时有危机出现。战时，钢铁的价格由每磅9美分降到了每磅3美分，我们安全地经受了这一挑战。在此期间，许多公司破产，为了调集资金应付紧急状况，我们的财务经理忙得焦头烂额。在多次事故中，我们公司的信用都未受到损害。在公司的各个部门中，生铁制造厂还是让我们操了不少心。英国著名的惠特威尔兄弟公司生产的高炉当时被广泛使用，而惠特威尔先生在参观我们的露西高炉时给了我们极大的帮助。我把我们当时的难题提了出来，他立即指出：

"那是因为料钟的角度不对。"

  他解释应该怎样进行调整。克鲁曼先生不太相信。我力主制造一个玻璃的高炉模型，另外再做两个料钟，一个还是按露西高炉上的式样，一个按惠特威尔先生建议的那样。这很快就做好了，然后我们做了试验，结果正如惠特威尔先生所预料的那样。我们的钟将材料分流到高炉的两边，中间气流只能部分地透过去，依然密集着很大一部分。而惠特威尔让材料从中间通过，其余的留在周围。两者的效果完全不一样，露西高炉的麻烦解决了。

  惠特威尔先生是一个多么善良、大度的人啊，他没有狭隘的嫉妒心，对他拥有的知识毫不藏私！作为回报，我们在有些部门学到了一些新东西，也跟他互通有无，以便能对他的公司有所帮助。（今天，在我写下这段文字时，这兄弟俩中的一人依然健在，我对此感到无比欣慰。我们的友谊历久弥坚。他是我的前辈，曾在我之前出任大不列颠钢铁协会主席。）

第十三章

卡内基

钢铁时代

回首过去，40年以前，在生铁的制造业中，化学的作用竟然不为人知，这实在令人难以置信，而这本应该是最为重要的一环。那时候，高炉经理普遍很粗鲁，通常是外国人，他的本事还包括能将他手下那些桀骜不驯之辈打倒在地，以示教训。他还被认为可以本能地诊断高炉情况，具有预言的超能力，就像在这个国家中的其他一些人，据说他们仅凭借一根榛树枝就可知道哪里是油井和水源。对手中的病人，他们只是胡乱地开些药方，他们是真正的庸医。

菲利普斯先生特别关照我们的露西高炉，他每天都要去探视一番，这使得我们免去了不少麻烦。并不是说我们的高炉运行得不如西方其他的高炉良好，不能产生较好的效益。而是因为，跟其他的高炉比起来，它更加庞大，一点小小的异常都可能产生非常严重的后果。周日早晨当父亲和妹妹走向教堂做礼拜，我的合伙人还是雷打不动地去查看露西高炉。即使他去了教堂，他最虔诚的祈祷也只会与露西高炉有关，他时刻都在想着高炉的种种情况。

下一步我们要找一个化学家来做科里先生的助手和顾问。我们找到了一个很有学问的德国人——弗里克博士，他向我们揭开了许多秘密。有些著名矿山开采出来的铁矿石，其铁含量要比原先估计的低10%~15%，有时甚至是20%，而原来那些劣质铁矿却出产着优质的矿石。先前好的现在却变差了，差的反而成了好的。一切都被颠倒了过来，显得乱七八糟的。可是在化学知识之光的照耀下，关于生铁冶炼的90%的疑团都被驱散了。

那一时期，竞争十分激烈，要求公司生产出最好的产品。然而我们的高炉却在此时停产了，因为我们使用一种含量很高很纯的铁矿石代替一种次等的铁矿石，这种铁矿石的出铁量比其他的矿石要高出2/3。但是，这种高纯矿石需要太多的石灰来溶解，如此一来，我们的高炉遭到了很大的破坏。优质的原料反而使得我们陷入了严重的亏损。

我们真是大傻瓜！但我们依然可以引以自慰：与我们的竞争对手相比，他们是更大的傻瓜。几年后，我们开始用化学来指导我们的生产，而其他高炉的经营者则说他们无法承受雇佣一个化学家。不知道他们那时是否知道真实情况是什么，但他们本应该知道，没有化学家的指引，他们才真正无法承受。回首过去，我们的这一行为被指责为过于奢侈，无怪乎我们是第一家雇佣化学家的企业。

第十三章 钢铁时代

露西高炉成为我们盈利最丰的部门,因为在科学管理上,我们几乎处于绝对的垄断地位。认识到这一点,不久(1872年),我们就决定再建一座这样的高炉。这一次的成本节省了许多。那些没人要的矿石在我们这儿找到了销路,而那些高价的所谓优质矿石则再也进不了我们的厂门了。对此,我可以举一个比较新奇的有意思的例子。密苏里州有一家著名的铁矿——"飞行员旋钮"矿,它的产品不受欢迎,据说只有一少部分可以用,其他的会阻塞高炉。化学家告诉我们说这里的矿石含磷太少,但是富含硅,如果正确地加以提炼的话,它的铁含量也相当高,极少有其他矿石可与之匹敌。于是,我们大量购入这种矿石,而矿山老板还对我们千恩万谢。

令人难以置信的是,有好多年我们将自己富含磷矿的煤渣高价卖掉,然后从对手那里买入铁含量高但含磷较少的炉渣。有时候,高炉要尝试着冶炼烟道炉渣,它们的纯度已经很低,高炉很难再使之提高纯度。因此,有很多年,我们的竞争对手都认为它们缺乏价值而扔在河堤上。有时候,我们还能用贫矿换到好矿,并从中获利。

但是,还有一种同样毫无根据的偏见,更不可思议,那就是人们认为氧化皮无法利用,而事实上,这是一种铁的纯氧化物。这使我想起了我的朋友,同是丹佛姆林的老乡,克利夫兰的奇泽姆先生。我们在一起的时候总是玩笑打闹,有一天,我去参观他在克利夫兰的工厂,我看到有人正将这极有价值的氧化皮装车运走,我问奇泽姆先生,他们要将这运到哪里去?他回答说:

"把它们扔到河边,如果把它们放进熔炉,我们的经理会抱怨他的坏运气。"

我什么也没说,但回到匹兹堡后,我决定跟他开个玩笑。当时我们公司有个年轻人叫杜·普维,他的父亲正在匹兹堡试验自己发明的一种炼铁程序,并因此而闻名。我派杜·普维去克利夫兰与我的朋友洽谈购买所有的氧化皮。他以每吨50美分的价格顺利完成了任务,并且直接装船运走。这样的收购持续了一段时期,我一直希望我们的这个玩笑能被发现,但在我还没告诉他之前,奇泽姆先生便去世了。他的继任者上来之后,我们照例进行。

我从未停止过对贝西默炼钢法的密切关注,如果成功,那么铁的重要性毫无疑问将让位于钢。铁的时代将会消逝,我们将迎来钢的时代。我的朋友,约翰·怀特，是列维斯顿自由铁厂的总经理。为了调查这一新工艺，他特意去了趟英国。他是我们之中最好的也是最有经验的制造业主之一。他极力促使他的工厂建立贝西默炼钢厂。他的决定是对的，只不过略微性急了一点，所需要的资金远远超过了他的预计。不仅如此，由于贝西默炼钢法在英国尚处于试验阶段，要想把它移植到美国，并一举成功，有点不太现实。这个试验阶段会历时很长而且代价高昂，对此，我的朋友还没有做好充分的准备。

后来，当这一方法在英国试验成功，并应用在钢铁工业上时，资本家们开始在哈利斯堡兴建现在的宾夕法尼亚钢铁公司。同样地，他们也得经历试验阶段，如果在关键时刻这个钢厂得不到宾夕法尼亚铁路公司的资助，那它已经胎死腹中了。正是汤姆逊总裁，这个目光远大而又才能卓著的人，向董事会建议，向钢厂投资60万美元，以保证日后铁路所需的钢轨供应。最后的结果证明了他这一决断的正确性。

用什么来做铁轨的替代品是困扰宾夕法尼亚铁路公司和其他重要铁路公司的一个大问题。我曾注意到，在匹兹堡铁路的某些曲线路段以及连接宾夕法尼亚和韦恩堡的路段中，每隔六个礼拜或者两个月就要更换新的铁轨。在贝西默炼钢法还不为人所知以前，我曾提醒汤姆逊先生关注一下英国道普斯先生的一项发明，他将铁轨的顶部碳化，这样取得了很好的成效。我去了英国，取得了道普斯的专利权，然后建议汤姆逊先生投资2万美元在匹兹堡进行试验。我们建立起熔炉，为宾夕法尼亚铁路公司处理了好几百吨铁轨，经过比较，证明效果非常好。我们在一些最繁忙的路段装上这些铁轨，结果发现，汤姆逊先生资金的投入将会得到巨大的回报。如果贝西默炼钢法没有获得成功，我依然坚信，只要我们改良道普斯工艺，这也足以被广泛地采用。但是，这还是不能够与贝西默流程生产出的钢材相比。

约翰斯顿（离匹兹堡不远）的坎布里亚制铁公司是全美铁轨生产的关键企业，他们决定建立一个贝西默工厂。在英国，我已经看到，至少也使我感到满意，这一流程将获得极大成功，无须冒险和花费太多的资金。威廉·克鲁曼先生得出了同样的结论，他对新事物总是充满了兴趣。我们都认为应该介入匹兹堡的钢轨制造业，于是，威廉·克鲁曼先生和在我父亲过世后帮助过我母亲的大

第十三章 钢铁时代

卫·麦克坎德里斯先生成为了我的合伙人。后者是我的好朋友,我永远都不会忘记他。接着,约翰·司各特先生和大卫·斯图尔特先生,还有其他一些人加入了我们的行列。宾夕法尼亚铁路公司的副总裁,埃德加·汤姆逊和托马斯·司各特也成了股东。钢轨制造公司于1873年1月1日成立。

第一个需要我们严肃考虑的问题是公司的选址,我不同意所提议的任何一个方案,最后不得不去匹兹堡和我的伙伴们商议此事。我的脑子里一直想着此事,终于,在一个星期天的早上,我灵光闪现,想到了一个好的地点。我从床上爬起来,然后赶紧去找弟弟。

"汤姆,你和科尔曼先生是对的,就在布拉道克斯,在宾夕法尼亚铁路与巴尔的摩和俄亥俄铁路之间,那里还有河,那是全美最好的地理位置了。我们以好朋友埃德加·汤姆逊的名字来命名我们的公司怎样?我们这就去找科尔曼先生,然后出发去布拉道克斯。"

我们当天就出发了,第二天上午克鲁曼先生已经开始为获得这一财产而努力工作。那儿的农场主麦金利先生对他的土地要价很高,我们原以为每英亩只需五六百美元,结果却花了2000美元。但是此后,我们需要再购买土地时,每英亩已经涨到了5000美元。

在那里,就在布拉道格斯战败的地方,我们开始建设自己的钢轨厂。在挖地基的时候,我们发现了许多战争的遗物——刺刀、剑等。丹佛姆林的宪兵司令亚瑟·豪克特爵士和他的儿子便丧身此地。他们是怎样来到这里的?这是很自然就会想到的一个问题。那时候,这座英国城市的宪兵司令是贵族成员,他们享有荣誉却不履行他们的职责。即便在几年后的英国,这一贵族观念依然残留了下来。铁路公司里极少有人寿保险,但在有些情况下,在制造企业中,公司的高层必须有此保障。一些著名的人物享有总裁的荣誉,却丝毫也没有履行他们应尽的职责。亚瑟·豪克特爵士是丹佛姆林的宪兵司令,被认为以战争为职业,最终在此地战死沙场。真是巧合,两个丹佛姆林人就在这块土地上战死,而如今,另外又有两个丹佛姆林人要将这里变成一个工业区。

另一个有趣的现象不久就被发现了。1904年,约翰·莫利在匹兹堡卡内基学院的独立日演说中,提到了福布斯将军俘虏迪凯纳侯爵一事,并且在写到皮特首相时也说他曾在匹兹堡再次受洗。这个福布斯将军就是当时皮特克利夫的领主，他出生在当地的一个峡谷中。我后来将此峡谷买了下来，并将之作为公园捐给了丹佛姆林。因此，两个丹佛姆林人都是皮特克利夫的领主，并且他们的主要工作都在匹兹堡。

出于对埃德加·汤姆逊的敬意，我们决定用他的名字来命名我们的钢厂。但当我们询问他的意见时，他的回答却意味深长。他说，就目前美国的钢轨生产水平来看，他并不希望将他的名字与之联系在一起，因为它们的可信度还远远不够。当然，不确切地说，美国还尚处于试验的阶段。但是，我向他保证，美国现在完全可以造出和国外一样好的钢轨来，我们要让我们生产的钢轨享有吉斯通公司的桥梁和克鲁曼的车轴一样的声誉，这样，他才同意了。

在我们选址建厂的时候，汤姆逊先生迫切地希望我们在宾夕法尼亚铁路沿线购买土地，他总是最先想到自己的公司。这样，宾夕法尼亚铁路将垄断我们所需要的运输。几个月后，他来到了匹兹堡，继我出任宾夕法尼亚铁路公司匹兹堡分部主管的罗伯特·皮特凯恩告诉他，钢厂的地点是布拉道克斯，那里不仅有他们的铁路线，还有其竞争对手——巴尔的摩和俄亥俄铁路公司的铁路线，另一方面，还有一个比两者更大的竞争对手——俄亥俄河。罗伯特告诉我，说这些的时候，汤姆逊先生直盯住他看。

"安迪本应该选一个离东边更远些的地方。"但是，汤姆逊先生完全知道选择这一地点的原因和好处。

1873年9月，当金融危机来临的时候，我们的钢厂已取得了很大的进展。那段时间是我商业生涯中最焦虑不安的日子。开始时，一切都还是好端端的。可是，一天上午，在阿尔勒格尼山中的夏日别墅里，我们收到一封电报，宣布杰·库克银行的倒闭。此后，几乎每一个小时都有新的坏消息，银行一家接着一家倒闭，每天早晨我们都会想，轮到的下一个该是谁。而随着银行的倒闭，其他企业的资金来源被切断，于是也纷纷破产，最终导致整个经济的大瘫痪。这次危机暴露出了很多问题，许多本应该很有实力的银行的倒闭，在很大程度上，是由于我们国家缺乏一个健全的合适的金融体系。

对我们的欠债，我们还无需为之焦虑，偿还并不会给我们带来什么麻烦，倒是收账变得越来越困难了。需要我们操心的不是我们要支付的账目，而是别人需要向我们支付的账目。不久，我们很快就需要与这双方同时进行接触，开始将两者对冲抵销。甚至我们自己的银行也不得不请求不要动用其中的结余。有一件事可以对当时的情况作一说明。发薪的日子就要来临了，我们需要10万美元的小面额现钞，为了得到这笔钱，我们还在纽约多花了2.4万美元的佣金，然后将它们快速运回匹兹堡。借钱是不可能的，即便是通过最好的中介。但是通过出售我当时持有的一些债券，我很快就弄到了一大笔钱，但是公司许诺日后将之赎回。

当时，匹兹堡周围的铁路公司因为购买我们的材料，还欠我们一大笔款项。我记得去找福特·韦恩的副总裁邵先生，告诉他我们现在得拿到我们的那笔钱。他回答说：

"你应该要你的钱，可是这段日子里，我们能不付的就不付。"

"很好，"我说，"我们会学习你的好榜样，你的运费也在此列之中。我现在宣布，我们将不付给你们一个子儿。"

"好，如果你那样做的话，"他说，"我们将停止给你们运货。"

我说我们愿意冒这个险，铁路公司不可能这么走极端。事实上，我们好几次没有付给他们运费。很简单，当他们的客户停止付账的时候，匹兹堡的制造商自然也不能支付银行的贷款。因此，银行不得不将到期的债务作续借处理。如他们一贯的那样，银行对我们不错，这使得我们安稳地度过了危险期。但是在那段紧张的时期中，我想得最多的就是尽可能多地获取资金，控制在我们的企业内部，这样，不管出现了什么样的情况，我们都可以免受煎熬。

在这场大危机开始的时候，我是几个合伙人中最为紧张不安的。我几乎不能自持，终于，我们的金融地位得到了巩固，我的心里才开始平静下来。如果有必要，我已经做好了去各个银行董事会的准备，将我们公司的状况毫无保留地透露给与我们有业务联系的银行。我觉得这样做并不会给我们丢脸。在我们公司中，没有人过着挥霍无度的奢侈生活。与此相反，我们的生活方式相当节俭。没有人将钱从公司的业务中撤出以建造昂贵的住房，总之，我们之中没有人参与股票的投机交易，或者投资于与我们的主业务无关的企业，我们也不与别人互签背书。除此之外，我们展示出来的是一个欣欣向荣的企业，每年都在盈利。

我可以微笑着消除伙伴们的恐惧，但是没有人比我更加乐于谈起我们公司的财政状况。克鲁曼先生，我真诚的朋友，他总是有很多的方法和极好的信誉，也从未拒绝主动给我们他的保证。为此，我们孤独地站在一起，威廉·克鲁曼的名字，对我们来说是力量之塔。在我写下这些文字的时候，这位伟大的老人怎么样了呢？他的爱国心永无止境。在国庆节的时候，他们总是停产庆祝。有一年的7月4日去他的工厂参观，工厂停止生产了，但他发现有些人正在修理锅炉。他把经理叫过来询问原因，接着，他命令所有的工作都要停止。

"在国庆日工作吗？"他大叫道，"我们不是有很多星期天可以拿来维修？"他显然很生气。

当1873年的风暴袭来时，我们立刻开始在所有的商业领域收帆减速。虽然极不情愿，我们还是决定暂停新钢厂的建设。而有几位已经入股的投资者，也拿不出购买股票的钱了。我只好将他们的股份买过来，就这样，钢厂的控股权到了我的手里。

这场风暴首先影响到的是金融界和股票市场，没过多久，又波及到商业和制造业。随着经济形势的不断变坏，最终引发了德克萨斯太平洋公司的倒闭。对我来说，这是一个沉重的打击。我和德克萨斯铁路公司的人们有着亲密的关系，人们很难相信我没有卷入他们的债务危机。

司各特先生和汤姆逊先生受窘的消息传到匹兹堡汇兑银行总裁斯考恩伯格先生那里时，他正在纽约。他急忙赶回匹兹堡，并在第二天召开董事会，指出这不可能不牵涉到我。他建议银行拒付我们的汇票，他惊恐地发现我们在折扣之下的合同数目庞大。为了不出现严重的麻烦，我立即采取了行动。我坐上了去匹兹堡的第一班火车，在那里公然宣布，虽然我是德克萨斯太平洋铁路公司的股东，但我已经付清了购买股份的所有款项，我与他们的债务没有丝毫的瓜葛。我只对我们自己的业务担有责任。我已经做好准备将我所拥有的每一美元都拿来偿还我的贷款，对公司的任何债务我都不会赖账。

一直到这时，商界都认为我是一个大胆无畏，甚至是一个不计后果的年轻人。我的业务范围广泛，公司发展很快，虽然还很年轻，我已经运作数百万美元的资本。匹兹堡的老一辈认为，我的事业将会比现在的情况更加辉煌灿烂。有一位资深人士曾经说："即便卡内基的大脑不能帮助他铺平道路，他的运气也会帮助他。"但是我想没有什么比事实更能说明问题。我肯定，任何评价都会为这样的事实感到惊讶：我极少为自己和伙伴冒险。当我有什么大的动作时，总有一些大公司在后面支持我，比如宾夕法尼亚铁路公司。我身上有苏格兰人特有的审慎，但是很显然，我也敢于铤而走险。因此我才可以成为匹兹堡钢铁制造业之父。他们老了，而我还年轻，这就是区别。

匹兹堡的金融机构对于我们公司的担心很快就转变为莫名其妙地充满信心。我们的信誉是无懈可击的。因此，即使在金融危机时期，主动要求借钱给我们的银行还在不断地增加，就好比那家历史悠久的银行，当其他银行的存款日益下降时，它的存款却比任何时候都多。它是美国唯一一家用黄金作为流通手段的银行，它鄙视用美钞作为还债手段的办法。它没有太多的海报传单之类，但我想它的这一决定本身便是一个很好的广告。

除了我们的朋友司各特先生和汤姆逊先生陷入困窘，我们还面临着另外一个严重的挑战，我的合伙人之一安德鲁·克鲁曼先生被诱导入股卡那巴制铁公司。他们向他保证，他们要将这家公司改造成股份制企业。但在此实现之前，他的同事们已经成功地背负起了巨额债务——大概是70万美元。克鲁曼先生除了选择破产之外，别无办法。

没有什么比这更令我们震惊的了，因为克鲁曼先生作为合伙人之一，在不通知其他合伙人的情况下，他无权投资另一家公司，或者被卷入个人债务。在商界摸爬滚打的人有一条强制性的规则——合伙人之间没有秘密。忽视了这条纪律，不光把克鲁曼先生，而且还把我们公司卷入了危机。不久之前，与我们关系密切的德克萨斯太平洋铁路公司便陷入了困境。一时间，我心存疑惑，是否真有可信的东西存在？哪里有我们可以依靠的根基？

如果克鲁曼先生是一个商人，那么此事之后，他再也不可能成为我们的合伙人。然而，他并不是一个商人，而是一个出色的机械师，只不过略有商业才能。出事以前，克鲁曼先生的志向不是在工厂与机器为伍，尽管在那里没有人可以与之一争高下，而是在办公室里，尽管他在那里弄得一团糟。我们想给他找到一个合适的位置，但是很困难，也许这使得他到其他地方另寻出路。也许他受到了这个社区中一些知名人士的奉承，于是，那些懂得如何接近他的人——除了高赞他在机械上的天赋以外赞美他的商业才能——在这种情况下便开始牵着他的鼻子走。商业才干本是属于他的合伙人的，但是他却没有认识到这一点。

在克鲁曼先生通过法庭的审查，重获自由之后，我们提出以原始成本价转让 10% 的股份给他，而这笔钱可以用它的红利来进行支付。当然也有条件，就是他不能再参与任何商业活动，必须把所有的时间和精力都用在机器上。如果他当时能听从劝告，接受这些，他早就有数百万的身价了。但是，他的自尊，他的傲气，不允许他这样做。他要靠自己在商海中闯出一片天地来。尽管我和朋友一再恳请，他依然坚持自己的决定，要开办一个新公司来与我们竞争。结果，他未能获得成功，并且过早地逝世了。

我们往往不知道自己最适合做什么才能得心应手，而且充满了乐趣。这是多么愚蠢啊！我所认识的这样能干的人不止一个，他们将自己困在办公室里，尽管自己有机械方面的极高天赋。他们的生活就是不断地经受痛苦，最终的结果还是失败。与克鲁曼先生分手是我莫大的憾事，他有一颗善良的心，一个擅长机械的头脑，倘若他不是那样的意气用事，我相信他会很高兴和我们在一起。其他人提供的资金——在需要的时候却未能得到——使他调转了头，这个伟大的机械师很快就成了一个可怜的人。

第十四章

卡内基

合伙人、书和旅行

在克鲁曼先生离开公司之后，我们没有任何犹豫就让威廉·伯恩特莱格负责管理工厂。每次提起威廉的工作，我的心情都特别愉悦。他是从德国直接过来的小伙子，还不会说英语。因为他是克鲁曼先生的远房亲戚，所以我们雇佣了他。开始的时候，他并不怎么出色。他很快学会了英语，成为我们的业务员，每个礼拜有6美元工资。他原来并不具备什么机械知识，但是，凭着他坚持不懈的热情和勤奋，他很快熟悉并参与厂里的所有业务，在任何地方都能看见他的身影。

威廉是个很有意思的人，他总改不掉德国人说话的习惯，语序颠倒的英语总能给人留下深刻的印象。在他的监督下，联合铁厂成了我们所有业务中赢利最多的一块。连续好几年，他都过度操劳。我们决定给他放放假，让他到欧洲去旅游一番。他先取道华盛顿来了纽约。在纽约的时候，他来找了我，说与重返德国相比，他更迫切地希望回到匹兹堡去。在华盛顿纪念碑的楼梯上，在其他公共建筑中，看到我们生产的横梁，他这样说：

"我觉得是那么自豪，我要马上回去，看看厂里的一切是否正常。"

威廉总是天不亮就到厂里，满天星斗时才离开。那里就是他的家，他的生活就在那里。我们第一次要吸收几名年轻人成为我们的股东，其中就有他。我记得，这个贫穷的德国小子，在去世的时候，已经每年能赚到5万美元。无疑，每一分钱都是他应得的。他身上有很多的故事。在一次董事会的年终宴会上，每个人轮流发言。威廉这样总结他的演讲：

"先生们，我们必须做的是提高价格、降低成本，每个人都应该站在他自己的底座上。"他的话引起了经久不息的大笑。

埃文斯上校曾有一段时期出任政府派驻我厂的检察员。他是个很严格的人，威廉找了不少麻烦，埃文斯抱怨不断，他们之间终于有了冲突。我们尽量想让威廉明白与政府官员搞好关系的重要性。威廉回答说：

"但是他无所顾忌地走进我的房间，拿我的雪茄抽（上校也真是，威廉抽的是那种一分钱一支的劣质雪茄），而且还总是对我们的铁厂挑三拣四，你对这种人怎么看？不过，明天我会向他道歉。"

我们向上校保证威廉将会向他赔礼，此后他笑着跟我们讲起威廉是怎样向他道歉的：

第十四章　合伙人、书和旅行

"上校，我希望你早上没有生气，我并无恶意。"然后，伸出他的手，上校愣了愣，还是握了手，两人尽释前嫌。

威廉曾把我们没法用的旧铁轨卖给了我们的邻居，匹兹堡钢材生产的先驱——詹姆士·帕克。帕克先生发现这批货质量很差，就向我们要求赔偿，我们让威廉和菲利普斯先生一起去找帕克先生，处理好这件事情。菲利普斯先生走进帕克先生办公室的时候，威廉正在工厂四处寻找那批受到责难的材料，可他怎么也找不到。这下威廉知道该怎么办了，他最后走进了办公室，帕克先生还未置一词，他就说了：

"帕克先生，我很高兴听到卖给你的那批旧铁轨不适于炼钢，我打算把所有的再重新买回去，给你每吨5美元的价钱。"威廉知道得很清楚，他们早就把那批材料给用光了。帕克先生感到十分为难，这件事情就这么了结了，威廉取得了胜利。

在他从德国回来之后，有一次我去匹兹堡，威廉跟我说他有些"特别"的事情要告诉我，这些事情不能告诉其他的任何人。他在德国时，曾花了几天时间去拜访一个教授，他以前的一个同学。

"卡内基先生，他的妹妹对我非常好。我到了汉堡后，就寄了一件小礼物给她。她给我写了封信，我也给她回了封信，她再写，我又回，然后我问她愿不愿意嫁给我。她是个循规蹈矩的姑娘，但是她写信来说愿意。然后我让她到纽约来，我去那里接她。但是，卡内基先生，他们并不知道工厂里的情况，他哥哥写信给我，说他们想让我再回去一次，在德国与她完婚。可是我不能再离开工厂了，想问问你怎么办。"

"你当然可以再去一次。当然了，威廉，你应该去。这样她的亲人会感到很高兴的。你马上去，然后把她带回家来。我会安排好一切的。"在他离开的时候，我说："威廉，我想你的爱人一定高挑漂亮，是个讨人喜欢的德国姑娘。"

"哦，卡内基先生，她稍微有点胖。如果推着她滚动，我只能让她转一周。"威廉所有的比喻都与工厂的工作有关。（今天上午，1912年6月，当我再一次看到这一段时，我情不自禁地笑了起来。当我读到他说的那段，"每个人都应该站在他自己的底座上"时，我也忍不住哈哈大笑。）

菲利普斯先生原来担任铁厂商务处的主管，后来我们公司的规模扩大，钢厂需要他，就提拔了另一个年轻人威廉·艾伯特接替他的位置。艾伯特先生的履历与伯恩特莱格有某些相似之处。一开始他只是个拿微薄薪水的小职员，但很快就被委以重任，负责铁厂的营销业务。他与威廉一样成功，也被吸收进了董事会，享受的股份也与威廉一样。他后来被提升为公司总裁。

柯里先生在这段时期因为管理露西高炉表现出色，为我们器重，后来也成为我们的合伙人之一，和其他人享有相同的股份。商业要获得成功，除了将做出杰出贡献的员工提拔到合适的位置上之外，别无他途。最终，卡内基和麦克坎德里斯公司并入了埃德加·汤姆逊钢铁公司。一开始，我弟弟和菲利普斯先生拒绝将他们发展得很成熟的企业并入钢铁公司，不过，我把第一年的盈利给他们看，告诉他们如果不加入钢铁公司，那他们就是上错了船。他们在重新考虑过之后，接受了我的建议。对他们和我来说，这都是一件幸运的事情。

我的经验告诉我，合伙人来自不同的行业，杂乱地聚集在一起，这是不可能建立好一个成功的企业的。改革和变化是必须的。我们的埃德加·汤姆逊钢铁公司也不例外。在我们还没有开始生产钢轨的时候，我们聘用了一个铁路审计员来做审计工作，他以有才干、有办法著称。但是，克鲁曼先生对他很不满意，所以，我不得不买断了克鲁曼先生的股票。此后不久，我们便发现克鲁曼先生的判断是正确的。这个审计员确实对账目很有一套，但是，要想期望他或者任何其他办公室人员，能走进制造工厂并且一开始就做出成绩来，就显得不太实际了。他没有与新工作相关的任何知识，也没受过这方面的培训。这并不是说他不是一个好的审计师，只是我们对他的期望过高了，这是我们的失误。

最后，工厂终于要开工了[1]，审计员将一份组织计划提交给我审批。我发现他将工厂分为两部分，其中一部分交由琼斯先生控制，而另外一部分由斯蒂芬森控制，斯蒂芬森先生是一个苏格兰人，他后来成为一个非常优秀的制造业厂主。我没有批准这一方案，因为我相信，我们这一决定将对钢厂的成功起到

---

[1] 1874年，钢轨公司准备就绪，并且开始生产钢轨。

举足轻重的影响。在同一个工厂里，两个人拥有同样的权力，是不可想象的。有两个人同时发号施令的工厂，即便他们是在不同的部门，这和一个军队中有两个司令，一艘船上有两个船长一样，都将造成灾难性的后果。

"这行不通，我既不认识史蒂芬森，也不认识琼斯，但是只有一个人能当船长，也只有他直接向你负责。"

最后，我们决定让琼斯先生当"船长"，日后，凡是知道贝西默钢厂的地方，他都名声大噪。

"船长"那时候还十分年轻，瘦瘦弱弱的，但显得很活泼，精力充沛。从他的身材上，我们可以看出他的威尔士血统——因为他很矮。他从附近的约翰斯顿工厂来到我们这儿，当了一名每天报酬2美元的机修工。很快我们就发现他是个可造之材，他的行为便足以证明。在内战中自愿入伍，因为表现出色，被提拔为连长，他所带的连作战勇猛，不知退缩。埃德加·汤姆逊公司的成功在很大程度上得归功于他。

接下来的岁月中，他拒绝接受我们提供给他的公司股份，这些股份足以让他成为千万富翁。有一天，我告诉他，一些年轻人因为拥有公司的股份，他们赚得的收入比他要高得多。我们已经投票表决过，想要吸纳他为董事会成员，这无须承担任何金融义务。因为按我们的惯例，他购买股票所需要支付的钱，我们将在日后从红利中扣除。

"不，"他说，"我不愿意老是想着公司的运营状况，想着是否盈利。照看工厂已经够我忙的了。如果你认为这是我该得的，那就给我一份高薪吧。"

"好，船长，我们将按美国总统的薪水标准付给你酬劳。"

"一言为定。"这个威尔士小伙子[1]说。

一开始，我们钢材制造业的对手根本不把我们放在眼里。根据他们自己在

---

[1] 另一个故事是这样的，卡内基先生找了一个更加年轻的合伙人，有一天他要人找来年轻的苏格兰人，亚历山大·皮科克，突然问他："皮科克，如果能使你成为一个百万富翁，你愿意付出什么？"

"一笔慷慨的现金，先生。"这是他的回答。他成了一个合伙人，当卡内基钢铁公司并入美国钢铁公司的时候，享有2%的股份。

开始生产钢材时遇到的困难,他们认为再过一年我们也不可能生产出钢轨。因此,他们拒绝把我们当作对手。我们开始的时候,钢轨的价格是每吨7美元。我们向全国的代理商征求订单,给他们最好的价格。在我们的对手知道这一情况之前,我们已经接了不少订单,这足以使我们有一个很好的开始了。

因为如此完美的机器、绝妙的计划、琼斯船长选出来的工人技术娴熟,再加上他自己是一个极好的管理者,我们的成功是极为明显的。第一个月我们就盈利1.1万美元,这是创纪录的。我们的会计体系也如此值得称道,它帮助我们算出了盈利的确切数目。从我们铁厂的经验中,我们了解到一个确切的账目制度意味着什么。在生产过程中,原料从一个部门转移到另一个部门,都有员工进行核对,没有比这种做法更能提高利润的了。

良好的开端预示着光明的前景,我开始考虑去休假了。一直渴望的环球旅行也终于可以实现了。我和范德沃特先生(范迪)于1879年秋天出发。我随身带了几个笔记本,每天用铅笔记下一些东西,从没想过要把它们编成书出版。但是我想,也许我可以把它们复印几份,在私人的圈子中传阅。一个人头一次看见自己的言论变成铅字,印成了书,其感觉绝对美妙无比。当那一大包书从印刷厂送到我手中时,我又重读了一遍,看它是否值得我作为礼物送给朋友们。后来,我得出了结论:总的来说,我最好把它们赠送给别人阅读,然后静静地等待着他们的评论。

作为一本专门为朋友设计的书的作者,当然无需担心听到什么刻薄的反响,但我仍摆脱不了患得患失的心情,还是盼着能得到赞扬。朋友们的反应超出了我的预期,他们确实很喜欢这本书,至少有部分评价是发自他们内心的,这让我感到非常满意。每位作者都倾向于相信甜美的言辞。费城的大银行家,安东尼·德雷塞尔来信抱怨说,我剥夺了他几个小时的睡眠时间。一开始读便不忍放下,直到凌晨两点,满身疲惫的时候,才把它读完。这样的信我收到了好几封。我记得中央太平洋铁路公司的亨廷顿先生,有天早上见到我时说,他要好好地夸我一番。

"为什么呢?"我问。

"哦,我把你的书从头至尾,一字不漏地读完了。"

第十四章 合伙人、书和旅行

"嗨，"我说，"这并没有什么啊，我其他的朋友也都是那样。"

"是的，但是也许你的朋友没有一个是像我这样的。除了我的账本之外，这几年我没有读过一本书。一开始，我也并不想读你的书，但当我一拿起，我就放不下了。5年了，能让我从头看到尾的只有我的账本。"

对于朋友们的话，我不敢全信。但是，有些书从我的朋友们手中流传出去，也得到了其他人的喜爱，这使我着实陶陶然地过了好几个月。我相信他们的话并非恭维。越来越多的人向我索书，因此，我不得不又加印了几次。报纸上也发表了相关的评论文章和精选摘要。于是，便有出版商要求将它出版，以满足市场需求，就这样，《环游世界》公开出版，而我，最终也成为了一名作家。

这次环球旅行给我开启了一条新的地平线，也很快地改变了我的思维观点。当时正是斯宾塞和达尔文的学说达到顶峰，广为流行的时候。对他们的作品，我有着极大的兴趣。我开始从进化论的角度来看待人类生活中的不同阶段。在中国，我阅读孔子；在印度，佛家和印度教的经典也被列入我的书目；在孟买，我向帕西人学习了解拜火教；这次旅行的收获之一是让我得到了某种精神上的宁静。以前那儿一片混乱，而现在却秩序井然了。我的头脑得到了休息。最后，我明白了一个人生真谛，基督有云，"天国就在你心中"，这句话对我有了全新的解释。并非未来，也不是过去，只有现在才是我们的天堂。此刻这个世界上的所有责任，都需要我们富有耐心的努力，一旦僭越，便只会得到毫无结果的虚无。

那些伴我长大的宗教理论，斯维登伯格教派留给我的所有印象现在都不再对我产生影响，再也不能左右我的思维了。我发现没有一个民族的信仰是真理，尽管这种信仰被视为神灵的启示。也没有一个民族会那么愚昧落后，信仰中尽是谬误。每一个民族都有其伟大的导师，佛陀是一个，孔子是一个，琐罗亚斯德是一个，基督是一个。我发现所有的这些导师在伦理学上的教义都极为相似。所以，我打算引用《马太福音》中的话，我总是很骄傲地拿它来称颂朋友：

　　孩子们，那不可见的神力，是谁的眼睛
　　永远陪伴着人类
　　轻蔑地看着没有宗教的地方

这个人已然找到
不能说出他的意志有多么柔弱？
不能像雨水一样滋润干渴的心田？
他也没有哭到双眼凹陷，这个连自己都为之厌烦的人
你定将重生。

埃德文·阿诺德的《亚洲之光》就在这个时候出版了，这部诗集给了我极大的快乐。我刚去过印度，诗集则让我重温了那里的一切。我对此书的欣赏传到了作者的耳朵里，后来，我们在伦敦相识。他把这部诗集的原手稿送给我作为礼物，这是我最宝贵的珍藏之一。即便要做出极大的牺牲，一个人如果可以环游世界的话，那他也应该这么做。与周游世界相比，其他形式的旅行就显得不彻底、不完整，只能给我们留下一种局部的、模糊的印象。当你的环球旅行结束时，在归来的途中，你会觉得你看到了所有能看到的东西（当然只是泛泛而言），在这个对称的整体的某一部分中，你会看到，人类都在与命运进行抗争，最终都走向一个特定的结局。

一位环球旅行者，如果对东方经典进行研究，将会有很大的收获。他会得出这样一个结论，每个国家的人都认为他们自己的宗教是最好的，他们的家园是最棒的，所谓"金窝银窝不如自己家的草窝"。

在《环游世界》一书中有两段描写也许能说明这一点，不妨援引一下：

在新加坡附近，我看到人们正忙着干活，孩子们光着身子，四处跑动，他们的父母穿着平常的松垮的旧衣服。我们吸引了他们的注意。我们让导游去跟他们说，我们来自另外的一个国家，这个季节里池塘的水会结冰（我们面前有一个池塘），我们可以直接从冰上走过，有时候冰结得非常厚，马甚至马车都可以从宽阔的河面上经过。他们感到好奇，并问我们为什么不过来和他们一起住。看起来，他们真的十分快乐。

还有：

我们还去看了拉普兰人的驯鹿。一个水手充当我们的向导。在回去的路上，我跟他走在一起。我看见就在峡湾的对面，散布着几间棚屋，却有一座两层小

楼正在修建中。

"那座房子是干什么用的？"我问。

"那是一个在特罗姆瑟出生而后在外面发了大财的人盖的。他现在回来了，要住在这里，他非常有钱。"

"你告诉我你曾到过全世界，你去过伦敦、纽约、加尔各答、墨尔本，还有其他地方。如果你像那个人一样发了财，你想在哪儿安家呢？"

"啊，没有比特罗姆瑟更好的地方了。"他说。

那是在北极圈，那里一年有6个月的漫漫长夜，然而特罗姆瑟是他出生的地方。家，温暖甜蜜的家啊。

在自然生活和自然法则的状况下，有些东西看起来不完美、非正义，甚至是残忍的。但是，我们也因许多的美丽和甜蜜而感到振颤。不管家在哪里，对它的那种深深的爱无疑就是这多种美好中的一个。我很高兴地发现，这种情感并非局限于某一个种族或者民族之中，在现今的发展阶段上，几乎各个种族里都存在着这种对家的深深的眷恋。这种未知的力量存在于世界上任何一个民族之中。

第十五章

卡内基

马车旅行和结婚

有一天令我毕生难忘，1877年7月12日，我的故乡（丹佛姆林）授予我荣誉市民的称号，在此之前，我从来没有接受过此类称号，这对我是一个莫大的荣誉，令我激动万分。自沃尔特·司各特先生当选英国的议员之后，在我之前，只有两个人获此殊荣。我的父母常跟我讲一些有关沃尔特先生的事情，有一天，他们还看见他在描绘丹佛姆林教堂的草图。作为答谢，我要做一次演讲，对此我非常重视。我告诉我的舅舅贝利·莫里森我要说些什么，都是我的心里话。他是一个很好的演讲家，用充满智慧的话语告诉我说：

"安德鲁，就那样说，想说什么就说什么，没什么比这更好的了。"

对我来说，这是一堂很好的公共演说课，我用心学习。对年轻的演讲者，我有一条建议。当你站在观众前面，只要想着，他们也是普通人。在向他们作演讲的时候，你只需要像人们日常生活中的交谈那样就可以了，没有什么区别。除非你想特意地改变自己，伪装自己。不要有任何的难堪，就当作是在董事会上和自己人说话，你只需要做你自己，很自然地去做。如果你想尽量变成其他的某个人，那么你会感到胆怯，没有底气。英格索尔上校是一个极富感染力的演说家，有一次我问他，演讲的感染力是从哪儿来的？"不要祈求左右逢源，摇摆不定，"他说，"你需要做你自己。"

1881年7月27日，我在丹佛姆林又作了一次演讲，那天我的母亲来为我捐建的图书馆奠基。当年丹佛姆林有5个织布工人将他们的书收拢起来，成立了第一个公共图书馆，向他们的邻居开放，我父亲是其中的一个。丹佛姆林把我捐献的建筑命名为"卡内基图书馆"。设计师来跟我要我的"遁形徽章"。我告诉他我没有，但是我向他建议可以在门上刻一轮散发着金光的太阳，加上一句格言——"让阳光普照"，他采纳了。

我组织了一个马车队去丹佛姆林。在1867年和乔治·劳德、亨利·菲利普斯一同穿越英格兰的时候，我便产生了一个想法：与我的至交好友，组成一个车队，从布莱顿一直到因弗内斯。这个时刻终于到来了，在1881年春天，我们一行11人，乘船从纽约出发，这是我一生中最为快乐的一次出游。给自己放个假，从繁忙的商务中摆脱出来，让我保持住年轻和高兴的心情，这胜过世界上所有的良药。

第十五章 马车旅行和结婚

在这次马车旅行中，我只是每天在我临出发前买的两便士一本的存款簿上草草地记上几笔。因为已经出版了《环游世界》这本书，我打算将此写成文章，向杂志投稿，或者，仅仅只是为伴我出游的朋友们写点东西。在一个寒风呼啸的冬日，我想，挨冻去3英里之外的纽约办公室有点不值，也没有必要。我决定呆在家里，那么我又怎样打发时间呢？我想起了我们的那次马车旅行，决定写上几行看看，也不知道能否继续下去。我文思泉涌，任思绪自由流淌，在天黑之前，我已经写出了三四千字。于是，在大风雪天气里，当我无须去办公室的时候，我便呆在家里做这项令人愉快的事情。这样有了二十多次之后，我完成了一本书的写作。我把稿子拿到斯克莱布诺出版社，让他们给我印刷几百本，我好拿去送人。和《环游世界》一样，我的这本书也让我的朋友们感到特别高兴。坎普林先生有一天告诉我，斯克莱布诺先生已经看过书稿，希望能由他的出版社（直属于皇室）出版发行。

一位虚荣的作者，听到有人说他的作品具有纪念的意义和价值，他将会很容易被打动，我答应了他的请求。（今年是1912年，30年过去了，我每年都能从中得到一小笔版税）。书出版后[1]，我收到了大量的读者来信，其中很多都非常热情，我的家人将它们保存下来，收集在一个剪贴簿上，而且还不时会有新的贴上去。很多残疾人很高兴地给我来信说，我的书为他们的生活带去了光明，这使我大为振奋。在英国，这本书也受到了热烈欢迎。我相信，这本书的最大优点在于我不刻意地去追求效果，以给人独特的印象。我是为朋友们写的，轻松地去干一件事，那一定能干好。写书的时候，我的感觉就和在旅游时一样。

1886年带给了我深深的忧伤。被人细心照料的，就像是一个快乐的小孩的生活结束了，我被孤零零地留在这个世界上。我的母亲和弟弟在11月相继去世，而当时我正患有严重的伤寒，卧床不起。也许这是我的幸运，在与死亡面对面的时候，我却不用去感受天塌一般的灾难感受。

我是第一个病倒的，当时，我从纽约回到我们住在阿尔勒格尼山顶的乡间

---

[1] 1882年由私人出版发行，标题是"从布莱顿到因弗内斯我们的马车旅行"，1883年由斯克莱布诺出版社出版公开发行，书名为《美国的四驾马车在大不列颠》。

别墅，在那里，我和母亲度过了好几个夏天。从纽约离开后的一两天，我就感觉到不舒服。我们请来医生，他将之诊断为伤寒。丹尼斯教授也从纽约过来，他确定了此一诊断。很快，我便请了内科医师和护士来为我服务。不久之后，我母亲病倒了，然后，有人告诉我们说弟弟在匹兹堡竟然也一病不起。

我绝望了，变得消沉。当时我整个的性情好像都变了，我沉缅于那些能让我兴奋的药物，以减少痛苦。母亲和弟弟一直向我隐瞒了他们严重的病情。在我被告知他们永远地离我而去时，很自然的，我只觉得我应该随他们而去。我们从没有分开过，为什么会变成现在这样？然而，这就是命运的安排。

我慢慢地恢复了，开始考虑未来的事情。这样，我才能找到一线希望和宽慰。我的思想总是向往充满希望的地方，我认识路易斯·惠特菲尔德小姐已有多年，她母亲允许她和我在一起，我们常去中央公园骑马，对这项运动，我们俩都很喜欢。我的名单上还有另外一个年轻女士，我有几匹好马，经常和某个女孩子在公园里或是绕着纽约骑马消遣。最后，那些女孩都显露出了平庸本色，惠特菲尔德小姐是我遇到的最完美的人，超过了其他的任何一个。最后，我不得不承认，在我交往的女生中，她最经受得住时间的考验，她一个人就包含了我所见过的所有人的优点。我要向年轻的小伙子们建议，在定下终身大事之前，要经过细致的考察。如果他们能够真诚地记住下面这些话，那么一切都会顺利：

> 为了各种不同的优点，
> 我的眼睛曾热切地关注很多的女孩。
> 我曾经喜欢过很多的女孩，但是不曾真心爱过一个，
> 她们的身上，总有缺点损害了高贵的美丽。
> 在她们的衬托下，
> 但是你，只有你啊
> 是如此的完美无双，是把每个女子最好的优点集合起来而造成的。"[1]

---

[1] 莎士比亚的《暴风雨》中斐迪南对米兰达说的话。

第十五章 马车旅行和结婚

对这每一个字,我的灵魂都会给出回应。今天,和她在一起20年之后,如果我能够想到更加美妙的、能表达出我感情的话语,我都会毫不犹豫地用在她身上。

我的事业虽然很成功,但对追求惠特菲尔德小姐却起不了什么作用,在她的身边还有很多其他更加年轻的追求者。我的财富和对将来的计划起到了副作用,她觉得她对我没有什么用,她的理想是找一位年轻的伙伴,双方对于彼此都互不可少,就像他的父亲和母亲。在她21岁的时候,她父亲就去世了,这样她就不得不担负起照顾整个家庭的责任。现在,她28岁,她对生活的观点已经成型。有一段时间,我们相处得很好,互相通信。但是,有一次,她退回了我的信,说她必须将那些接受我的想法抛到一边。

丹尼斯教授和夫人将我接到他们在纽约的家中,对我进行特别护理。在丹尼斯教授的亲自护理下,我渐渐地可以起来行走了。惠特菲尔德小姐来探望我,因为在我刚开始能写字的时候,我便给她写去了一封信。我看到,我现在需要她。我一个人被孤零零地丢在这个世界上,现在,她完全可以有"帮手"的感觉了,不管是从感情上还是理智上,她都可以接受我了。于是,1887年4月22日,我们在纽约结婚,随后去怀特岛度蜜月。

在看到野花的时候,她显得非常兴奋。她以前只在书上读到过三色堇、勿忘我、报春花和百里香等花名。而在此之前,这些普通的名字对她来说还仅仅只是名字而已。每一样东西都让她着迷,劳德姨父,还有我的一个表兄弟从苏格兰过来探访我们,他们在吉尔格拉斯顿为我们找了一处避暑的好地方,很快我们就去了那里。苏格兰使她着迷,令她倾倒,这无须质疑。她还在少女时代就读过关于苏格兰的书——司各特的小说,其中《苏格兰的长官们》是她最喜爱的译本。很快,她就比我更加热爱苏格兰了。所有这一切都让我最深切的梦想成为现实。

我们在丹佛姆林呆了几天,过得非常快活。我带她去我小时候常去的地方,乡亲们也争着把我儿时的种种趣事讲给她听。这一切使得她对她的丈夫有了更好的印象,也使得我和她的生活有了一个很好的开端。

在我们向北走的时候,路过爱丁堡,并被授予荣誉市民称号,罗斯伯里勋爵发表了讲话。我在当地最大的礼堂向工人们作了演讲，我和卡内基太太还收到了他们送的礼物——一枚胸针，她非常喜欢。她充分领略了风笛的魅力，看到了风笛手的风采，觉得我们家也应该有一个风笛手，可以在早晨用优美的笛声叫我们起床，傍晚时伴我们用餐。她是美国康涅狄格州的清教徒，性格直率而彻底。她说，如果我们要在一个孤岛上生活，而只能带一样乐器，她就选择风笛。我们很快就找到了一个风笛手，他是带着克鲁尼·麦克弗森的介绍信来应聘的。我们聘请了他，因此，当我们走进吉尔格拉斯顿的房子时，就可以有风笛声伴着我们了。

我们很喜欢吉尔格拉斯顿，尽管我的妻子希望在高地上有一套更加宽敞的房子。马修·阿诺德来拜访我们，还有布莱恩夫妇、参议员尤金·黑尔夫妇等人。卡内基夫人和我在丹佛姆林的亲戚们相处得很好，特别是和那些老一辈的人。她博得了每一个人的喜爱，对于她肯嫁给我，大家表示非常惊讶。但是我告诉他们，我也同样地感到吃惊。我们的结合是天定的。

当我们回纽约的时候，把风笛手、女管家和几个佣人也带了去。尼科尔太太到现在还跟我们在一起，经过20年忠心的服务，她已经成为我们家庭的一员。我们的男管家乔治·欧文，在一年之后来到了纽约，成为我们之中的一员。另外一个仆人梅格·安德森同样如此。他们都兢兢业业、品格高尚、无限忠诚。

第二年，我们买下了克鲁尼城堡，我们的风笛手向我们介绍那儿的所有情况。他在那儿出生，并且在那里长大成人。也许，我们作此选择也受了他的影响。

1897年3月30日，我们的女儿出生了。当我第一眼看见她的时候，我太太说："让她叫你母亲的名字，玛格丽特。现在我有一个请求。"

"是什么，路易？"

"既然我们有了这样一个小生命，我们就必须有一个自己的避暑之地。我们不能再这样租住一个地方了，因为这样总得在固定的日子搬进搬出。我们必须在自己的房子里避暑。"

"好的。"我答应了她的请求。

"我只有一个条件。"

"什么条件呢？"我问。

"那就是,它必须在苏格兰的高地上。"

"太好了,"我回答,"正合我意,你知道我怕阳光。在石楠花中,哪里才是最为合适的呢?我将找人咨询一下。"

后来的结果便是斯基伯城堡。

在我母亲和弟弟相继离我而去,将我孤单地抛在这世上之后,卡内基夫人进入并且改变我的生活,至今已有20个年头了。是她让我的生命充满了快乐。我不敢想象,没有了她的呵护,我的生活是什么样子。我想,在她经受住了法迪南德的考验时,我便认识了她。但是,那时我还只能从表面上看见和感觉到她的一些品质。她的纯洁、真诚、智慧,那时我还没有机会更深地去了解。在突变的紧急事件中、在后来的公共生活中、在和别人的所有关系上(包括我家这边和她家那边),她都表现得像一个外交官和和平的使者。她走到哪里,就给哪里带去和平和善良。在有限的几次突发事件中,当需要勇气的时候,她能够临危不乱,担当起英雄的角色。

在她的生活中,"和平的使者"与人无争,即便是跟她的同学,也没有发生过争吵。世界上凡是认识她的人,都不会产生抱怨她的理由。这并不是说她不追求最好,能够随遇而安——事实上,没有谁比她更加挑剔了——不过她向来对头衔、财富、社会地位都不屑一顾。她决不会有粗鲁的言行,品位很高,几近完美。而且,她从来都不会降低标准,她的知己密友也都是出色人物。她总是想着怎样善待周围的人们,在他们需要帮助的时候,为这个出主意,为那个想办法,她的安排和礼物总能给那些与她合作的人带来惊喜。

我无法想象,如果没有她,我是否能够走过这20年,我也不敢想,如果她先离我而去,我的生活将会是怎样。从自然规律来说,我不大可能遇到这样的情况。但是那种我可能先离她而去的想法又让我心痛,我怎么忍心将她孤单地留在这世上,她是多么需要一个男人为她来排忧解难,需要一个男人来保护她。不过,到那时候,在她的生活里,神赐给我们的女儿将会陪着她,照顾她。再说,玛格丽特需要她,甚于需要我。

为什么?为什么我们要被迫离开我们在这世上建立起来的天堂,去一个我们都不知道的地方!我可以对杰西卡说:

这是一件多么合宜的事情,
巴塞罗那勋爵过着高贵正直的生活;
得到爱妻的诚挚祝福,
在尘世间,他找到了天堂的快乐。

第十六章

卡内基

工厂和工人

在英国的时候，我学到了钢铁工业最为重要的一条经验，那就是拥有原材料的必要性。在埃德加·汤姆逊公司，因为解决了钢轨的问题，我们很快就朝下一步进展。由于我们在生铁的稳定供应上遇到了困难，我们不得不建立起高炉，自己生产。3座高炉建起来了，其中的一座是我们在从埃斯卡那巴公司买来的旧高炉的基础上翻新改造而成的。克鲁曼先生联系的这笔生意。像通常的情况一样，这座高炉给我们带来的成本花费并不比新建一座高炉要低，而且还没有那么好。没有什么比购入劣等设备更让我们闹心的了。

尽管这一次交易在刚刚开始的时候是一个错误，但是，后来它却给我们带来了很大的利润。因为我们正好需要一个小高炉来生产镜铁，后来又开始用它来生产锰铁。在全美，我们是第二个开始生产镜铁的企业，同时也是第一个，并且在好几年里是唯一的一个生产锰铁的企业。我们曾不得不依赖进口来保证这种必不可少的材料的供应，价格高达每吨80美元。主管高炉的经理——朱利安·肯尼迪先生，建议我们自己用那个小高炉来生产锰铁，因为矿石并不难找。这个想法值得一试，结果大获成功。我们的生产可以满足整个美国的需求，导致此种材料的价格大幅下跌，由每吨80美元降到50美元。

在对弗吉尼亚的矿藏进行检测的过程中，我们发现欧洲人一直在悄悄地购买这种矿石回去制造锰铁，而矿山老板们还以为他们是为了别的用途买的。我们的菲利普斯先生很快着手就购买这个矿进行洽谈。由于既缺乏资金，又没有技术，矿主们不能够对之进行有效的开发，同意转让。在付出了很高的价钱之后，我们（和以前矿主中的一个，年轻又能干的戴维斯先生）成为该矿的所有者。虽然还没来得及做一次彻底的调查，但已知矿石的储量就已经能补偿我们的成本了。所有这一切都是以很快的速度完成的，从发掘开始的时候，我们没有浪费一天时间，这依赖于合伙人合作创造的优越性。有些公司，总裁有什么决定必须召开董事会进行协商，作出最后决定往往在好几个礼拜之后，有时甚至在好几个月之后。等到那时，原本想购买的矿早已经成为别人的财产了。

我们还在继续发展我们的高炉厂，每新建一个，便是一个很大的提高，前进了一大步，直到我们认为已经达到标准的水平为止。毫无疑问，依然会有些许细微的改进，但是可以看到，我们现在已经有了一个完美的工厂，我们的生产能力是每月 5000 吨生铁。

我们增设了一个高炉部。紧接着迈出的一步对于我们的独立和成功具有实质性的意义。我们需要充足的固定数量的焦炭供应，焦炭对于生铁的冶炼是必不可少的，缺少这种原料的供应，我们就无法向前发展。对这一问题的一次彻底调查使我们得出结论：弗里克公司不仅生产最好的煤和焦炭，而且弗里克先生本人就是一个管理天才。他从一个小小的铁路公司职员起家并且获得了成功。在 1882 年，我们购入这家公司一半的股份，接下来，我们又从其他的持股人手里买入股份，最终成了最大的股东。

现在只剩下铁矿石的供应问题了，如果我们能解决这一问题，那么我们在钢铁产业的地位只有欧洲的两三家企业可堪匹敌。我们一度认为我们已经成功地在宾夕法尼亚发现了这链条上的最后一环。然而，事实上我们被误导了，我们在帝隆区进行的投资损失惨重。我们尝试着去开采这一地域的矿石，以备生产使用。这座矿的表面部分在大自然经年长期的作用下，杂质被冲走，因而纯度很高，看起来大有利用前途。但当我们向纵深挖掘的时候，才发现这是一个贫矿，无法利用。

我们在宾夕法尼亚的群山中租了一座高炉，并派化学家普鲁瑟先生去那儿分析化验那个地区的矿石，还鼓励当地人帮他收集矿石标本。可是，化学家要在他的实验室里取得当地人的帮助却困难重重，他们怀疑他与某种邪恶力量之间进行着非法的交流，因为他可以利用他那个长相可疑的仪器说出一块石头里有些什么成分。最终，我们只好从匹兹堡给他派了一个人过去。

有一天，他给我们送来一份报告，分析出有一种矿石几乎不含磷。这是一种非常适合于贝西默炼钢法的矿石。这一发现马上引起了我们的注意。这一财富的主人是摩西·汤普森，他是一个富裕的农场主，在宾夕法尼亚中心县经营着数千亩美丽的农场。这里，就是这种矿石的产地。我们立即动身去实地考察，约好在那里与他见面。我们发现这个铁矿曾经在五六十年前被开采过——用来炼铁，但在那时并没有获得很好的声誉。其原因毫无疑问是因为这儿的产品的纯度高于其他的矿石，因为不当的冶炼方法会在冶炼过程中带来麻烦。对我们来说，它的好处就是在过去不被其他人看好。

我们终于获许可以在 6 个月内随时接受这个铁矿。因此我们马上开始了勘查工作，这个环节是每一个购买者都必须认真做的工作。我们沿着翻越山坡的方向划线，每线中间的间隔为 50 码，横向划线则间隔 100 码。在这两线相交的地方，我们将一根长杆插入矿藏之中。我相信当时一共插入了 80 来根这样的杆子，在这样的每一个地点我们都进行矿物分析。我们要在付清 10 万美元之前，弄清楚它到底值不值这么多钱。结果当然是令人满意的。我的劳德表哥，也是我的合伙人，用他的才干使得我们在采掘和筛选上的成本降到了很低，也因此弥补了我们先前选矿的损失，甚至这样比起来，还会略有盈余。这样，因为有化学家作向导，我们取得了胜利，至少是扼住了失败的咽喉。很快就可以看到，我们决定自己开采原材料，在对它的追求上积极迈进。

我们有成功，也曾失败过，但是，商场的逃生门往往很窄小。一天，在匹兹堡，我和菲利普斯先生路过国家信托公司在佩恩街的办公室，我注意到在窗户上用大金字写着：是股东，就有责任。就在那天早晨，我在审阅公司报表时，看见在资产表上有几股"国家信托公司"的股份。我对亨利说：

"如果这是一家我们参股的公司，请在下午你返回公司之前将它卖掉好吗？"他说不用着急，应该等待好的时机再卖。

"不，亨利，帮帮忙，马上就去。"

他照做了，转让了股份。我们确实很幸运，因为此后不久，这家银行因为巨额赤字而破产。我的侄子，莫里斯先生，就是这荒废的股东之一。很多其他人也遭遇到了相同的命运。一时引起了恐慌，假设我们没有及时卖出那些股份，那么对这国家信托公司的债务，我们每个人都得负有责任，我们的信誉就不可避免地受到影响。真是九死一生，区区 20 股股份（价值 2000 美元），就差点让我们的名字也列在了受害的股东名单上。这一教训切不可丢。商场中有一条铁律：如果你有结余，你可以自由地把钱给别人，但是决不能让你的名字随随便便地出现在需要承担责任的地方。几千美元的微薄投资，仅仅只是微薄的数量，但是这微小之中却有致命的无穷能量。

在不久的将来，钢会取代铁的位置，这对我们已经是一个十分明显的事实。甚至在我们的吉斯通公司，钢取代铁的位置，开始使用得越来越广泛。铁王国的君主将很快被新的钢国王所废黜,我们也越来越依靠钢材了。在1886年,我们准备在埃德加·汤姆逊钢厂附近再新建一个钢厂,生产各种型号的钢材。就在这时,我们得到消息,有五六家匹兹堡的工业制造商在荷姆斯泰德修建了几座钢厂,现在他们想出卖给我们。

收购这些钢厂对我们来说极为有利,我感觉到,要和他们的所有者成功交涉,只有一个方法,那就是先与卡内基兄弟公司合并。我提出了一个公平的条件,他们投资多少钱,我们就给他们多少钱。在此基础上,协议很快就达成了。然而,我让他们选择是要现金还是股份。很幸运的是,除了乔治·辛格外,其他人都选择了现金。辛格先生后来告诉我,对于我们提出来的建议,他的合伙人有多么满意,甚至极为激动。本来他们很担心我会提出什么苛刻的条件,但是当我提出等价交换时,他们再也没什么说的了。

这一交易使得我们对所有的工厂进行了重组。为了经营荷姆斯泰德的钢厂,新的卡内基—菲利普斯公司得以在1886年组建。威尔森和沃克公司并入了卡内基—菲利普斯公司,沃克先生当选为董事长。我弟弟是卡内基公司的董事长。我们又建成了哈特曼钢厂,专门生产荷姆斯泰德钢厂不生产的某些型号的钢材。这样,我们形成了各种钢材的生产能力,从一个小小的线钉到20英寸直径的桥梁。这样我们不太可能涉足其他领域了。

在这里,我将很有兴致地提起我们公司在1888~1897年之中的发展情况。在1888年我们投资了2000万美元,在1897年我们的投资超过了这个数目的两倍——4000万美元。我们的钢铁产量在1888年是每天2000吨,后来产量增长到每天超过6000吨。我们的焦炭厂那时拥有5000个炼焦炉,它们后来在数量上增长到三倍之巨,焦炭的生产能力也从每天6000吨增加到18000吨。我们的弗里克焦炭公司在1897年拥有42000英亩煤田。也许可以这么说,在一个不断发展进步的国家,一个钢铁制造企业,如果停止了壮大实力的脚步,那就意味着它已经开始走下坡路了。

如果要炼出一吨钢,我们就必须开采出一吨半的铁矿石,而矿石必须先用铁路运送100英里,再装船从水路走上数百英里,再经过150英里的铁路运到匹兹堡。另外,还需要开采一吨半的煤,加工成焦炭,然后通过铁路从50多英里之外的地方运来。还要开采一吨石灰石，从150英里之外运来匹兹堡。我们怎么能够以每3磅2美分的价格出售我们的钢材，还不会亏损？这一点连我自己都难以置信，它似乎是奇迹，但事实的确如此。

　　美国很快由钢材最昂贵的国家转而成为钢材最为廉价的国家。就连贝尔法斯特的造船所也已经成为我们的客户，但这还只是个开始。在现今的情况下，美国生产的钢材可以与其他地方的一样便宜，尽管其劳动力成本要高很多。制造行业的劳动力是最贵的，倘若他们能够自由、自足，像租赁服务一样收获回报，那么在这里，美国做到了。

　　在世界市场上，美国拥有的最大优势是，它拥有最大最好的国内市场。只有依靠国内市场，才能获得资金收益，剩余产品的出口也会变得更为有利，即使是出口价格比成本还低也无所谓。拥有最好的国内市场的国家，尤其是那些产品已经定型的国家（我们就是如此），在销售上可以很快超过外国的生产商。我在英国曾用一个词对这个情况作了概括："盈余法则"。在商业讨论中，它很快就被广泛使用起来。

第十七章

卡内基 荷姆斯泰德罢工

在叙述我们企业的发展时，我得提一下1892年7月1日发生的我一生中最严重的一次劳资冲突，那时我并不在场，而在苏格兰高地。26年来，我一直积极地致力于协调我们和工人之间的关系，我们之间关系融洽，令人满意，这一直是我引以为傲的一件事情。有人指责我在罢工期间滞留国外，没有赶回来支持我的合伙人。对此，1904年1月30日，我最主要的合伙人菲利普斯先生给《纽约快报》写了一封信，以作回应。他说我总是对工人们让步，即便是不合理的要求，因此我的一两个合伙人不希望我回来[1]。抛开雇主和工人之间友好感情上得到的回报不说，仅从公司的经济结果上考虑，我相信，给工人们较高的工资，让他们快乐满足，对他们的雇主产生敬爱之情，这是一项很好的投资，让步其实就是利润。

贝西默平炉炼钢法的发明给钢铁制造业带来了解放。机器使用至今已经变得陈旧了，公司意识到这一点，在荷姆斯泰德投资了几百万美元用于工厂的翻新，并且扩建了工厂。新机器的使用使得我们的钢产量比过去增长了60%。280名计件工人（以生产一吨钢为单位计算报酬）曾与我们签订了3年的劳动合同，最后一年的部分时间，他们是使用新设备工作的。这样，到合同到期时，他们的收入就可以增长60%。

随后，工厂提出将他们这新增长的60%利润按一种新的方法进行分配，这也就是说，他们只多赚得30%，而另外的30%将被用来补偿公司更新设备的花费。因为改进过的机器的帮助，工人们的劳动强度并没有增加。这样事实上违反了公平和自由的原则，我们是太大方了，在普通的情况下，工人们肯定会心

---

[1] 菲利普斯先生的声明全文如下：

　　问：荷姆斯泰德发生罢工的时候，卡内基先生依然在苏格兰，一直没有回到美国，有人说，他这是一种胆怯的懦夫行径。

　　答：当卡内基先生听闻这里出了麻烦之后，他立刻给我们发来了电报，声言要乘头班船回美国，但合伙人请求他不要出现，因为他们认为，为了公司的利益着想，他此刻最好不要在美国，他们知道，卡内基总是会向工人们妥协，不管工人们的要求是否合理。

　　我从来没有听到哪个与公司利益切身相关的人对卡内基先生的缺席抱有怨言。反而，所有股东为他们可以用自己的方式来处理公司事务而欢喜雀跃。

怀感激地接受。但是那时候，我们正在为美国政府生产装甲，时间很紧急，而同时，我们还与芝加哥博览会签订了合同，为他们生产建筑用材。工人中的几个首领得知了这一情况，坚持要拿整个的60%，估计公司将不得不给他们。工厂当然不会同意，而且对于此种要挟——就像被人掐住了喉咙，"要钱还是要命？"——公司也不应该答应。这次的拒绝非常正确，如果我当时在家，也绝对不会向这种不公平的敲诈行径作出任何让步。

直到这时，公司的做法都很正确。当与工人们之间出现分歧的时候，我一贯采取的政策是，"耐心地等待，向他们说理，给他们解释他们的要求是何等的不公正"。但决不会雇用新人来顶替他们，决不。然而，荷姆斯泰德的工厂主管却受到了3000名没有卷入这场纠纷的工人的影响。这些工人向他保证，他们能让工厂正常运转，他们急于和那280名工人划清界限。那280人组成了一个工会，只有"加热工"和"轧钢工"可以加入。

这名主管被自己误导了，而他接着还继续误导着我的合伙人。他刚从基层岗位上提拔上来，对此类事情没什么经验。少数结成联盟的工人们的不合理要求，还有那3000名未能加入工会的工人们的意见（事实上他们也是非正义的一群）很快左右了他的思想，他觉得工人们将会遵守他们的诺言，危机很快就可以解除。那3000名工人中有很多人也希望能够取代闹事的280人的位置——至少他们是这样报告给我的。事后看来，当初决不应该恢复开工。公司唯一能做的就是对工人们说："现在这里发生了劳资冲突，你们应该在你们之间解决好。公司的报酬已经很慷慨了，公司只有在纠纷得到调整之后才恢复开工，在此之前，你们的岗位将一直被保留着。"或者，如果主管对那3000名工人这样说会更好一些："很好，如果你们不需要保护，那你们就来吧。"这样，就把保护他们的责任推到了他们自己身上——3000人对抗280人。然而，事实上并没有这样做，州政府为了以防万一，派出治安官员和警卫来保护那3000人。而带头罢工的工人极具攻击性，他们有枪，他们能够威胁和恐吓那3000人。

在这里，我引用一下我曾经当作规则写下的东西，"我的观点是，应该让他们知道公司决心让所有的工人都停止工作，与他们自由协商，耐心地等待他们重返工作岗位，而不要考虑用新人——决不能这样。"最好的工人不可能在大街上闲逛而没有工作，一般来说，只有没本事的人才会无所事事。一个有价值的工人，我们一般不会让他失业。在一个现代化的钢铁企业里，要新人成功地操作复杂的机器是一件不可能的事情。公司雇佣新人的企图使3000名想要工作的老工人改变了立场，不再是我们的支持者，难道我们能为此指责他们吗？

如果我当时在家，我有可能被说服，重新开工，试验一下我们的老工人们能否像他们承诺的那样去工作。这也是我们主观希望的。但是，我的合伙人第一次开工不是为了要用新人，相反，也是应几千名我们老工人的要求。这点很重要，对于主管的这一可行性建议，我的股东们没有理由不采纳，他们无需为此而受到责备。我们的原则是不采用新人，但是让老工人回来干活，并没有违背这一原则。罢工的工人后来袭击了州政府的办公室，此后工厂又重新开工。稍作回顾，我们可以得出结论，"如果工厂一直停工，让工人们自己协商妥当后再说，该有多好。"但是拥有8000军队的宾夕法尼亚州政府很快采取行动控制了局势。

纠纷发生时，我正在苏格兰高地旅游，直到两天之后才得到消息。在此之前及之后，我的生活中从来没有那件事情如此严重地刺痛了我。我的事业在荷姆斯泰德所受到的伤害不再给我伤痛，当然，这也没有必要。工人们极度蛮横无理，那是他们的错误。使用了新机器，按照新的计酬方法（多得30%报酬）罢工者每天可以获得4~9美元工资。当我在苏格兰的时候，我收到了工会办公室给我发来的电报：

"亲爱的总裁先生，告诉我们，你希望我们做些什么，而我们也将遵照你的指示去办。"

这让我很感动，可是啊，这都太晚了。错误已经铸成，政府控制了工厂，已经太晚了。

在国外的时候，与我有交情的很多朋友想象到了我的烦恼，他们给我写来很多友善的短信。格莱斯顿先生写来的这封是最让我感激的。

我亲爱的卡内基先生：

我的妻子在很早之前就告诉过你我们的感激，因为你曾致以我们最美丽的祝福。但是，我们不会忘记你正万分焦急，你高贵的努力指引着富人们不要像他们往常一样行事,而是采用一种更加文明的方式,而你却因此而遭受着指责。我真希望能够帮助你从记者们的指责中解脱出来,因为他们往往都过于轻率、自以为是、刻薄挑剔且心怀恶意。我希望能够为你尽微薄之力,没有人会比我更加肯定,尽管你身在大洋彼岸,但你对这次不幸会有十分敏捷的反应。

财富就像是一头猛兽,时刻威胁着,并且准备吞噬人类的道德生活。通过规则和榜样的作用,你叫他重新吐出,我为此而感谢你。

请相信我!

你最为忠实的

W.E. 格莱斯顿

当然,普通大众不会知道我在苏格兰,并且对事情发生时的情况一无所知。工人在卡内基工厂里被杀害,这足以使我的名字在好几年里被人挂在嘴边。不过还是有些事让我满意。参议员汉纳是全国市民联合会的主席,这个机构是由资本家和工人代表组成的,在雇主和雇员之间发挥了良性的作用。奥斯卡·斯特劳斯当时是副主席,他邀请我去他家吃饭,同时见一见联合会其他官员。在具体时间定下来之前,我的一生的朋友马克·汉纳(这一机构的主席,前驻克利夫兰代理)突然去世了。我参加了斯特劳斯先生的晚宴,当晚餐结束时,斯特劳斯先生站起来说,他们已经考虑了汉纳先生的继任人选,所有的劳工组织都赞成由我出任这一职务。当时有几个工人代表也在场,他们一个个站起来,表示支持斯特劳斯的主张。

我记得当时有多么惊讶,我得承认,对他们我又是那么地感激。我感觉到工人们对我的一片真诚和同情,我工厂里的工人也是如此。但是,在全国大众的眼里,这完全相反。由于荷姆斯泰德暴乱,卡内基工厂已经成为工人正当收入被剥夺的象征。

在斯特劳斯家的宴会上,我起身解释说,我不能接受这一巨大的荣誉,因为我必须避开夏天的炎热,而作为主席,则必须在每个季节都时刻准备着应付突发事件。当时我极为困窘,尽管我努力让所有人理解,这是我所收到过的最让人欣慰的礼物，因为这是对一颗受伤的心的宽慰。最后，我说，如果能选我进入执行委员会，我将倍感荣幸。为此，我获得了全票通过。由于荷姆斯泰德暴乱和工人被杀害，普通民众一直认为我对这一事件，对所有工人都负有责任，自此，我才得以解脱了。

我要感谢奥斯卡·斯特劳斯先生为我作的辩护，他读过我早期的一些关于劳工问题的文章和演讲稿，他还经常向工人引用我的观点和主张。另外，我也要感谢两位出席这次晚宴的来自匹兹堡的工人代表——怀特和谢菲尔，他们很热心地向联合会的其他工人代表介绍了我与劳工之间的良好纪录。

工人们和他们的妻子在匹兹堡的图书馆大厅举行了盛大的会议来表示对我上任的欢迎。我向他们作了一番发自肺腑的演讲。其中有一句话我永远都不会忘记，就是关于资本、工人和雇主之间的关系。我说这三者就像一张凳子的三条腿，没有谁先谁后，大家都是不可缺少的。然后，所有人都跟我热烈地握手，我们的心再次连在了一起。我感到在心里有一股力量被提升起来，尽管那已经离这场景有十万八千里，但毕竟我有过一段极为糟糕的经历。

在荷姆斯泰德纠纷之后，我的朋友，罗特格斯学院的约翰·范·戴克教授告诉我接下来的一件事情：

1900年春，我从加利福尼亚的一个海湾出发，要去佛得角的一个朋友的牧场，预备在索诺拉雷普山上打一个礼拜的猎。这个牧场远离文明世界，我本以为在那儿除了少数几个墨西哥人以外，就只有雅基族印第安人。但出乎我的意料之外，发现了一个人讲英语，后来知道他是美国人。很快我就知道了是什么将他带到这里来的，因为他感到寂寞，迫切地想与人交流。他的名字叫麦克卢基，直到1892年他一直是个出色的技工，受雇于荷姆斯泰德的卡内基钢厂。他就是俗语所说的"高手"，薪水很高，结了婚，并且在那个时候有一个家和可观的财富。除此之外，他在当地居民中享有很高的声望，因此被选为荷姆斯泰德的镇长。

当1892年罢工爆发时，麦克卢基很自然地站到了罢工工人这一边。作为镇长，他下令逮捕那些前来保护工厂、维持秩序的私家侦探们。他认为，他这样做是合情合理的。他向我解释说，这些侦探是一支侵入了他行政能力范围内的武装力量，他有权逮捕他们，并且解除他们的武装。这个命令引发了流血冲突，

第十七章 荷姆斯泰德罢工

冲突变得严重了。

当然，罢工的故事所有人都知道。罢工工人最后遭到了镇压，麦克卢基呢，他被认为是个凶手、暴徒、叛徒，还有一些我所不知道的对他的攻击。他受了伤，被当局通缉追捕，忍饥挨饿，被迫逃亡，等风头过去后再说。然后，他发现自己被列入所有钢铁厂的黑名单中，在美国再也没有人敢雇用他。他的钱花光了，最惨的是，妻子死了，房屋也倒塌了。经历了这种种变迁，他决定去墨西哥。当我遇上他时，正准备去那里的煤矿找活干，然而对于墨西哥来说，他们需要的是最廉价的劳动力，而不是像他这样的技术工人。他什么也做不了，又没有钱。很自然地，当他跟我说起他的不幸遭遇时，我为他感到非常遗憾。尤其因为他是一个聪明的人，决不会无谓地空发牢骚。

我并没有告诉他我认识卡内基，并且在罢工发生不久，我正和他在苏格兰，卡内基也没有告诉我罢工的另一面。但是，麦克卢基尽量避免责怪卡内基，他好几次说，如果当时"安迪"在的话，冲突就不会发生了。他的意思好像是，工人们可以和卡内基相处得很好，但是和他的一些合伙人却合不来。

在牧场呆了一个礼拜，晚上我去看过麦克卢基几次。后来我离开那里，直接去了图森、阿里森纳，并且我在那儿给卡内基写了一封信，跟他谈起这件事情。我又加上说，我对麦克卢基感到非常惭愧，可以想象他曾遭到过更加恶劣的对待。卡内基先生很快就给我回了信，在信纸的空白处用铅笔写着："给麦克卢基钱，不管他要多少都给他，但是不要提起我的名字。"我马上给麦克卢基写信，告诉他我可以给他所需要的钱，但是没有提数额，只是想让他知道，这笔钱足以让他重新自立生活。他拒绝了，说他会靠自己的力量打拼出一条路来，这也正是独特的美国精神，无需我给他帮助，但是他让我敬佩。

我现在依然记得这件事情，后来不久，我和一个朋友，索诺拉雷暴铁路公司的经理诺格先生说起了他。麦克卢基很快就在铁路公司找到了一份工作，并且干得非常好。一年后，或者也许是同一年的秋天，我在加利福尼亚又再次见到了他。他当时正在工厂里监督维修他的机器设备。他变了不少，看起来很高兴，他又娶了一个墨西哥妻子，看起来很满足。现在他的天空变得晴朗了，我迫不及待地要告诉他那笔钱的真相，他可能不会相信这来自于那个曾经被迫与他们作对的那个人。所以，在我离开之前，我说：

"麦克卢基，现在我要告诉你，我要给你的那笔钱并不是我的，而是安德鲁·卡内基的，是他想通过我给你一些帮助。"

麦克卢基愣住了，他不知道说什么好。

"这个该死的安迪，不是吗？"

我希望麦克卢基获得一张通往天堂的门票，我很清楚地知道麦克卢基是一个不错的人。据说，他在荷姆斯泰德的财产达3万美元之多。在罢工工人枪袭政府的时候，遭到了逮捕，因为他是镇长，荷姆斯泰德工会的主席。他不得不远走高飞，将一切都抛在身后。

将这个故事发表后，因为我曾说过我的墓碑上将刻上麦克卢基的这几句话，而不是别的东西，以表明我对工人朋友们的友善。报纸上立刻有人登文章来进行讥讽。

只不过在途中

安迪身边的桑迪

噢，你可听说，安迪要将什么刻上他的墓碑，

他的上帝什么时候以死来宣告对他的判决，

不是任何神圣的经文，

而是那不合文法的语句——"这个该死的安迪！"

这个苏格兰人用墓志铭来嘲弄着奉承，

但这并不能赎罪，只不过一件可笑的事情，

耶稣，即便他抛开了所有的金银，他还不过是一个花花太岁，

我们要承认，他有这个权力刻上"这个该死的安迪"。

他不再是一个"大D"，后面还有一个破折号，

第十七章　荷姆斯泰德罢工

因为安迪不想这个世界变得更加安全，
这个家伙不耍花样，或做一大篇抚慰人心的演说，
他只是一个迟钝的、直率的苏格兰人
——那就是他"这个该死的安迪"。

所以，当他死去，我们要留意，是否正如他说的：
"我要将它刻上我的墓碑，印上我的棺材。"
他是这样说，要知道，我的名字是桑迪。
我并非那个有钱人，我没有像他那样
"这个该死的安迪！"

第十八章

卡内基

劳工问题

在这里，我要记录下一些我处理过的劳资冲突，这对劳资双方都能有所启迪。

有一次，在我们钢轨制造厂，高炉工人不停地宣称，如果我们不在周一下午4点之前提高工资，他们将离开工作岗位。当时，这些工人与公司签订的合同要到年底才到期，在那之前还有好几个月。我觉得，如果有人打破了协议，那么就无需再跟他签订第二份协议了。尽管如此，我当晚就从纽约坐火车赶回，第二天一早还是赶到了工厂。

我让主管把三个罢工委员会成员叫到一起来，因为他们控制着所有的工人——不光是高炉部门，还有轧钢和锤炼部门。他们来了，并且得到了我的友好接待——这并不是因为礼貌和客气是一种礼节，而是因为我的确很喜欢与工人们在一起。可以说，我对工人们的了解越多，我对他们品德的评价越高。但是和他们在一起的感觉，就像巴利所描绘的和女人在一起的感觉，"尊敬的侯爵能将事情做得很好，因为女人就是他的工作指南"。当然，他们也有偏见，也会有令人不快甚至是愤怒的地方，这一点我们也必须重视，因为冲突的主要根源是无知，而非恶意。委员会的成员坐在我的前面，形成一个半圆。当然，他们都脱掉了帽子，和我一样。事实上，就像现代的会议一样。

我对轧钢委员会主席说：

"麦克凯先生（他是一位老绅士，戴着眼镜），我们之间是否有一个协议，一直签到年底？"

他慢慢地取下眼镜，拿在手里，说：

"是啊，先生，你有的，卡内基先生，你也没有足够的钱让我们毁约。"

"这是一个真正的美国工人说的话，"我说，"我为你骄傲。"

"约翰逊先生，"他是钢轨锤炼委员会主席，"我们之间是不是也有一个类似的协定呢？"

约翰逊是一个瘦小的人，他非常谨慎地说：

"卡内基先生，当我要签署那份协议的时候，我很仔细地阅读了它，并且，如果不合适的话，那我就不会签字。合适的话，我就会签字的。我签了字，就会守约。"

"这又是一个自尊的美国工人说的话。"我说。

第十八章　劳工问题

现在，轮到高炉委员会主席了，他有一个爱尔兰名字——凯利。我问了他同样的问题：

"凯利先生，我们是不是和你签订了一个持续到年底的合同？"

凯利先生回答说，他不太清楚。他曾经在一张纸上签过名，但没有细看，也不懂上面说了些什么。这时，我们的主管，琼斯上校，他是一个很优秀的经理，但是有一点冲动。他突然喊道：

"好，凯利，你知道我读了两遍，你还和我讨论了其中的内容。"

"安静，安静，上校！凯利先生有权利解释，我在许多我没有看过内容的纸上签过名——那是我们的律师或是合作伙伴交到我手里的文件。凯利先生说他是在这种情况下签的合同，这也是可以接受的解释。但是凯利先生，我一直认为，最好的办法是把这个一时粗心而签署的协议先履行完毕，而后在下一次签合同时加倍小心。你能不能再坚持4个月，到协议期满，等你再签协议时，再好好地理解一下内容？"

对此，他没有作出回答，我站起来，然后说：

"高炉委员会的先生们，你们威胁公司说如果不能在今天4点之前得到满意的答复，就要撕毁协议，并且要离开高炉（这意味着灾难）。现在还不到3点，但是我已经可以答复你们：你们可以离开高炉，即便高炉周围肯定会长满了杂草，我也不会对你们做出让步。作为劳动工人，撕毁协议的那一天是最不光彩的一天。这就是我的答复。"

委员会的工人们慢慢地走出屋子，留在屋里的股东们都保持静默，一个陌生人走了进来，他是来谈生意的。说他在走廊上看到了很多人。

"我进来的时候，一个戴眼镜的人和一个叫凯利的爱尔兰人走在一起，他说，'你们应该明白，这个工厂里不许胡闹，也许现在已经晚了。'"

事件经过就是这样的。后来我从一个员工那里了解到高炉车间发生的事情。凯利和他的委员会成员走向他们，当然，工人们正等待着他们，人们都聚拢过来。凯利向他们吼道：

"快去干活，你们这些混蛋，你们在这里干什么？小个子老板已经说得很清楚了。都去干活，你们这些混蛋。"

爱尔兰人和苏格兰人都有点古怪，但是如果你知道如何跟他们交往，其实他们很容易相处。从此以后，凯利成了我可靠的朋友和仰慕者——他本来是那里最好斗的一个。我的经验是，你可以依靠工人中的大多数，提供给他们一个职位，向他们的头承诺与他们站在一起。但是即使有时候，他们对首领的忠诚是错误的，我们也完全理解，并对他们充满了敬意。当一个人内心充满了忠诚，他什么事都做得出来，他们只需要得到公正公平的对待。

在我们的钢轨厂，有一次罢工的解决途径是很有意思的。还是在这里，很遗憾的有来自各部门的134名工人秘密宣誓，结成同盟，要求在年底增加工资。但是第二年的生意并不太好，全美的其他钢铁厂都普遍在减薪。然而，这一些人，在几个月前秘密宣誓，提出如果不给他们涨工资，他们就不开工干活，但我们不可能在竞争对手纷纷采取减薪措施的时候，还给工人加薪。于是，工厂停工，罢工开始了。工厂的各个部门都陷入停顿状态。工人们在预定日期的前一两天离开了高炉，我们陷入极大的麻烦之中。

我赶往匹兹堡，发现高炉封了火，这是违反协议的。我本打算在到达匹兹堡的当天上午与工人们见面，然后我收到他们的一个纸条，说他们已经离开高炉，将在第二天与我见面。这是要给我个下马威，我的回复是：

"不，告诉他们，我明天就不会在这里了。每个人都可以停工，把戏还是老一套，总有一天，这些人会想要重新开工，那时候我将告诉他们我现在是怎么做的：'如果他们不接受我们按照产品价格制定出来的工资标准，工厂决不开工。这个标准将要实行三年，他们没有讨价还价的余地。他们已经好几次迫使我们让步，现在轮到我们了'。"

"现在，"我对我的股东们说，"今天下午我将返回纽约,不用再多做什么了。"

罢工者得到我的回复不久，他们请求在当天下午，在我离开之前与我见面。

我回答说，"当然可以。"

他们来了，我说：

"先生们，你们的工会主席班尼特先生向你们做出过保证，说我会用我一贯的方法来和你们一起解决这个问题，他说得很对，他还告诉你们我不会大动干戈，这也没错。但是他和你们说的其他的一些东西则是有问题的：他说我不

第十八章 劳工问题

会和你们斗。先生们，"我看着班尼特的眼睛，握紧拳头，举起来，"他忘记了我是一个苏格兰人。但是我要告诉你们一些事情，我不会和你们斗，我有比争斗更好的办法。我不想也不愿与你们斗，但是我能，我有能力击败你们。工厂不会开工，除非2/3以上的工人投票要求开工，到那时，就像我在今天上午跟你们说的那样，我们将实行浮动工资制，我的话说完了。"

他们都退出去了。大约在两个星期之后，我的一个男仆走进我的书房，拿着一张拜帖，上面是我手下工人的名字，其中一位是老成持重的老工人。仆人说他们从匹兹堡的工厂来，想要见我。

"去问一问，他们之间有没有违反协议将高炉封火的人。"

仆人回来说没有，我说："既然如此，那么下去告诉他们，我很高兴请他们上楼来。"

当然，他们受到我的热情而诚恳的欢迎，我请他们就座，与他们聊起了纽约，这是他们第一次来这里。

"卡内基先生，我们想到这里是来和你谈工厂的事的。"一名工人终于谈到了正题。

"哦，那么，"我回答说，"工人们投票了吗？"

"没有。"他说。

我说："你们想让我再介入处理这个问题，而我说过，除非有2/3以上的人投票决定开工，我才会考虑这个问题。先生们，你们还没有游览过纽约呢。让我带你们出去走走，看看第五大道，还有中央公园，1点30分回来吃午饭。"

我带他们出去，一路上与他们天南海北地聊着，绝口不提他们要谈的那件事情。我们玩得很高兴，而且我知道，那顿午饭，他们也吃得很好。美国工人和外国工人之间有一点不同，他们是这样的一群人——如果他是天生的绅士（他们往往也是如此），他会坐下来和人们一起午餐。

他们回匹兹堡去了，对工厂的事再没说过一个字。但是，工人们很快就投票公决了（只有少数人投票反对开工），我回到匹兹堡后，把拟定的工资标准让工人委员会过目，这是一项按产品价格浮动的工资标准，这样一个标准让劳资双方真正成为了合作者，利益均沾，风险共担。当然，这个标准还有一个下限，可以保证工人们的生活费用。真如人们看到的这个标准一样，我们也无须在这里再作回顾。主席说：

"卡内基先生，我们会同意所有的条款。现在，"他有点迟疑，"我们有一个要求，希望你不要拒绝。"

"很好，先生，只要是合理的，我当然不会拒绝。"

"当然，是这样，请允许工会的头头们替工人们签这些文件。"

"为什么不呢？当然好了，先生，我很乐意这么做。既然我答应了你的要求，那么我也希望你能给我帮个小忙，请不要推辞。在工会头头们签完字之后，请每个工人再签上自己的名字。你看，班尼特先生，这份合同持续三年有效，有些人，或者说会有很多人，可能会有意见，认为你们没有权利让他们遭受这么长时间的束缚。但是，如果我让他们自己签了名，就不会有什么误会了。"

接着是一阵沉默，他旁边的工人向他耳语道（但是我听得很清楚）："天哪，一切都完了。"

这次并没有从正面进攻，而是从侧边攻击，迂回包抄。如果我不同意由工会首脑来签署合同，他们就会愤愤不平，就有了发动冲突的理由。既然我大度地允许他们这样做，他们又怎会拒绝这一个简单的要求呢？每一个自由独立的美国人都应该为自己签名。但在我的回忆中，事实上工会的头头们并没有像他们所说的那样在上面签字。如果每个工人都要求独立签写，他们的存在还有什么必要呢？此外，工人们知道，一旦标准被接受之后，工会就什么也帮助不了他们了，也就不愿意再交会费，而工会也就会遭到废弃。（那是在1889年，距今已有27年，那个工资标准一直没变，工人们也不愿意改变它。就像我跟他们说过的那样，这个标准对双方都是有利的。）

实行浮动工资制是我对劳工问题作出的最大贡献，这是解决劳资双方分歧的很好的办法，因为这使得他们在真正意义上成为了合伙人——不管是在繁荣时期还是萧条时期。早年间，在匹兹堡实行的是一年一度的工资标准，这使得劳资双方总是在为一场注定要爆发的斗争做准备。对双方来说，对一个业已达成的协议标准不限定实行期限，这是一个好得多的办法。经过六个月或者一年的实践，两种制度进行对比，如果确实体现出了它的优越性，这种工资标准就可以成功地实行好几年。

一些看上去不起眼的琐事有时候可以很好地解决劳资双方之间的矛盾,我举两个友好解决此类问题的例子。有一次,我去与一个工人委员会面谈,他们提出了一些不合理的要求。有人告诉我他们是受了一个人的煽动,这个人尽管在工厂上班,但是他有自己的地下酒吧间。他一向蛮横霸道,老实厚道的工人都怕他,去他那喝酒的都是他的债务人,他才是这件事情真正的煽动者。

我们以一种惯常的友好方式见面,见到他们我很高兴,他们之中很多人我早就认识,并且能叫出他们的名字。我们围着圆桌坐下,那个领头的同事与我各坐桌子的一端。我们面对着面。我看见那人从地板上拿起他的帽子,慢慢地戴在头上,暗示他要离去,这时,我的机会来了。

"先生,你出席的是一个绅士的聚会,请你最好脱下帽子,要不然就请离开这里!"

我的眼睛一直紧紧盯着他,我能感受到当时会场有多么安静。这个工痞有点犹豫了,但是我知道,无论他做什么,都已经被打败。如果他继续戴着帽子,没有礼貌地离开会场,那么他就不是一个绅士;如果他脱掉自己的帽子,继续坐在这里,那么他的气焰已经被压倒,他到底要怎样做呢?我并不关心,因为他只有两个选择,但每一条都是死路,他陷入了任我摆布的境地。慢慢地,他脱下了帽子,将它放在地上。在会上,他一个字也没有说出口。后来有人告诉我说,他不得不离开了工人领袖的位置,大家为这段小插曲而感到高兴,纠纷得到了友好地解决。

当我们宣布将实行三年期限的浮动工资制后,工人们选出一个16人组成的委员会负责与我们协商。开始的时候没有什么进展,我宣布说因为我的婚约,我不得不在第二天去纽约。有人请求是否可以和一个32人的委员会商谈,因为还有其他的一些人想加入到委员会中来——这是他们内部有了分歧的信号。当然,这得到了我们的同意。工人们从工厂赶到匹兹堡来见我。谈判由我们一个优秀的工人开场,他叫比利·爱德华兹(我对他印象深刻,后来他被提拔到一个比较高的位置上),他认为我们的提议总体上是公平的,但还有不尽如人意的地方:有些部门感到很满意,但其他部门则相对来说不那么公平。大部分的工人都自然地持有这一观点,但是当他们开始提出具体是哪个部门吃亏的时候,情况就和期望的大不一样了。没有哪两个不同的部门之间会达成一致，认为自己所受的待遇是公平的。比利说：

"卡内基先生，我们认可每吨产品所付的总数，但我们认为没有在我们之间进行公平分配。现在，卡内基先生，你可以不让我们工作吗？"

"安静，安静！"我喊道，"绝不可能，比利，卡内基不会'取消你们任何一个人的工作'，对于一流的工人，不让他们工作是一种不可原谅的挑衅。"

我听到下面有人大笑，接着是掌声，然后是更多的笑声，我和他们一起笑起来。我们给予比利很高的评价，冲突当然很快就得以解决。有时候，金钱并不是唯一的，甚至也不是主要的问题。公平、尊重和关心，才是美国工人们无法抗拒的。

雇主们只要略微花费一点成本，就可以为他们做很多有价值的事情。在一个会议上，我问工人们我们能为他们做些什么。我记得还是这个比利·爱德华兹，他站起来说，因为我们是按月付酬，所以他们很多人都不得不在商店赊账。我依然清楚地记得他说的话：

"我有一个很好的妻子，她很善于理财。我们每个月的最后一个周六进城去大批量地购买下个月的必需品，这样就能节省1/3的开支。而许多工人做不到这一点，这里的店家要价太贵，而且，煤的价钱也很高。如果你给工人们每两周支付一次工资，这就和给他们涨10%的工资一样好了。"

"爱德华兹先生，你的建议很好。"我回复说。

这要求我们得增加些人手和更多的文员，但这都是小事情。他们对物价太高的抱怨给了我启示：他们为什么不开一个合作社呢？这个也得以组织起来——公司答应支付租房的费用，但是坚持由工人们自己持股并且管理。于是有了布拉德道克斯合作社。有很多理由可以说明这个机构的价值，至少能让工人们明白，做生意也有很多的难处。

煤的问题很快得到了有效的解决。我们答应公司可以卖煤给所有的工人，只收成本价（这大概只有外面煤商要价的一半）。同时我们还安排把煤送到工人的家中，当然得由他们支付运费。

但还有一个问题没有得到解决，我们发现我们的工人有了结余之后，就迫切地想把钱存起来。但是我们的政府还没有邮政储蓄，这一点不如英国。他们

第十八章　劳工问题

对银行没有什么信心。我们主动提出帮助保管他们的积蓄，每个工人账户上只要达到 2000 美元，我们就给他 6% 的利息，以此来鼓励勤俭节约。这些钱和公司需要运作的资金是分开的，我们还另外建立了一个信托基金。一旦出现某个工人要建房的情况，就从中借钱给他。我认为这是为了保护工人的利益所做的最好的事情之一。

像这样一些满足工人福利的做法，可以视为公司最能获利的投资，即使是从经济的角度看也是如此，这是在与工人签订的合同之外的。菲利普斯先生曾说，我总是过于大方，总会答应一些工人的要求，甚至是不合理的要求。但是，如果回顾一下我在这方面所遭受的失败，我只希望我能更大方点，甚至不只是一点点。如果能获得工人们的友谊，这比钱更重要。

我总是认为，我拥有最好的工人，他们也是最好的人。争吵和罢工已成过去，如果荷姆斯泰德的工人都是我们的老工人，那么 1892 年的冲突就很有可能不会发生。在钢轨厂，1889 年引入的新的工资制度一直实行到现在（1914 年），我认为此间并没有什么劳工冤情和劳资纠纷。工人们解散了工会（我已经说过了），因为他们每个人都签订了 3 年的合同，从而也就没有必要再交会费了。不过虽然工会没有了，却成立了一个更好的机构来取代它——劳资友好协会，这对双方来说都是最好的选择。

从雇主的利益出发，他的工人也应该有很好的收入和稳定的工作。浮动工资制使得公司与市场接轨。有时候可以保证秩序，使工厂得以运行，这对工人们来说是主要的事情。高工资已经足够了，但这还不如稳定的职业。在我看来，埃德加·汤姆逊公司在处理劳资关系上就是一个比较理想的模型。有人告诉我，在我们那个时代，甚至直到今天（1914 年），工人们更愿意把一天的时间用来工作，但是 8 个小时工作制是肯定要到来的。随着我们的进步，工人的劳动时间正在缩短，8 小时工作制将成为规范：8 小时工作，8 小时睡觉，另外 8 小时用来休息和娱乐。

在我的商业生涯中，有很多的事例表明，劳资冲突并不只单单与工资有关。我认为避免纠纷的最好方法莫过于真诚地承认工人们的贡献，让他感受到你对他们真正的关怀，由衷地感谢他们出色的成绩。我对工人的了解越多，我就越发喜欢他们。他们通常比他们的老板具有更多优点，因为他们彼此之间更慷慨大方。

与资本家相比，劳动者往往处于相对无助的地位。如果雇主关闭车间，那么他也许在短时间内不再创造利润，但他的习惯、饮食、食物、穿着并不会有多大改变——没有什么大不了的恐惧和需求。相反，他的雇员则会因为谋生途径的丧失而遭受折磨：他们有妻儿需要养活，他们的孩子有病需要治疗。我们要保护的不是资本家，而是无助的劳动者。倘若我重回商场，对劳工问题的担忧不会主导我的思绪，我会用我充满柔情的心去对那些贫困的劳动者——尽管他们有时候会被误导，但是他们的心是善良的。我要用我的心去温暖他们的心。

在荷姆斯泰德冲突之后，当我在1892年回到匹兹堡，我去了工厂并且见了很多没有卷入暴乱中的老工人。他们说，如果我当时在家的话，罢工就不会发生了。我告诉他们，公司已经提出了非常慷慨的条款，我也不可能会有更优厚的条件。我说：

"你们听信了谗言，我的合伙人的条件已经很慷慨了，是可接受的，我甚至不知道我自己能否开出这么好的条件来。"

对此，一个工人说：

"噢，卡内基先生，这个问题和钱无关。工人们允许你替他们做主，但别人要揪我们的头发的话就不可以。"

这就是感情因素在实际生活中发生的作用，甚至是在处理与工人阶级矛盾的事件中。那些不知道情况的人不会赞成我的观点，但是我敢肯定，与工资相关的冲突在劳资纠纷中占不到一半的比例，其余很大部分是因为雇主没有给予工人正确的评价，对他们也不够友好。

许多罢工者被起诉到法庭，但是我回来之后，这一现象立即消失了。所有未参与暴乱的老工人都被找回来了。我在苏格兰发电报强烈要求把施瓦布先生派回荷姆斯泰德，他是不久前才被提拔到埃德加·汤姆逊钢厂去的。他回来了，"查理"是工人们对他的爱称。他很快就让工厂恢复了秩序、和平及和谐。要是他一直都没有离开荷姆斯泰德工厂，那么很可能就不会发生这么大的事情了——"查理"喜欢工人，工人也喜欢"查理"，可是在荷姆斯泰德，还有一个不让人满意的因素：有些工人是以前被我们不同的工厂弃用的，尽管有很好的理由，但在我们买下荷姆斯泰德钢厂以前，他们就已经在这儿找到了工作。

第十九章

卡内基 慈善基金

在我的《财富的福音》[1]一书出版之后，我将不可避免地要遵照书中的教诲，停止为获得更多的财富而奋斗。我决定停止积累，开始一项无止境的、更为严肃和困难的事业——合理而又明智的捐款。我们每年可以获利4000万美元，而其前景看好、令人惊异地还会不断地增长。我们成功买下美国钢铁公司之后不久，净利润就达到了每年6000万美元。如果我们继续扩大，我相信我们在那一年可以赚到7000万美元。

钢已经成为了建材之王，它的广泛使用已经使人们将其他低劣的建材抛到了一边。不难看到，前景有多美好。但是就我而言，我知道在我面前的这条捐赠之路还是任重道远。和往常一样，莎士比亚的诗句坚定了我的信念。

捐献可以节制奢侈，
每个人都将富足。

1901年3月，这是一个关键的转折点，施瓦布先生告诉我，摩根先生曾经对他说，他很想知道我是否真的要在商场上全身而退，如果是，他可以帮我安排。他还说，他已经和我们的股东们商洽，在他提供的条件的吸引下，我的股东们卖出自己持有的股份。我告诉施瓦布先生，如果我的合作伙伴们都愿意把公司卖了，那我就没有什么问题了。于是，我们最后把公司卖掉了。

在投资商购买我们的钢铁公司过程中，有很多的欺诈，他们不得不依照通货膨胀时候的价格，有时候，好几百美元的股份只能卖得很少的收益。我拒绝接受出售公有股票得来的任何收益。摩根先生后来告诉我，如果我不那样做的话，我所持有的5%的共有股将使我多得1亿美元。这就是我们公司的资产以及它的前景。事实证明我应该接受在我名下的那5%的股份，因为我持有的共有股，

---

[1] 《财富的福音》这本书里面选入了我在1889年至1899年之间为杂志写的各类文章。它们分别发表在这些杂志上：《青年之友》《世纪杂志》《北美评论》《论坛》《当代时评》《半月谈评论》《十九世纪》《苏格兰领袖》。格莱斯顿想要我把北美评论上的文章发到英国发表，于是它们由保罗·摩尔·布吉特出版社结集出版，并命名为《财富的福音》。

第十九章　慈善基金

可以使我每年持续获得公司 5% 的收益[1]。但是，我已经知足了，事实也证明，我忙于捐出我的钱来，甚至比以前更加忙碌。

我的第一笔捐助是给工厂里的工人的，下面这封信能对这种情况做出一个解释：

纽约，N.Y.

1901 年 3 月 12 日

为了感谢工人们对我的事业的巨大贡献，特此捐赠 400 万美元，用于救济那些发生意外的工人们，同时也可以给那些需要帮助的退休工人提供一些养老费。

另外，我捐款 100 万美元用于维护我为工人们修建的图书馆和礼堂。

作为答复，荷姆斯泰德的工人们于 1903 年 2 月 23 日给我来了这样一封信：

亲爱的卡内基先生：

我们荷姆斯泰德的全体雇员，希望以这种方式，通过我们的工会对您的善心，对"安德鲁·卡内基救济基金"的设立，表达我们诚挚的谢意。基金运作的第一年的报表已经于上月呈交于您。

您对工人们一贯的关心和爱护，我们无法只用语言来表达。您通过很多的渠道行善，我们相信"安德鲁·卡内基救济基金"只是您诸多善举中的一个。这也使我们对日趋黑暗的人性重新有了信心。

您谦恭的委员会成员：

---

[1] 摩根先生以卡内基自己的价格买下了卡内基钢铁公司。为了获得更高的价格，他们之间有几次谈话，希望能拖延时间。在 1912 年众议院的一个委员会面前，卡内基说："我认为这样才是公平的，这也是摩根的一个选择，施瓦布下去进行组织。在这个问题上我不希望看到摩根以及一切与此有关联的人，甚至他和我之间也不能有一个词的传达。我给出了我的备忘录，摩根看了之后也认为十分公平。有人多次告诉过我，我应该要 1 亿美元，而且，这并不会太难。但总之，对于卡内基强迫咬得高价的说法，我希望能画上句号。

哈里 F·罗斯

约翰·贝尔

J·A·霍顿

沃尔特·A·格瑞格

哈里·库塞克

露西高炉的工人送给我一个很漂亮的银盘，上面刻着下列词句：

鉴于安德鲁·卡内基先生在他慷慨的慈善事业中，为了卡内基公司雇员的利益，捐建了"安德鲁·卡内基救济基金"，因此，露西高炉的工人在一次特殊的集会上决定，向卡内基先生表达他们真诚的感谢并诚挚地祝愿他健康长寿。

委员会成员：

詹姆士·斯特克

刘易斯 A·哈金森

詹姆士·戴利

R·C·泰勒

约翰·V·沃德

弗里德里克·沃尔克

约翰 M·维吉

很快，我就乘船去了欧洲，和以前一样，我的伙伴们送我上船，与我挥手道别。但是，这对我是多么大的不同。我们说自己想说的，做我们要做的，谁会知道，一个极大的改变就要来临？我从没错误地认识到这一点，危机已经很严峻。这道别中有多少伤痛，谁知道它竟然成了诀别。

几个月后，我回到纽约，我发现自己完全处在一个不适当的位置上。但看到许多工人们到码头上欢迎我，我还是感到很激动。还是那帮朋友，但境况却今非昔比了。我失去了合伙人，但是并没有失去朋友，这依然是某项留出来的空白。

如何处理我的财产，我可以明智地自己做出决定，我乐此不疲，也受益匪浅。

有一天，在一家办得很不错的报纸上，我看到了这样的一个标题，从"苏格兰美国人"身上，我看到了许多可贵之处。标题是这样的：

"上帝给你一根线，让你开始编织一张网。"

这像是专门对我说的，我决定立即开始编织我的第一张网。而事实上，上帝也真的给我送来了一根线——纽约公共图书馆的J.S.比林斯博士来了。我一下子拿出525万美元为纽约市建造68座小型图书馆，后来又为布鲁克林区建造了20座。

我已经说过，我的父亲，是在丹佛姆林成立第一家公共图书馆的5个工人之一，他们将自己的书聚拢起来，便于贫穷的邻居们阅读。我追随他的做法，在我的家乡捐建了一座图书馆。这是我的首次捐赠，当时我的母亲还为之奠基。后来，我为我们在美国第一个家所在的阿尔勒格尼城捐建了一座图书馆和一个礼堂。哈里森总统友善地从华盛顿伴我来到这里，并且参加了这两座建筑的开放庆典。没过多久，匹兹堡想要一座图书馆，我也答应了。就这样，我后来还捐建了一系列的建筑：博物馆、美术馆、技术学院和为青年女子开设的玛格丽特·莫里森学院。这组建筑于1895年11月5日投入使用。在匹兹堡，我为之一共投入2400万美元[1]——因为我的财富都是在匹兹堡获得的，她只不过回收了她所付出的一小部分而已，这是她应得的。

我的第二笔大额捐款，是在1902年1月28日，拿出1000万美元来设立华盛顿卡内基协会。我与罗斯福总统商议，如有可能，请国务卿约翰·海尔担任协会基金的主席，而海尔先生已经同意了，他还联系了艾布拉姆·休威特、比休斯博士、威廉·道奇、伊莱修·鲁特、希金森上校、米尔斯·米尔·米切尔博士，以及其他一些人担任助理。

当我向罗斯福总统展示这份名单时，他评论说："你不可能再弄出另一份更好的来了。"他强烈支持这一基金会，1904年3月28日通过的一项法案也与之相和：

---

[1] 捐给匹兹堡卡内基学院的礼物总计达到了2800万美元。

为了鼓励以最为开放和自由的态度来对待调查、研究和发现，将知识运用于人类的进步，将支持和协助任何科学、文学艺术机构的调查，以及与政府、大学、科研机构和个人之间的合作。

我感谢比林斯博士帮我选择了丹尼尔·吉尔曼博士担任第一任协会会长。吉尔曼博士逝世之后，比林斯博士又推荐了现任会长罗伯特·伍德沃特。他在他的岗位上取得了巨大的成绩，希望他能够带领协会不断前进。鉴于协会取得的成绩大家有目共睹，我在这里就不再多加赘述，我将谈一谈两件比较特殊的事件。

协会正在用一艘木头和青铜做成的帆船"卡内基号"作环球航行，目的是要纠正一些以前的勘测错误。由于指南针的变更，人们发现许多的海洋测绘数据都存在误差。钢和铁都很容易受到磁场的吸引，而青铜不会。有一艘船在亚速尔群岛搁浅了，"卡内基号"的船长彼得斯发现这艘船是按海军部地图上标明的航线行驶的，船长并没有错，只能怪以前的测绘工作做得不正确。这些误差很快就得到了纠正。

根据国家的报告，这只不过是众多纠错中的一个案例。他们的感谢就是我们最大的回报。在感谢仪式上，我表达了对我们年轻的共和国的希望，希望有一天，在某种程度上，能够偿还欠那片古老的土地的债务。除了知识的不断进步，没有什么能使我更加满足的了。

"卡内基号"在海上漂游的同时，协会还在加利福尼亚海拔5886英尺的威尔森山上设立了一个天文台，黑尔教授负责这一项目。他曾经在罗马花了一年时间，将当时最顶尖的天文学家聚集起来，这些专家们决定下届年会在威尔森山顶上召开。

就在这座威尔森山，在离地面72英尺的高度，我们拍了很多照片，从中发现了一些新的星星。在第一幅图里面，我想我们发现了16个新的星球。第二幅图里又有60个进入了我们的视野。第三幅图中，估计要超过100个——有好些据说比我们的太阳大20倍。有些星星距离我们非常遥远，它们的光到达地球也需要8年的时间。这使得我们只能抱着自己的头呢喃："我们所知的对于未知来说，实在是微不足道。"等到那比现有的望远镜还要大三倍的新型巨无霸望远镜投入使用后，很难想象还会有什么令人惊奇的发现。有人向我保证说，月球上是否有物种存在，他们都能看得一清二楚。

我的第三笔巨额捐助是建立了英雄基金，这是我全心关注的一件事情。匹兹堡附近的一个煤矿发生了重大事故，而这个煤矿的前任主管泰勒先生，虽然已经在其他行业任职，但还是乘车赶到了事发现场，希望能对解决危机提供些有用的帮助。他结集了一批志愿者，带着他们下到矿井，拯救困在下面的工人。啊，他为此也献出了自己的生命，他是一个真正的英雄！

我不能使自己片刻不去想这些事情，我亲爱的朋友，理查德·沃森·基尔德先生曾经寄给我一首诗，我在事故发生后的那天上午又将它读了一遍，然后决定建立一个英雄基金。

在和平时代

有人说："当战场归于沉寂、战鼓不再敲响，
大地上便不再会有英雄的事迹传扬。"
不要轻易地说出英雄这称号吧，
高举的胜利之手曾将多少尸骨埋葬。
妇女苍白而颤抖的面庞，
面对男人的耻辱，岩石般坚强。
幼儿悄悄流泪，
只为了，不让母亲心伤。
和平时代的英雄，
是法律的卫士，让世界为他鼓掌。
为千万人的生命，牺牲自己又何妨。

因此，我设立这500万美元的基金，其目的是为了奖励英雄，或是为了对英雄的家属予以抚恤。那些为了拯救别人而牺牲自己的人，他们的家人都在捐

助的范围之内。这一基金自 1904 年 4 月 15 日建立以来，便受到了社会各界的好评，取得了决定性的成功。我对它有一种父亲般的关爱，因为这是我一手创办起来的，也没有谁给过我建议。据我所知，在我之前，还没有人想到过这一建议。它是"我自己的孩子"。随后，我又将它的范围扩展到了我的老家大不列颠，将基金的总部设在丹佛姆林——由卡内基丹佛姆林信托公司对其加以管理，并且获得了巨大的成功。在适当的时刻，我还将它们引入了法国、德国、意大利、比利时、荷兰、挪威、瑞典、瑞士和丹麦。

至于基金会在德国的工作，我收到了一封大卫·简·希尔的来信，他是我们美国驻柏林的大使。下面是部分内容：

> 我写这封信的目的主要是想告诉你，德皇对于德国英雄基金会的工作有多么高兴。他对这项工作非常热心，并且还多次夸到你的洞察力以及你的慷慨大度。他简直不能相信这个基金会发生这么大的作用。他跟我讲了一些非常令人感动的事情，其中一些是这样的：一位年轻人救了一名落水的小孩，当他把小男孩放到船上的时候，他突然心脏病发，沉入了水中。他有一位年轻可爱的妻子和儿子，英雄基金会已帮助他的遗孀开了一个小买卖以维持生计，并且保证他的孩子日后能接受教育。这只是众多事例中的一个。

瓦伦提尼最初对这一基金设立的必要性表示怀疑，而现在则非常积极热心地关心起它的工作来。他告诉我说整个委员会由仔细挑选出来的人们组成，他们都真诚地拥护这一工作，并且为他们的决定牺牲了很大部分时间。

他们还尽量和英国和法国的基金委员会保持一致，并互相交换报告，计划在他们的工作中保持联系。他们对美国的报告十分感兴趣，并从中借鉴了不少。

英王爱德华对于基金会的工作表示支持和欣赏，他给我写了信，并且亲自签名，以表达其对英雄基金和我在英国捐建的其他礼物表示感谢。这封信我十分珍视，因此引用在这里：

第十九章 慈善基金

温莎堡

1908 年 11 月 21 日

亲爱的卡内基先生：

一直以来，我都盼望着能向你表示谢意，感谢你对这个国家，你出生的这片土地的慷慨捐助。

为了防止你的捐款被滥用而付出的心血，比捐助本身更让人感动。

我热切地想要告诉你，你的善举及其在这个国家产生的影响深深地温暖了我的心。

我希望你能接受我寄给你的一幅我本人的画像，以此表示我对你的尊敬。

请相信我，亲爱的卡内基先生！

你诚挚的爱德华 R.&I.

一些美国的报纸对英雄基金会的效益表示怀疑，对第一年的报告也持批评的态度。但这一切都成了过去式。如今，英雄基金受到了热情的赞颂，它将长久地存在下去。直到有一天，我们文明、进步的社会不再需要它。原始社会的英雄残杀同胞，而在我们今天的文明社会，英雄们则尽量保护同胞的生命。这就是肉体和道德上勇气的差别，是野蛮人和文明人之间的区分。互相残杀的英雄将会很快被遗忘，因为如今人们将之视为同类相残。而只要地球上还有人类存在，那些不为私利的真正英雄就会永远活在人们心中，他们宣示了神一般的品德。

英雄基金主要是个抚恤基金，已经有许多人得到了资助，包括英雄以及英雄的遗孀或孩子。最开始的时候，对英雄基金产生了一个奇怪的误解，很多人认为它的目的是激励英雄行为，这样会使一些人因奖金的诱使而做出英雄行为。这是荒谬的看法，我从来都没有考虑过。真正的英雄是不会考虑到奖金的，他们关心的，只有危难之中的同伴，并因此受到鼓舞，而不是自己可以获得多少好处。英雄基金的宗旨不过是以最合适的方式对待伤残的见义勇为者，或是对牺牲者的家属进行帮助，它已经开了一个好头，随着它的目的和作用被更好地理解，我相信它会一年比一年发挥更大的作用。到今天为止，在美国已经有1430名英雄或是他们的家庭得到了我们的捐助。

我在自己的老部下中为英雄基金会挑选了一个负责人，查理·泰勒。他做这项工作没有任何薪水，一分钱也没有。但他是那么地喜欢这项工作，我相信即使让他花费许多钱也会愿意。他是这个位置的不二人选。他同时还负责着威特摩尔先生的补助基金、卡内基工人抚恤金，以及我以前所在的老部门的铁路工人抚恤金。这三种救济金都以利他为目的。

有一天我终于逮着了一个"报复"查理的机会，因为他老是催逼着我，让我为别人做这做那。他是里海大学的毕业生，对母校有很深的感情。里海大学想要我捐一座礼堂，查理是最主要的倡议者。我什么也没说，给君克校长写了一封信，说我很愿意为这座礼堂出钱，但是有个条件，就是它必须由我来命名。他同意了，而我将之命名为"泰勒礼堂"。当查理发觉的时候，他对此表示抗议，说这样会使他很尴尬——他只是一个普通的毕业生，他的名字当不起那么大的荣誉，他会被人笑话的。他的窘态让我感到高兴，我说，也许会让他有点尴尬，但是他应该愿意为里海大学作出点牺牲。如果没有被空虚所吞噬，只要对他的母校有帮助，是不应该计较他的名字怎么用的。其实很大程度上不只是这个名字，他的虚荣心也在作怪。他必须战胜它，必须做出一个决定：要么放弃他的名字，要么牺牲他所热爱的里海大学的利益。但是，我说过"没有'泰勒'，就没有礼堂"。我获得了胜利。日后，参观者可能会问谁是泰勒？他们可能会知道，他是里海大学一个忠诚的学子，是一个身体力行的，而不仅仅是像牧师那样布经讲道的慈善活动家。这就是我们慈善基金的高级专员泰勒。

第二十章

教育和抚恤基金

我于 1905 年 7 月送出了第四份重礼，为年老的大学教授提供了 1500 万美元的养老金（卡内基教育发展基金），需要从全美的教育机构中挑选出 25 位校长作为基金的托管人。当 24 位校长聚集在我家里商议如何组织这一基金时（芝加哥大学的哈普尔校长因病缺席），我的行为得到了他们的认可，从此以后我们成为亲密的朋友。弗兰克 A. 范德里普先生在基金会启动初期发挥了重要作用，他在华盛顿的经验非常有用，而亨利 S·普里切特博士则是一个不可缺少的人物。

这一基金对我来说具有重要的意义，很多人成为受益者。我确信，他们为社会创造的价值使他们完全有资格获得这笔钱。而同时，我们的工作也得到了他们的认可。在所有职业中，教师可能是待遇最不公平的一种，他们拿着差不多是最低的工资，尽管按理来说，他们应该享受最高的工资待遇。教师都是受过良好教育的人，他们奉献了一生来教育年轻人，却只能得到微薄的薪水。当我第一次做康奈尔大学的信托管理人的时候，我被我的发现所震惊，教授们的工资水平，甚至还不及我的某些员工。光靠节省和储蓄是无法保障他们的晚年生活的，因此那些没有养老基金的大学便只能终生聘用他们——不论他们是否还能工作，是否还有必要——都让他们在讲台上一直站下去。因此，养老基金的作用是毋庸置疑的[1]。公布的第一份受益者名单确实考虑到了这一点，其中有几个还是世界知名的教授，他们对人类知识的积累做出了杰出的贡献。许多受益人或者他们的遗孀给我写来了热情洋溢的感谢信。我将永远保留着这些信，在我心情忧郁的时候，读一读它们，所有的不快都会烟消云散。

我的朋友，丹佛姆林的托马斯·邵先生（现在已经是邵勋爵了），为《英国评论》写过一篇文章，文章揭示了很多苏格兰人尽管节衣缩食，也无法供他们的孩子上大学的现状。读了这篇文章之后，我有了一个想法，拿出 1000 万美元买入年息为 5% 的公债，其中受益的一半用来支付穷孩子上学，另一半用于大学的建设。

这个基金（卡内基苏格兰大学信托基金）的信托管理人大会于 1902 年首次

---

[1] 在 1919 年，基金的总额是 2925 万美元。

在爱丁堡的国务卿办公室举行,巴尔弗勋爵主持大会。出席会议的都是著名的人物:鲍尔弗首相、亨利·坎贝尔·巴内曼爵士(后来成为首相)、约翰·莫利(现为莫利子爵)、詹姆士·布赖斯(现为布赖斯子爵)、埃尔金伯爵、罗斯伯里勋爵、邵先生(现为邵勋爵),还有来自丹佛姆林的约翰·罗斯博士等。我解释道,我之所以请他们担任基金会管理人,是因为在我看了最近的一个调查报告后,认为不能委托苏格兰的大学来管理这笔钱。鲍尔弗先生立即喊道:"一个便士都不成,一个便士也不行。"埃尔金伯爵就是那个调查团的成员,他也完全赞成我的意见。

在宣读了基金的各项章程之后,埃尔金伯爵认为其条款不够严格,也不够具体,他想知道其具体职责是什么。我给予大多数托管人的权力:如果日后随着情形的变化,他们认为本基金用于支持苏格兰教育的方式已经不再适用,那么他们可以更改受益对象,以及使用资金的方式。巴尔弗勋爵也同意埃尔金的观点。另外还有鲍尔弗首相,他说他从未听说过一个立遗嘱的人愿意给执行人这么大的权力,他想问具体该怎么做。

"嗯,"我说,"鲍尔弗先生,我从来不曾知道有哪一些人可以为他们的后代立法,甚至,很多情况下,他们为自己这一代人制定的规章也完全不能成功。"

听完我的话之后,他们发出了一阵此起彼伏的笑声,首相也忍俊不禁了,他说:

"你是对的,完全正确,但是我认为,你是第一个持此明智观点的捐赠者。"

我建议只要一半以上的人同意就可以行使权力,但是劳德·鲍尔弗建议说不应低于2/3人数。这个提议为埃尔金伯爵附议,然后得以全票通过。我确信这是一条明智的规定,这在日后将得到证明。我所有的捐赠都紧密联系着,形成一个整体,我相信这在将来会体现出其价值的。来自丹佛姆林的埃尔金伯爵义无反顾地担任了这个基金会的主席。当我跟鲍尔弗首相说我希望埃尔金能担当此任时,他马上回答:"在大不列颠,你再也找不出第二个这样优秀的人来了。"

现在,我们对这一点都十分满意。唯一的疑问是:我们在什么地方可以找到他的对手?

真是凑巧,在活着的人们当中,只有4个人当选为英国议员,并且还获得了丹佛姆林荣誉市民的称号。而这几个人都与苏格兰大学信托基金有着联系，他们是：亨利·坎贝尔·巴内曼爵士、埃尔金伯爵、约翰·罗斯博士和我。但是今天，还有另外一位女士进入了这个圈子，她就是我的夫人卡内基太太，她也是唯一一个获得丹佛姆林荣誉市民这一殊荣的女性，和我一样，她也热情地为这个城市奉献着。

我在1902年被选为圣·安德鲁斯大学的名誉校长，这是我一生中的大事。它让我获得了进入大学世界的门票，在这个世界里，我还只是一个陌生人。第一次与全校教师举行会面的时候，我的感受令我一辈子铭刻在心。当我在那张岁月悠久的椅子上坐下，我想到了自圣·安德鲁建立这所大学来，这500年里在这张椅子上坐过的那些已逝去了的令人敬仰的校长们。我读了校长们的演讲记录，为我即将要做的演说做准备。其中有一段话特别引人注目：斯坦利名誉校长建议学生们"去伯恩斯的诗句中寻找你们的信仰"。作为宗教界的要人和维多利亚女皇的爱臣，他能说出这样的话来，可见宗教在一直不断进步。伯恩斯的话就是最好的操行规范，首先是，"你身上唯一应受责备的就是恐惧"。在我的早期生活中，我一直将此奉为座右铭，第二条是：

> 恐惧，是地狱中刽子手的皮鞭，
> 不幸的人，一个个受到鞭笞，
> 但你的荣誉抓住了他们的感觉，
> 让此成为你的边界。

约翰·斯图尔特·密尔校长对圣·安德鲁大学学生的演讲也是很不平常的。很明显，他想要告诉他们最好的教诲。他十分强调音乐的重要性，认为这是一种纯洁高雅的享受，我的亲身经历也证明确实如此。

我邀请苏格兰4所大学的校长及他们的妻子到斯基伯盘桓一周，这给我和妻子带来了很多乐趣。苏格兰大学信托基金会的主席埃尔金伯爵、巴尔弗勋爵及夫人参加了我们的第一次聚会。此后，每年举行"校长周"成为一个固定的传统，我们之间结下了深厚的友情。他们都认为，基金给大学带来了极大的好处。

这种活动激发了合作的精神,第一个"校长周"结束时,兰校长握着我的手说:

"苏格兰大学的校长们花了500年的时间也没有弄清楚怎样召开我们之间的会议,可大家在一起呆上一周就都清楚了。"

1906年的"校长周"是值得纪念的,拉迪克利夫学院的院长艾格尼丝·欧文女士参加了我们的活动——她是本杰明·弗兰克林的曾孙女,我们所有人都为她的魅力所折服。大概在150年以前,弗兰克林在圣·安德鲁大学获得了他的博士学位。他的200周年诞辰庆典在美国费城举行,圣·安德鲁大学以及全球其他许多所大学都发来致词。圣·安德鲁大学也委托我授予弗兰克林的外孙女荣誉院长的职位,这一仪式是在"校长周"的第一个晚上进行的,有许多观众到会,当晚一共发表了200多篇演说。

观众都被感动了,圣·安德鲁大学第一个授予学位给那位伟大的祖父,而在147年之后又将荣誉授予他的曾孙女,跨越了大西洋,送到她的手中,她是获此殊荣的第一位非英国公民。和她的曾祖父一样,她出生在英国,但后来成为美国公民。授予仪式在费城举行,那是弗兰克林安息的地方,在当地举办这么一个大会也是为了纪念他的英魂。所有的一切都是美丽的,我自己也很喜欢这个仪式。毫无疑问,这是圣·安德鲁大学的唐纳德森校长的创意。

后来,在圣·安德鲁大学全体学生的一致支持下,我没有经过辩论程序就再次当选这一职务,这使得我非常感动。我喜欢那个"校长之夜",学生自发组织起来,并起了这么一个名字,当晚他们没有邀请任何一个教职人员。我们都很尽兴。这次之后,唐纳德森校长给我看了秘书处呈交给他的报告,"某某校长跟我们说话的时候,另一个某某校长和我们谈话的时候,都是高高地站在讲台上,唯有卡内基先生,他坐在我们的中间,和我们亲切交谈。"

资助美国的高等教育机构是我经常想着的一个问题,但是我认为像哈佛和哥伦比亚等大学已经够大了,它们都拥有5000~10000名学生,没有必要再扩大规模了,而那些小型的教育机构(特别是一些专科学院)则亟待帮助。我的财富将使它们更加有用。基于这个想法,后来我就把对教育的资助局限在这个范围内,并且对自己的明智决定很是满意。后来我们发现洛克菲勒的教育基金"大众教育委员会"与我们不谋而合,洛克菲勒先生希望我们加入他的委员会,我答应了。合作果然要比各自为战好得多。

在向众多的专科学院捐款的过程中，我的许多朋友得到了像查理·泰勒一样的荣誉，比如说，迪金森学院的康威大厅就是用蒙丘·康威的名字命名的。他最近出版了自传，文学协会称这可以算得上是文学佳作，说，"这两本书在一堆烂似垃圾的自传中如宝石般闪闪发光。"这对于一个正在往那一堆垃圾里凑的人来说应该有一些启示。

康威先生自传的最后一章是这么写的：

> 祈求和平吧，我的读者。和平不是像雷雨云的膜拜，而是要靠你遇见的每一个男人、女人和孩子。不要只是祈祷：给我们和平，而是要尽你的力量去争取！如此，虽然这个世界如今正处于冲突之中，至少在你的心中是和平的。

我的朋友直指人类最深层的耻辱：毫无疑问战争应该被文明国家所抛弃。

在俄亥俄州的凯恩斯学院设立了斯坦顿经济学名誉教授一职，其目的是为了纪念德温·斯坦顿。当年我还是一个半大小子时，在匹兹堡给他送过电报，他对我非常和蔼，当我在华盛顿给斯各特先生当助手时，他一直对我都很好。类似的捐赠还有布朗大学的约翰·海图书馆，给汉密尔顿的第二个伊莱休·鲁特基金等，我很高兴能用这些朋友的名字，我希望能有更多的机会来纪念那些我认识、我喜欢、我尊敬的人。本来我还想捐建一座道奇将军图书馆，但这两位朋友已经从他们的母校得到了这个荣誉。

我送给汉密尔顿学院的第一份礼物是，原本想命名为"伊莱休·鲁特基金会"，但是这位最能干的国务卿，罗斯福总统眼里"最明智的人"并没有把我的意思转达给大学管理层。当我向他提出责备的时候，他笑着回答说：

"哈哈，我答应你，在你给我们学校送来第二份大礼的时候，我决不再欺骗你。"

在我给这所大学赠送第二份礼物的时候，我多留了一个心眼，没有直接委托他去办这件事。我委托别人建立了鲁特·汉密尔顿基金，等到生米煮成了熟饭，他便没法干预了。鲁特是一个出色的人物，从极简单又极崇高的这一角度来说，他是唯一可以称得上伟大的人物。罗斯福总统曾说，如果给鲁特一个成功的希望，任命他为总统候选人，那么他愿意从白宫爬到国会大厦。有人认为他还有弱点，他曾经是位律师，却不善辞令，根本不是个能蛊惑人心的政客；他是一个太过于谦逊和内敛的政治家，根本无法吸引那些下层人民的耳朵；他所在的政党也十分愚蠢地决定不将他提名为总统候选人。

我与汉普顿和塔斯基吉学院的联系，提高了黑人的地位，这令我十分高兴和自得，能够认识布克·华盛顿也让我感觉荣幸之至。他不仅提高了自己的地位，从奴隶奋斗到一位教育家，而且还帮助成千上万的黑人奴隶的政治地位得以提升，成为美国的公民，对这样的一个人，我们所有人都应该脱帽致敬。在我捐献了60万美元给塔斯基吉学院之后，没过几天，华盛顿先生来看我，问我他是否可以提一个建议，我说："当然可以。"

"你十分好心地在那个基金里特意制定一笔钱，用于资助我和我妻子的生活，对此我十分感激。但是，卡内基先生，这已经远远超过了我们生活所需，对我们黑人来说，这是很大一笔财富了。有的人可能会认为，我不再是一个穷人了，而不用在工作中考虑如何节省开支。你能否改变一下那个条款，删去具体的钱数，代之以'只限合适的数目'？我相信信托基金，我的夫人和我只需要一点点就足够了。"

我照办了，而且这一契约至今还维持着，但是当鲍尔德温先生从我这拿走原件，以方便将之进行修改时，他对我说，高贵的灵魂不会允许他这样做。对他宣读的档案将永久保存，并且传之后代。但他却要把它放到一边，而使修改后的替代品成为有效文件。

这就是这位黑人领袖的品格。是至今还在世的最真实、最有自我奉献精神的英雄，他的身上凝聚了一切优秀的品质。他能让人更清楚地认识到这样一种纯洁而高尚的心灵——人性的最高形式。如果有人问，在当今时代，甚至在过去的时代中，谁从社会的最底层奋斗到最高层的？那么答案必定是布克·华盛顿，他由一个黑奴变成了黑人领袖——是摩西和耶和华的复合体，带领着他的人民前行，并向上提升。

在与这些协会进行联系的时候，我开始接触他们的官员和托管人——比如说，霍里斯·B·弗里色尔校长、罗伯特·C·奥格登、乔治·福斯特·皮博迪等人，唉，可惜的是这些为了他人而辛勤工作的人现今都离我们而去了。能够和他们相识并建立起亲密的关系，我感到十分荣幸。库珀联盟、技工和商人协会，事实上每一个协会我都很感兴趣，他们之中的每个人都奉献了自己的时间和思想，他们崇高的理想，希望能够解放和提升他们不幸的同胞。

我很早就开始向教堂捐赠管风琴，我父亲当年在阿尔勒格尼参加过一个成员不到100人的斯维登伯格教会。由于其成员太少，我拒绝为它捐建一个新教堂，但我还是捐了一架管风琴。从这儿开始，想要管风琴的申请从其他教堂如雪片般地飞来，从匹兹堡的天主教大教堂，到乡间村庄的小教堂，每个教堂似乎都需要一个比现在更好的管风琴。但相比于新设备所需的花费，使用那个旧一点的明显更加合适。有些为小教堂订购的管风琴抬进去之后，差不多可以撑破房顶，还有的教堂已经买了管风琴，但还是热烈欢迎我们把这笔钱给他们。最后，我们建立了一个比较严格的捐赠制度，申请人需要填写一张表格，回答许多问题。现在一切都已经系统化了，我们根据教堂的大小，分列了不同的捐赠等级。

在苏格兰高地，有人指责我说，我捐赠的管风琴破坏了他们的基督教崇拜。在那些有着严格的长老会制度的地方，教徒们还批评我说："用一个装满哨子的箱子代替人类的嗓音来赞美上帝。"此后，我决定我的过错还需要一个一个伙伴来共同承担，于是，我让每一个圣会为给他们买的新琴支付一半的费用。在此基础上，管风琴部门依旧运行良好，生意兴隆。对新风琴的需求依然很大。除此之外，有些教堂需要增加人手，对此，添置一些新的管风琴十分有必要。

这看起来似乎没有尽头，我让圣会自己掏一半的费用，其目的就是为了保证他们所要求的的确是必需且合理的花费。从我的自身体验来看，在礼拜的间隔奏响圣乐很有好处，我认为花在管风琴上的钱是合理而必要的，因此，我们一直继续着我们的管风琴部。

在我所有的慈善项目中，有一项最具博爱的品格，我的私人抚恤基金让我获得了至为高尚的回报。即便当你处在一个安逸的环境中，也没有哪种美妙的感觉可以和它相提并论。许多善良的人在他们的老年时期没有足够的财产过上

第二十章 教育和抚恤基金

体面的生活，他们还要为勉强维持生计而操心。只要少量的钱就可以让他们衣食无忧，当我发现有那么多的人需要帮助才能过上幸福的晚年时，这让我十分惊讶。我在退休以前就开始做这件事，从中我体会到无尽的快乐。在我的受益者名单上，不止一位老人接受过我的帮助。这是一份真正的荣誉和有爱心的名册，所有人都值得帮助。这份名单从未公开，没有人知道谁获得了帮助，对别人我一个字都没有透露过。

这就是那个问题最合适也是最好的答案，尽管我从来不去想它，"我做好事到底是为了什么？"名单上那些亲爱的朋友们得到了我的帮助，并且给了一个令我满意的答复，这就够了。我早已得到了太多的东西，超过了一个生命该得的那一份。因此，我不再向未知索要任何东西。在普世法面前，我们只有静默鞠躬，遵守法官的裁决，不再索要任何东西，也不害怕什么，只要做着我们该做的事情，不求回报。

事实上，给予比获取更为幸福。如果我和那些受资助的人调换一下位置，他们也会为我做很多事。我对这一点有信心。我得到了许多真诚的感谢，有些人甚至告诉我，他们每天晚上都在祷告中为我祝福。我忍不住将我的真实感受告诉他们：

"不要祈祷，"我说，"不要为我要求更多，我已经得到了远远超过自己该得的那一份，公平的做法是将上帝已经赐予我的眷顾拿走一大半。"这不仅是说说而已，这是我的真实感受。

铁路抚恤基金也有着相类似的性质，宾夕法尼亚铁路公司的很多老工人都受到过它的关照。这个基金是几年前建立的，一直发展到现在的规模。它的资助对象是我在宾夕法尼亚分部当主任时，我手下需要帮助的老工人，以及他们的家属。当我还是一个小孩的时候，我就知道了他们的名字，他们对我都很友善。这个基金资助的很多人我都认识，他们都是好朋友。

尽管我为资助工厂工人而设立的那400万美元的基金（钢铁工人抚恤基金）帮助了好几百个素未谋面的人，但是受到关照的那些人里面，还有许多是我依然记得的。

第二十一章

卡内基 和平教堂和皮坦克里夫

英语国家的人民最终能够实现和平，我早就已经想到了。在 1869 年，当英国"魔鬼"君主号战舰（是当时所知最大的战舰）下水时，不记得出于什么原因，人们都传说它能够轻而易举地把美国的城市一个接一个地征服，所向披靡。当时，我发了一封电报给英国内阁成员约翰·布莱特（这封电报最近被公开）："君主号的第一个任务，也可能是它最有意义的任务，应该是将皮博迪[1]的灵柩运回家。"

我没有在电报上留下署名。但令人惊奇的是，我在电报上所说的都被实现了，君主号也因此变成了和平的传播者，而不是毁灭者。许多年后，我在伯明翰的一个小型宴会上碰见布莱特先生，我告诉他我就是当年那个给他发匿名电报的人。他非常地惊讶为什么我没有附上署名，并表示他当时心里也正想这样做。我相信他说的是真的。他是一个值得信赖的人。

在美国内战时期，当联邦需要朋友的时候，他是联邦的朋友。他一直是我最喜欢的还在世的公众人物，同时也是我爸爸的偶像。刚开始他被指责为狂热的激进分子，但是他仍然始终坚持自己的主张，直到他最终获得了国民的支持。主张和平的他一直都不赞成克里米亚战争。索尔兹伯里勋爵后来承认，英国在这场战争中押错了赌注。我非常荣幸布莱特家族以朋友的身份允许我把一个曼彻斯特·布莱特的雕像的复制品放在国会中来取代原来的已经破旧了的雕像。

早期的游历使得我对英国和平协会产生了兴趣，并且还多次参加了他们的会议。后来，我又跟克里默先生所创建的议会联盟走得特别近。克里默先生是议会中著名的工人代表，我们活着的人当中很少有人能比得上克里默先生的。当他获得诺贝尔和平奖的 8000 英镑奖金之后，他自己仅留下 1000 英镑作急需之用，其余的钱全部都捐给了仲裁委员会。这是一种高尚的奉献精神，真正的英雄视钱财如粪土！克里默先生每星期只能从他所从事的议员工作中获得仅够在伦敦谋生所需的薪金，但他却将一笔已经到手了的巨款捐给了和平事业，这就是最高境界的英雄气概。

---

[1] 乔治·皮博迪（1795—1869）：美国商人，慈善家，死于伦敦。他建立了许多博物馆和图书馆，包括巴尔的摩的皮博迪学院和哈佛大学皮博迪博物馆。

第二十一章　和平教堂和皮坦克里夫

1887年，我有幸地在华盛顿将仲裁委员会引见给了克里夫兰总统。克里夫兰总统热情地接见了仲裁委员会委员，并向他们保证会真诚与他们合作。从那天起，我变得尤为关心如何避免战争的问题，以致忽略了任何其他的问题。第一次海牙会议中一个令人惊讶的举动令我大为兴奋。为了号召裁军（虽然现实证明了只是个梦想），它成立了指导实务的永久特别法庭来解决国际纠纷。我看见人类迈向和平以来所走的最大一步，而且这一步好像是出于灵感而并不是经过很多先前的讨论后所作的选择。难怪，卓越的想法往往都会使会议处于迷惑的状态。

如果霍尔斯先生能够活到今天（他的死曾经让我深感悲痛），他将会作为安德鲁·怀特率领的代表团的一员来出席即将召开的第二次海牙会议。我觉得这两个人非常有可能促成为避免战争所急需的国际法庭的成立。正是这位霍尔斯先生曾经带着上级的指示从海牙连夜赶往德国会见德国的皇帝和外交大臣，最终成功地说服他们同意最高法院的决定，并且不以撤出他们的代表团以示威胁。这也是霍尔斯先生配得上称为人类最伟大的公仆之一的原因。唉，可惜他在仍充满着青春活力的年龄就去世了。

国际法庭成立的那一天将会成为世界历史上最具有纪念意义的日子之一[1]，它将对那些杀害同胞的人敲响丧钟，因为他们犯下了十恶不赦的罪行。我相信总有那么一天，和平会降临在世界的每一个角落（这天恐怕没有想象中的那么遥远）。在那个时代，很多至今被我们称赞为英雄的人物将被世人遗忘，因为他们并没有推行和平和善良来取代战争。

当安德鲁·怀特先生和霍尔斯先生从海牙回来之后，曾向我建议创立一个基金会，在海牙建一座和平教堂。我对他们说我不会那么自以为是，但是，如果荷兰政府能向我提出这样的要求，我会很高兴地考虑的。他们表示怀疑，说任何一个政府恐怕都不会这么做。我说我也不会这么冒昧地去做这件事的。

---

[1] 我认为，为了维护世界和平，唯一的方法就是在3~4个主要的文明国之间签署一项协议（参加国家越多越好），各国立下誓言，合作对抗世界和平的破坏者。（安德鲁·卡内基在海牙和平宫为威兼·兰德尔·克雷默的半身塑像揭幕时的讲话，1913年8月29日。）

最后，荷兰政府还是通过它的公使盖弗斯男爵在华盛顿向我提出了这个要求。我很高兴，但是，在我写给他的信中，我还是很谨慎地说我一定会对荷兰政府的汇票及时承兑。我不是直接把钱寄去的，而是让一个荷兰政府的人从我这儿把钱取走，那张 150 万美元的汇票成为了一个纪念品。任何一个人能够做一件那么高尚的事情——能够为建和平教堂——世界上最神圣的建筑，因为拥有最神圣目标——尽自己应尽的义务，自己都会觉得受宠若惊的。除了圣·彼特大教堂，我觉得它比其他任何一个标榜上帝的伟大和神圣的建筑更有意义。正如路德所说的："我们不需要伺候或拯救上帝，他不需要从我们这里得到任何帮助。"建这个教堂的目的就是为了带来和平。至少，我与路德和富兰克林有着同样的感觉："对上帝最高的崇拜就是为人类服务。"

1907 年，有朋友来邀请我出任他们即将组织成立的纽约和平协会会长。我谢绝了，因为我那段时间实在有太多要忙的事情，这是真实的情况。但是在我拒绝之后我打心底里觉得不安：如果我连为了和平事业都不愿意奉献自己，那还有什么事值得我去奉献的呢？幸运的是，几天之后，莱曼·埃博特牧师和林齐牧师及一些其他的著名人士强烈要求我重新考虑。我坦白地告诉他们，由于我先前的拒绝，我的良心正受到煎熬，我会接受这一委任，并将履行我的职责。之后就召开了历史上第一个和平协会全国大会（第二年 4 月份），与会代表们来自联邦的 35 个州，此外还有许多有声望的外国人士[1]。

我的第一枚勋章不期而至。法国政府授予我二级爵士荣誉勋章。在纽约我主持的和平协会宴会上，埃斯图内勒斯·德康斯坦男爵[2]发表了满怀激情的演说，并在来宾的欢呼声中将勋章授予我。这是一个极大的荣誉，我会非常珍惜，因为这是对我服务世界和平事业的一个肯定。这样的荣誉是谦逊的，他们并没有吹捧，所以应该享受这个荣誉。这个荣誉的获得更加警醒我应该比以往更加努

---

[1] 有一件事卡内基先生没有提及，1910 年，他向一个理事会捐款 1000 万美元，用于"消除战争这个人类文明的最大污点"。德高望重的伊莱休·鲁特先生是这个理事会的主席。
[2] 德康斯坦（1852—1924）：法国外交家、国会议员，1899 年曾作为法国代表团成员出席海牙和平会议。

力地奋斗，更加注意自己的言行举止，以配得上我所获得的这个荣誉。

我编造的或曾经编造的不可能接近皮坦克里夫的想法，完全是一种幼稚但又是最纯真和最甜蜜的想法。我必须告诉大家这个故事：

在我小时候，丹佛姆林曾经为获得部分大教堂的地产和王宫遗址的所有权进行斗争。我的外祖父莫里森发起了这一运动，或者说，至少，他是其中的一员。后来我的姨父劳德尔和莫里森舅舅继续开展这场斗争。莫里森舅舅被起诉，因为他煽动和带领人们去拆毁了一堵墙。但市民们在最高法院的判决中胜诉了。于是，皮坦克里夫地主随后宣布"不允许莫里森家族的人进入峡谷"。我作为莫里森家族的一员和我表哥多德一样，也在被禁之列。好几代的皮坦克里夫的地主们都与当地的居民们势不两立。

据我所知，皮坦克里夫的峡谷是独一无二的。它与大教堂和王宫相毗邻，它的西北边就是我们城镇的主干道。它的面积在60~70英亩之间，郁郁葱葱，景色宜人。在丹佛姆林孩子们的心目中，它就是天堂，我也不例外。当我听说"天堂"，我就会联想到皮坦克里夫的峡谷，觉得它是我心目中最接近天堂的地方。只要能从围墙的上方或者通过看门人的小屋往里瞟一眼，我们就会觉得非常的开心。

几乎每个星期天，劳德尔姨父都要带着"多德"和"奈格"绕着大教堂散步，一直走到一个能够俯视峡谷的地方——可以看见下面有许多人在大树林里忙碌地劳作。在我们孩子的眼里，峡谷的主人就是身份与财富的化身。我知道有女王，但她住在温莎城堡；而皮坦克里夫不是她的。亨特家族也不会把皮坦克里夫交换给她，或者任何其他人。对这一点我们都很肯定，因为换做我们也不会。在我童年时代，没有任何城堡和建筑能够比得上皮坦克里夫峡谷那么壮丽、宏伟。劳德尔姨父曾经预言了很多我成人之后可能会做的事，但如果他能够预测到我有一天会有足够的钱和足够的运气成为皮坦克里夫的地主，他没准会对我佩服得五体投地。能把这个我童年时的天堂还给丹佛姆林，使它成为一个大众公园，这会比给我一顶王冠更让我觉得荣幸。

当罗斯博士轻声地和我说，亨特上校可能会被迫卖掉皮坦克里夫的时候，我的耳朵立刻竖了起来。罗斯博士认为他的要价太高，但我根本什么都没有听见了。1902年的秋天我在伦敦呆得不是很舒服，我就又想到了这个问题，所以我有意让罗斯博士过来探望我。有一天早上，卡内基太太让我猜今天哪位客人到访的时候，我就很笃定是罗斯博士了。我们讨论了皮坦克里夫的问题，我建议，如果我们共同的朋友和老乡，在爱丁堡的邵先生（邓弗林的邵勋爵）可以和亨特上校的代理人见个面，他可以明白地向那个代理人表示：如果不与我达成交易，他们总有一天会后悔的，因为很难再找到一个像我这么热心的买家了，而且我还随时可能会改变主意，甚至不买了。博士将我的话转达给了邵先生，邵先生说他第二天与亨特的律师有个约会，他一定会替我如实转告的。

在这之后不久我就去纽约了。一天我收到了邵先生的电报，说亨特接受我提的4.5万英镑的价格，问我可不可以成交。我回电说："可以，只要罗斯也同意了就行。"平安夜那天我又收到了邵先生的回信："万岁，皮坦克里夫的新主人！"就这样，我很幸福地拥有了在我心目中最伟大的头衔。而国王就只是国王，他既没有马尔柯姆王的城堡，也没有圣·玛格丽特的神殿，更没有皮坦克里夫的峡谷。但我却拥有这些，所以如果国王来丹佛姆林访问的话，我很乐意"居尊降贵"地带他游览这些胜迹。

在成为峡谷和公园的主人之后，我发现只有把钱交到一位有公德心的人的手中，钱才有可能为我们的社会公益事业作贡献。至于皮坦克里夫公园，我全权委托给罗斯博士来管理，还听从他的意见请了一些可靠的人和组织一个管理委员会来打理。在罗斯先生还没有向他们提过任何想法的时候，他们就已经设想把它变成这个城镇的公园。当他们听说即使约50万英镑被套牢，还要承担5%的利息，但这个公园也主要是为丹佛姆林的人谋福利时，他们都很诧异大家想法的一致。

管理委员会把峡谷作为公园开放距今已经有12年了，如今这里到处是鲜花，到处是欢笑的儿童，还吸引了很多附近城镇的居民来游玩。这个管理委员会完美地达到了委托书的要求：

给丹佛姆林居民们的单调生活增添更多的"色彩"。给他们——尤其是孩子们——欢乐和幸福，以及一个美好的生活环境，让家乡的

第二十一章　和平教堂和皮坦克里夫

孩子们长大后在回想往事的时候，不管离家乡有多远，都能感觉到童年时代是多么的幸福和美好。如果你们的劳动能做到这一点，那么你们就是成功的；反之，则是失败的。

这段文字让我获得了前加拿大总理格雷伯爵的友谊。他写信给罗斯博士说："我必须认识一下今天早上在《泰晤士报》发布那个消息的人。"

我们在伦敦见面了，彼此都有相见恨晚的感觉。格雷伯爵也是我捐给英国的一个 1000 万美元基金会的监管成员。

就这样，皮坦克里夫峡谷成了目前为止我所做的社会公益事业中最令我有成就感的一个。它让我还给了我们莫里森家族一个应有的公正的回应：曾经被地主们驱赶出峡谷的家族，如今永远成为给丹佛姆林的人们带来了峡谷和公园的标志。这是一个真实的浪漫传奇，超过了任何一部小说的构想。我听见有声音在我耳边低语："你没有白活一世。"这是我一生中最大的荣幸，这是我在其他公益事业中所没有的！真是"三十年河东，三十年河西"。

从我停止聚积财富，转而从事捐赠事业，至今已经有 13 个年头了。如果我当时挣够了下半生的花费就早早退休，去享清福，那么我无论在聚财还是散财上都不会成功的。但是，我有阅读、写作和演讲的习惯和爱好，还有一些在我工作时认识的受过高等教育和有修养的知音和朋友。在退休后的许多年，我都不敢回以前的工厂去看看，因为那里会唤起我的许多回忆，几乎已经没有几个比我年长的朋友和我握手，会叫我"安迪"的老人也只有一两人了。

千万不要以为我忘了那些比我年轻的工作伙伴们，或者他们不会在支持我适应新的生活中起多大的作用，绝对不是这样的！最令我宽慰的是他们组织了卡内基老兵协会，这个组织将一直会存在，直到最后一个成员死去为止。我们每年都要在我纽约的家中聚会，这是一种无与伦比的快乐，因而能一年又一年地持续下去。有一些老部下从很远的地方赶来参加聚会，我们之间所发生的故事成为我一生中最美好的回忆。我永远记得我和"我的朋友们"的感情，因为我的心里一直记挂着他们。

卡内基夫人和我都非常喜欢结交许多朋友，但是这一点都没有改变我们对

"我们的朋友们"的感情。她用老兵协会的第一次聚餐给我们纽约的家命名，"首次相聚"就是她说的，所以也难怪他们选她作为第一个名誉会员，而我的女儿则是第二个名誉会员。他们在我们心中的地位是不可动摇的。虽然我较为年长，但我们仍然是"男孩的聚会"。充分的信任和共同的目标，互相之间的体谅和深厚的感情使得我们就像亲兄弟姐妹般相处。我们首先是朋友，同时也是伙伴。这一生，我们45个伙伴将都紧紧地连在一起。

　　还有一件一年一度的盛事，就是我们的文学聚餐会。组织者是《世纪》的主编理查德·沃森·基尔德。每年他都会引用客人们在这一年所写的作品当中的句子写在卡片上，这很受客人们的喜爱。在这之后的见习演说又在适当的时机调动了整个活动的氛围。约翰·莫利是我们1895年聚会的客人，他作品中的句子出现在每个餐盘的卡片上。

　　有一年，基尔德很早就来到了聚餐会，给客人们安排坐席。但座位都已经安排好了，他就来找我说，他发现约翰·伯勒斯和俄内斯特·汤普森·塞顿的座位是被安排紧挨着，他说他们俩正在进行一场关于兽类和鸟类习性的激烈论战，两人在论战中都有些口不择言，正处于势不两立的状态。因此，他要把他们两人的座位调开。我当时没说什么，但之后我悄悄溜进餐厅，偷偷地把座位又换回来了。可以想见当基尔德先生后来发现他们俩坐在一起时有多惊讶了。但结果如我所愿，他们和解了，并且还成为好朋友。可见，如果你想成为和事佬，那就让敌对的双方在一个必须保持文明状态的场合坐在一起。

　　伯勒斯和塞顿都很感谢我给他们俩的"特别安排"。事实是，我们只讨厌那些我们不了解的人。因此可以得出的结论是，我们想要和自己的敌人和解，最好的方法就是邀请甚至请求他们一起共进晚餐。很多争论变得越来越尖锐，就是因为双方既不见面也不沟通，却道听途说了太多关于他们的分歧。他们并没有完全弄懂对方的观点，而这些都是可以说清楚的。睿智的人会选择伸出他的和解之手，这样可以消除敌意获得友谊。而拒绝这样做的人在此生都会感到不高兴的。没有任何东西能够弥补失去一位朋友的损失，即使这位朋友已经不再像从前那么亲密，但是他依然是你的朋友。随着时间的流逝，朋友们最终都会辞世，永远地离开你。

第二十一章　和平教堂和皮坦克里夫

一个快乐的人会觉得所有的人都应该是幸福、长寿和有所成就的，他不会在别人的道路上设置障碍，反而，他会尽其所能帮助有需要的那些人。所有这些都是维持友谊所需要的。这意味着同情，无尽的同情——不只是为了你所失的东西而同情，还为了那些基于美德才拥有的真正的友谊。

"当爱开始变质和腐朽的时候，它就变成一个带强迫性的仪式。"

以前的亲切感将会永远地消逝，我们可以祈求任何东西，除了幸福快乐。

在我的朋友中，对我的激流勇退最表示支持的是马克·吐温。以下是他给我的一封短信，当时报纸正在大谈我的财富。

亲爱的先生和朋友：

这些天你好像很风光。能借半美元给一个仰慕者，用来买一本赞美诗集吗？如果可以的话，上帝会保佑你的，我知道。如果要用于别的用途的话，就别考虑我的请求了。

您的马克

附：不要直接寄给我赞美诗集，把钱寄给我。我想自己去挑选。

当他在纽约卧病在床的时候，我经常去探望他。我们在一起时非常愉快，因为即使他躺在床上，他也和平常一样聪明睿智。在我启程去英格兰之前，我给他致电道了别。在我走后不久，"大学教授养老基金"在纽约宣布成立。为此，马克还往苏格兰给我写了一封信，信上的地址写着"致圣人安德鲁"，下面是一段摘录：

你可以把我头上的光环拿走了。如果你在我床边时就告诉我你做了什么，你当时就可以得到它。它是纯洁的，只配授予有责任心的人。

那些与马克·吐温比较亲近的人都领略过他的魅力。乔伊·杰弗森是唯一一位能让他的双胞胎兄弟在说话和行为方式上让步的人，因为他们俩是一类人。"瑞莫斯舅舅"乔伊·钱德尔·哈里斯是另外一个有魅力的人，还有乔治·

凯布尔和乔什·比廉斯。他们为他们朋友的生活增添了许多色彩。无论他们到哪都带去了阳光。就如里普·万·温克尔所说的："所有漂亮的东西都是相像的。"每一个人都是无私和热心肠的。

公众一般只了解马克·吐温先生幽默风趣的一面，很少有人知道他在政治和社会问题上也有坚定的信念，是一个坚决的反对无道德原则的卫道士。例如，他以比朱尼厄斯[1]还尖锐的笔锋来描写阿奎纳多因欺骗而被逮捕。

为他庆祝70岁生日的聚会盛况空前，文学界的名流都参加了，但是马克没有忘记让人将亿万富翁——罗杰斯先生安排在他身边。罗杰斯先生曾经在他需要帮助的时候向他伸出了援手。没有任何意外，这些文学界的名流在讲话时都只停留在赞扬他在文学领域的成就。轮到我讲话的时候，我提醒他们注意，我们的朋友作为一个成年男子汉的所作所为，也将与他的作品一样流芳百世。我们完全可以把他与沃尔特·司各特爵士相提并论。我们的朋友，就像司各特一样，也因合伙人的过失而彻底破产了，当时有两条路摆在他面前：一条平坦、容易，也是一条捷径——法律之路，放弃所有的财产，让法庭通过破产，然后再重新开始；另一条路是漫长而又充满荆棘，需要一生的艰苦奋斗，并且牺牲其他的一切。他的决定是：

这不是我如何向债主交待的问题，而是如何向自己交待的问题。

在大多数人的一生中总会经历很多次考验，来决定他是金子还是渣滓。在关键时刻所做出的决定才能真正检验一个人。我们的朋友将自己置于充满烈焰的火炉中，从而历练出一个英雄。他在全世界讲演，尽自己最大的努力去偿还债务。"一个风趣的家伙，马克·吐温"，这是一个普遍的评价，但真正的克莱门先生（马克·吐温）是一个男子汉大丈夫，是可以与沃尔特爵士并列的英雄。

他有一位贤内助，她就像他的守护天使一样支持他，陪着他走遍全世界，

---

[1] 朱尼厄斯：1769~1977年在伦敦一家报纸上发表一系列抨击英内阁信件的不知名作者的笔名。

第二十一章　和平教堂和皮坦克里夫

使他能够像沃尔特爵士那样克服自己。这些他总向他的知己好友说起。在克莱门夫人去世后,我去探望了马克,发现他独自一人在家,我拉着他的手打破了长久的沉默,谁也没有说话。然后,他突然使劲地攥着我的手,说:"家没了,家没了。"此事已过许多年,我今天在此提及仍然能够清楚地听到那三个字,并从心底里产生了共鸣。

今天,一种被我们的祖先否认了的宽恕提醒了我们。如果法官在内心里宣判我们无罪是因为这样的生活方式很好,那么我们再也不用害怕其他的审判官。

人类因为曾经的堕落而受到了永远的惩罚,它是对神圣的颠覆。就连撒旦也会被他吓倒。

第二十二章

卡内基

马泰·阿诺德和其他人

约翰·莫利和我都觉得马泰·阿诺德是我们认识的人当中最有趣的一位。他绝对是个"活宝"——这是唯一能用来形容他的出场效果和说话方式的词。即使他不苟言笑的时候也令人忍俊不禁。

好像是在1880年，他与我们一起在南英格兰作马车旅行，同行的还有威廉·布莱克和埃德文·艾比。当我们路过一个美丽的小村庄时，他问我是否能让马车停上几分钟。因为这里是他的教父基布勒主教的长眠之处，他想他应该去拜谒一下他的墓。他继续说道：

"啊！亲爱的，亲爱的基布勒！我在神学上的见解让他非常伤痛，这也让我觉得悲痛。但尽管我让他非常伤心，他还是我亲爱的朋友。他千里迢迢地赶到牛津，选我为英文诗歌教授。"

我们一起走向那静悄悄的墓地。马泰·阿诺德在基布勒的墓前沉思，这一幕给我留下了深刻的印象。然后我们谈到了他在神学上的见解，他说这伤害了他最好的朋友们。

"格莱斯顿先生曾经向我表示过他的极度失望，或者说是不高兴，他说我本来应该成为主教的。我的作品无疑妨碍了我的晋升，也伤害了我的朋友们。但我也没有办法，我不得不表达我的观点。"

我清楚地记得他当时说最后一句话时悲伤的语气和缓慢的语速，它们是来自灵魂深处的感触。他有他独特的见解，随着时代不断地进步，人们慢慢地已经能接受他的观点。在今天，他的教义观几乎已经不再会被谴责。如果有一个特别虔诚的教徒的话，那就是马泰·阿诺德了。他从来不会说任何不敬的话语，在这一点上，他和格莱斯顿都是无可挑剔的，但是他曾经有一个短句是反对超自然力量的——"反对奇迹存在的人虽然非常少，但它们确实是不可能发生的。"

1883年，他和他的女儿（即现在的威特瑞奇夫人）在纽约时是我们家的常客。他们还经常到阿尔勒格尼山的居民区拜访我们，所以我老是能看到他，但老觉得见不够。我的母亲和我曾经驾车带他去出席他在纽约的第一次公开讲演。那次演讲不怎么成功，因为他缺乏在公众面前很好的表达能力。当我们回到家后，他说的第一句就是问：

"好了，你们怎么评价？告诉我！我能当个演讲家吗？"

第二十二章　马泰·阿诺德和其他人

我非常希望他能够成功,所以我毫不犹豫地告诉他除非他已经找到感觉了,否则就不要再继续这样的演讲。他必须找一个演说家来教他一些演讲的要点。由于我的强烈要求,他同意了。在我们说完了之后,他转向我的母亲说:

"现在,亲爱的卡内基夫人,他们都已经表达了他们的看法了,但我还希望你对我在美国的第一次演说发表意见。"

"太死板了,阿诺德先生,太死板了。"我母亲慢慢地、温柔地说道。阿诺德先生后来偶尔提起这句话,说当时这句话给了他当头一棒。当他结束西部之旅回到纽约之后,他取得了很大的进步,他的嗓音完全够得上布鲁克林音乐学院的水平。他还遵照我们的意见,在波士顿跟从一位演说艺术教授学习演讲,从这以后,一切都发展得很顺利了。

他很想去听著名的传教士比彻先生的演讲,于是一个星期天的早上,我们动身前往布鲁克。我们提前告知比彻先生我们的到访,以便让他在举行完布道仪式后能与我们见面。当我把阿诺德先生介绍给他时,比彻先生非常热情地欢迎我们的到来,并表示很高兴能见到听闻已久的在精神领域很有名的阿诺德先生。他握住阿诺德的手,说:

"阿诺德先生,你所写的作品我都仔细拜读过,有些作品甚至还反复读了好几遍,每次阅读都能有所得,每次都有所得!"

"啊,嗯,比彻先生,我觉得关于那些描述您的地方能提早删掉就好了。"阿诺德回答道。

"哦,不,不,那些全都是称赞我的。"比彻微笑着说,然后他们就一起大笑。

比彻先生从来不错失任何机会。在我将马泰·阿诺德介绍给比彻先生认识之后,我荣幸地给他引见了英格索尔上校的女儿,我说:

"比彻先生,这是英格索尔小姐第一次到基督教堂来。"

他赶忙伸出双手,握住她的手,直视着她,慢慢地说:

"哇!哇!你是我见过的最漂亮的不信教的人。"那些记得英格索尔小姐年轻时的人绝对不会同意比彻先生的说法的。他又继续说道:

"你的父亲怎么样了,英格索尔小姐?我祝愿他身体健康。许多次,他和我同站在一个讲台上,可惜的是我没能和他站在同一边!"

比彻确实是一个崇高伟大、宽宏大量、慷慨大方的人，无论在哪里他都能发现事物好的一面。斯宾塞的哲学，阿诺德合理的洞见力，英格索尔坚定的政治立场对整个国家而言都是有益的。比彻先生对这些人都给予了充分的赏识和尊敬。

1887年，阿诺德到我们在苏格兰的家中做客。有一天我们谈到运动时，他说他不打鸟，他不能猎杀任何有翅膀的、在湛蓝的天空中翱翔的动物。但是，他补充说，他不能放弃钓鱼。他告诉我们一个公爵一年给他两三次一整天的钓鱼时间，说到这里他显得很高兴。我忘了这位公爵到底是谁了，但是他的名声好像不太好。我们问他怎么会跟这样一个人有密切的交往。

"啊！"他说，"一位公爵总是个人物，一个名流，与他的学问和品行不相干。我们都是势利小人，几百年的时间让我们变成了势利小人。这是与生俱来的，我们无法改变。"

他微笑着说了这番话，而我对他所说的话持保留态度。他自己本身就不是势利小人。但是一个人天生就"微笑地面对远久的血统声明"，那么按常理来说，"血统"就毋庸置疑了。

然而，他对人的身份和财富特别感兴趣，我还记得在纽约时，他特别希望能见到范德比尔特先生，而我胆敢告诉他他不会发现这个人和别人有任何不同。

"但这毕竟是去认识世界上最富有的人，"他回答说，"而且这个的确是靠自己的能力创造财富的人，他会使那些靠继承别人财产的人黯然失色。"

有一天，我问他为什么从没有写过莎士比亚作品的文学批判。他说他早就有这个想法了，但是他总觉得自己还不够资格去写关于莎士比亚作品的任何东西，更别提去评论和批判了。他认为在这方面他还做不到。莎士比亚的作品太重要了，以至于不能用任何文艺评论的原则去批判。或者极有可能是因为他很欣赏莎士比亚卓越的天才般的写作技巧而导致他一直都回避评论莎士比亚作品这方面的主题。在他对莎士比亚作品无比的称赞后，我告诉他对此我早有准备，我给他念了他曾写的十四行诗，唤起了他的回忆：

莎士比亚

别人容忍我们的问题。你的作品是自由的。

我们不停地追问——你依然微笑不答，渊博的知识。

像崇高的山岭，

那个被废黜王位的君王，

在海里踏着坚定的步伐，

让他所停留的地方成为天堂，

他所在的地方被乌云笼罩，

寻找死亡；

而你，你是我们的星星，我们的阳光，

……

不朽的灵魂需要忍受所有的痛苦，

不再软弱，不再悲痛，

去寻找胜利的唯一呼声。

我认识邵先生（乔什·比廉斯），希望阿诺德先生这位和蔼可亲的传道者，能见一见那块未经加工的钻石——虽然粗糙，但仍旧是一颗钻石。幸运的是，一天早上，乔什来温莎酒店看我（我那时就住在那儿），于是见到了阿诺德，并表示了他的仰慕之情。我说：

"你今晚要和他一块吃晚饭。女士们都出去了，只剩我和阿诺德两人一起吃了。"

他是个谦让的人，所以反对这样的安排，但是我的态度坚决，没有任何借口，他必须和我们一块吃饭，最后他同意了。晚饭的时候我坐在他们两人中间，我对这场自己安排的会面非常满意。阿诺德先生对邵先生说话的方式很感兴趣，尤其喜欢听他讲西部的奇闻轶事，我从来没见过阿诺德先生笑得那么开心。邵先生讲了一个又一个他作为演说家时的亲身经历，因为他曾经有15年的时间在美国每个有1万以上居民的地方作演讲。

阿诺德先生非常渴望听他讲一个演说家是如何吸引他的听众的。

"好的，"他说，"你不能让他们笑那么长时间，否则他们会觉得你在笑话他们。在逗乐了听众之后，你必须开始认真起来，转入正题了。例如，'生命中有两件事情是人们没法预先准备的。谁可以告诉我是什么呢？'然后有人大喊'死亡'。'好，谁还有另外的答案？'有人说——财富，幸福，力量，婚姻，税收。最后我开始严肃地说了：'没有人能说对第二个答案，这世界上有两件事情是人们没法预先有所准备的，他们就是'双胞胎'。然后整个屋子都被笑声震动了。"阿诺德先生也做到了。

"你要一直持续编出新的故事吗？"阿诺德先生问道。

"是的，一直。除非你有新的故事，否则你不可能一年又一年的演讲，有时候这些也有不起作用的时候。曾经有一次，我非常肯定一个故事将能博得满堂喝彩，但却失败了，我觉得它没能起到它应有的功效，这全是因为我没有找到一个绝对必要的词。在密歇根州时我整夜坐在燃烧的炉火前，突然我想到了一个词，而且我知道这个词肯定能产生非同凡响的效果。我后来在孩子们中试验了，果然效果很好，比以前我所用过的词产生的效果维持得都要长。我又开始说了：'这是一个批判的时代。人们不会相信你直到他们完全理解。现在，有先知和鲸鱼，他们两者都想了解。我认为不管是先知还是鲸鱼，他们都没有完全弄懂。所以他们会问先知在鲸鱼的社会中干什么？'"

有一天，邵先生在百老汇街上散步，突然一个真正的西部人和他搭话，那个人说：

"你是乔什·比廉斯吧。"

"嗯，有时候我是叫这个名字。"

"我钱包里有5000美元是给你的。"

"这儿有一家代尔摩尼克餐厅，我们进去坐坐，你给我说说这到底是怎么回事？"

坐下之后，这个陌生人说他是加利福尼亚州一个金矿的所有人之一，他们几个合伙人为了所有权的问题产生了争执，这几个合伙人在争吵中结束了他们的合作关系。他说他愤然离去，并威胁说不管有多大困难他也要取回他的东西，并开始了法律诉讼程序。"第二天早上,在会议上我告诉他们我早上翻阅了乔什·比廉斯的年历,今天的语录是:'当你拽牛角想拉动牛的时候,还不如去拉它的尾巴,这样你才能更好地抓住一些,放弃一些。'我们笑了又笑,觉得说得挺有道理的。于是,我们采纳了你的意见,解决了这个问题,最后我们又成为好朋友了。有人提议应该给乔什5000美元,而恰好我到东部来,他们就委托我把这笔钱交给你。这就是这笔钱。"

我们那天的晚餐是以阿诺德的话来结束的,他说:

"好了,邵先生,如果你要到英国来演讲的话,我会非常乐意把你介绍给听众。顺带给你介绍某个愚蠢的当地贵族,这会对你有好处的,我非常渴望能这样做。"

谁能想象,马泰·阿诺德这个和蔼可亲的传道者要把乔什·比廉斯这个顶尖搞笑的高手介绍给英国的听众。

在之后的许多年,他也从不忘记问候"我们狮子般的朋友,邵先生"。

那次晚餐后的一天早上,再次在温莎见到乔什,我坐在他旁边,他取出一本备忘录,说:

"阿诺德在哪?我想知道他怎么看这件事。《世纪》付给我一星期100美元的报酬,让我给他们寄去任何发生在我身上的搞笑的事。下面是来自杰基尔舅舅的事:'评论家理所当然比作家更伟大。任何能指出其他人所犯的错误的人总比犯错误的人灵敏。'"

我告诉阿诺德先生一个芝加哥的故事,或者更确切地说是一个关于芝加哥的故事。一位女士从波士顿来到芝加哥拜访即将结婚的同窗好友。一个晚上,芝加哥的一位名人问她,芝加哥什么最令她着迷?她优雅地答道:

"最令我惊奇的是繁荣的商业,或者你非凡的成就,或者你豪华的住宅,我认为它代表着这儿的文化和文明的程度。"这番话转而让人想到:

"哦,那你就是说我们只是一群昏乱的游离在外的人而已。"

阿诺德并不喜欢芝加哥,因为这个城市给他的印象就是一个"市侩之都"。然而,他惊喜于能碰到那么多"文化和文明"。出发之前,他很好奇他能在这发现什么令他最感兴趣的东西。我笑着告诉他,应该让人带他去看一看那最棒的景观,据说是个屠宰场。那儿配备有最新最完备的机器,把猪从这边赶进去,嚎叫声还没有从耳边消失,火腿就从另外一边出来了。他想了一想,问:

"为什么要去屠宰场?为什么要去听猪叫呢?"我无言以对。

《旧约》中,阿诺德最喜欢的要数以赛亚,至少他经常引用这位伟大诗人的话(他这么称呼他),因此让人得出这样的结论。我发现在环游世界的旅程中,其他宗教的经典不再是没有用的渣滓,而是对他们的传说进行必要的积累而成的。我记得阿诺德先生说过《圣经》也应该被这样处理。孔子和其他能够让世界更美好的经典都是经过精心挑选后以"语录"的方式成书的,他们的信徒没有让蒙昧时代的糟粕出现在经典当中。

任何人在这件事上考虑得越多,他就越坚信基督教也必须以东方宗教为学习榜样,把麦子与谷皮分开——有些甚至比谷皮更加严重,有时是有害的甚至有毒的垃圾。伯恩斯在《星期六晚的农场雇工》中就描述了这个虔诚的人为了晚上的服务把《圣经》中的句子摘抄下来。

我们对事物应该做筛选,并只用筛选之后的部分。在这一点上,和其他的很多方面,阿诺德,这个我非常庆幸自己能够认识并觉得非常幸运地与他成为朋友的人,是一个超越了他所在时代的真正的老师,是一位主宰"未来和它的未知事物"的最伟大、富有诗意的老师。

我把阿诺德从阿尔勒格尼山的避暑山庄上带下来去观看黑烟蔽日的匹兹堡。在从埃德加·汤姆逊炼钢厂到火车站的路上,有两段台阶通向一座桥,第二段比较陡。当我们都已经走了四分之三的路程时,他突然停住,气喘吁吁的。他靠在横杆上,把手放在胸口上,对我说:

"啊!这总有一天会要了我的命,就像我父亲那样。"

我那时不知道他的心脏不好,但是我永远忘不了当时的那个场景。过了不久,我收到了他突然去世的消息,在英国他曾经尽力去回避的那道槛,这使我痛苦地想起他曾经对自己命运的预言。我们损失巨大。我所知道的没有一个人能够比他更能配得上伯恩斯为《圣经》中的大力士参孙所作的碑文:

他疲倦的肉体在这安息：
阿门，虔诚的人们，宽恕他吧！
如果诚实的人配去天堂，
那么天堂离他不远了。

　　我在这里要提到另外一个人的名字，波士顿的奥利弗·温德尔·霍马斯医生，他已经 80 岁了，但他自始至终都是个大男孩。当马泰·阿诺德死后，一些朋友打算做些什么来永远纪念他。这些朋友默默地提供了一些必要数额的捐款，但是没有想要公众的回应和支持，而每个人都愿意为这个基金贡献自己的一份力量。已经筹到相当一部分的款项了，我觉得非常满意。当然，我不会忘记提及亲爱的霍马斯医生所做的事——没有任何的作家或者失业的人被要求对基金有所贡献。但是，一天早上，我收到了医生的一封短信，说他以前曾经和阿诺德悄悄说过，如果有一个活动是值得在其名誉手册上留名的，那么他将会积极参与。自从他听说这个活动之后，他就一直想写信给我，并说他希望得到回音。不用说，他肯定认为这个活动是有意义的。

　　这可能就是我们想要的纪念意义。我敢说没有一个参与捐赠的人是不感激命运所给予他的机遇的。

第二十三章

卡内基 英国的政治领袖

在伦敦，那时罗斯伯里勋爵是格莱斯顿内阁成员之一，还是一名冉冉升起的政治新星。承蒙他的厚爱，我被邀请与他共进晚餐，在那里我第一次见到了格莱斯顿先生。我非常感谢他让我见到了这位世界第一公民。大概是在1885年，为了我的1886年《民主的胜利》[1]，记得那时我按照事先准备好的令人吃惊的形象出现，给格莱斯顿先生留下了深刻的印象。

当格莱斯顿先生第一次正式地邀请我与他共进晚餐时，我在处理社会事务中没能更努力地去争取我真正想要的。当时我已经和别人有约在先了，我强烈地希望这个来自大不列颠的真正统治者不是在邀请我，而是在给我下达一道命令。但是，我还是遵守了原先的约会，而错过了我与最想见的人见面的机会。幸好，不久之后，我在海沃顿时能去拜访他。

罗斯伯里勋爵为我捐赠的第一座图书馆揭幕，即丹佛姆林的图书馆。最近（1905年）他又为我最新捐赠的一座图书馆揭幕。当他到纽约访问的时候，我驾车带他在河边闲游，他说这个世界上没有哪个城市那么地吸引人。他有杰出的一面，但也优柔寡断。他出生于劳动人民之家，在青年时代就进入了下议院，他并不是没有经过任何努力就进入了上议院。他本来应该在艰难困苦的生活当中练就顽强的，但他非常细心敏感，又没有不达目的不罢休的坚韧，而这是政治生活中必不可少的。他是一个很有名的演说者——温文尔雅又极有风度的演说家。（说这些话的时候他可能已经成为首屈一指的演说家。在此对他表示崇高的敬意！）

一天早上，我应约去拜访他。在一段寒暄之后，他拿起我进来时就已经放在他桌上的信封递给我，说：

"我希望你能解雇你的秘书。"

"您的要求太高了，阁下。他是我的得力助手，还是个苏格兰人，"我回答，"他怎么了？"

"这不是你的笔迹，这是他的。你是如何看待一个在拼写罗斯伯里时写了两个r的人？"

---

[1] 《民主的胜利》，或称《50年的共和制运动》，伦敦1886年出版，纽约1888年出版。

我说如果我连这类事情都在意的话，那生活对我来说简直无法忍受。"我家里每天收到很多信件，其中肯定有20%~30%的信是把我的名字拼错的——从卡纳杰到加纳格。"

但他是严谨的，就只是这么小的一些事也都能给他带来那么大的烦扰。干大事的人应该学会从这些小事情中发现乐趣，或者将其付之一笑，否则就连他们自己也可能变"小"了。此外，一个有人格魅力的人，应该将羞涩、敏感、任性和保守统统抛开，也许在下议院待的那几年改变了他的性格。

当他作为一个自由主义者在上议院制造了一些轰动时，我曾经尝试着向他灌输一点我自己的民主思想。

"勇敢地支持国会，扔掉你世袭的头衔，声明你蔑视特权，因为它不是每个公民都享有的权利。这样才能使你自己成为人们真正的领袖，而作为贵族阶层，这永远是不可能的。你年轻、聪明、有魅力，又是演讲天才。你如果投身于这个事业，你肯定能当上首相。"

令我吃惊的是，虽然看起来他对我的话很感兴趣，他却非常平静地说：

"但下议院的人不可能承认我和他们是一块的。"

"这正是我所希望的。如果我是你，即使落选了，我将继续参加下一任的竞选，迫使下议院表态。我坚信如果一个能与他世袭的特权断绝关系的人是一个高尚的公民，完全有资格去参加任何一个职位的竞选，并且肯定能取得胜利。克伦威尔就是这样成功的。民主会青睐那些打破先例或者制造先例的人。

我们结束了这个话题。后来莫利向我提起这事，我永远忘不了他的评论：

"我的朋友，克伦威尔并不住在伯克利广场38号。"他缓慢地、严肃地但是非常确定地跟我说。

罗斯伯里很杰出，他天生是贵族，虽然一场火灾使他的身体有点缺陷。相反，莫利从最底层开始往上爬。在他外科医生父亲的催促和监督下，他考上了大学。但他一直是"诚实的约翰"，他靠着自己的实力，没有任何做作而被提升为所谓的贵族阶层，并被评上"光荣之兵"的称号，这些都是优秀的人才能获得的荣誉。"鲍勃"里德也是这样，由一个下院议员变成了罗利本伯爵和上议院的大法官。霍尔丹伯爵的成功也像那位法官一样，还有阿斯奎部长、劳埃德·乔治等人。并不是因为今天共和国统治更加民主，也不是因为他们有特殊的背景。

当世界第一公民去世之后，摆在面前的问题是，谁来接替格莱斯顿？又有谁能接替格莱斯顿？内阁中的年轻成员们一致同意让莫利做出决断。哈考特或者坎贝尔·巴内曼？对于哈考特来说，有一个致命的弱点——不能控制自己的脾气。这个问题曾经警醒过他，他暴躁的脾气的确不合适于领导阶层，而沉着、冷静和明智的判断是作为一个领导人必不可少的素质。

我很喜欢哈考特，他一直非常向往共和制。他还是马特利的女婿。他对我们的人口普查活动及其报告都非常感兴趣。当然，坎贝尔·巴内曼作为我们家乡的代表，我也为他的高升感到由衷的高兴。他不管在住宅区还是在集会人群中作答谢致词时，都会说："我的当选要归功于我的主席，贝利·莫里森。"

我的舅舅贝利是丹佛姆林激进派的领军人物。无论是过去还是现在，我们的家族都是激进派人士，卡内基家族和莫里森家族都是伟大共和制的积极拥护者，就像那个赞美华盛顿和他的同伴们的声明一样——"敢于向王权挑战的人们"。使用英语的民族在有秩序、有法律保障的发展中肯定能够通过改良很快建立起一套有利于人民的黄金规则。这个感觉当时已经普遍地流行于英国所有的殖民地。这个亲爱的老祖国就像母鸭在岸边向令它非常操心的鸭子一般在游泳的孩子们尖声警告着，但它不久以后也会学会游泳的。

1905年的秋天，我和妻子出席了授予约翰·罗斯博士丹佛姆林荣誉市民称号的仪式。罗斯博士是丹佛姆林信托基金会的主席，是热情的公益活动家。麦克白市长在他的讲话中说，这个荣誉是非常难得的，目前在世的只有三个人获得这个称号，一位是国会的成员、时任英国首相的坎贝尔·巴内曼，另外一位是前印度总理、时任殖民部部长的丹佛姆林的埃尔金伯爵，还有就是我，能名列其中是我极大的荣幸，因为我没有担任任何的官职。

埃尔金伯爵是布鲁斯家族的后裔。他们家族的祖坟就在丹佛姆林的教堂中，他的祖先就躺在教堂的大钟下面。关于斯坦顿部长是如何挑选出格兰特将军一事已经是众所皆知，而他本人根本不可能成为司令官。埃尔金伯爵也是一位容易让人犯类似错误的人。当时苏格兰大学处于准备改革的时期，埃尔金伯爵是改革委员会的二号人物。当国会保守派成立布尔战争委员会时，作为自由主义者的埃尔金被任命为委员会的主席。当上议院的决定引起了苏格兰联合自由教会极度混乱时，埃尔金伯爵被指定为委员会的主席去解决这场混乱。国会把他的报告当作法案来提出，他又再次成为应用法案的带头人。当苏格兰大学基金会挑选托管人时，我向巴尔弗首相建议埃尔金伯爵是接管此基金会的合适人选。他也对此表示同意。后来的事实也证明了这点。后来有一天，约翰·莫利（当时他还没有成为丹佛姆林信托基金会的成员）和我说他对埃尔金伯爵的感觉：

"我以前觉得埃尔金是个高高在上、制造麻烦的公众人物，但我现在知道他是一个很能干的人，能脚踏实地地工作，而不是夸夸其谈。"

这就是布鲁斯国王的后裔，既头脑聪明，又待人谦逊。

一旦成为了某地的荣誉公民，类似的荣誉就会接踵而至[1]。1906年，我在伦敦连续六天收到六个地方的荣誉称号，并且接下来的另一星期又收到两个。我不得不每天赶早班车去参加授予仪式，到晚上才回来。也许有人认为这些仪式肯定会单调无味，其实不然，每个地方都有不一样的情况。我见到了很多很出色的人，他们当中有市长、市政要员和军队长官。每个地方都有自己的特色和问题，有成功之处，也有失败不足。很多地方都渴望通过不断改进自身的不足来吸引更多的支持。每个地方都有自己小小的世界。市议会就是内阁的一个缩影，而市长就是首相。人们关心地方内的政治事务，对地方外关系的态度显得很冷淡。城市之间存在很多问题，比如如何处理与邻近地区的关系，水资源、天然气或者电力的输入，关于支持或反对联盟还是分离的协商会的举行问题等。

地方政府是最能够体现新旧世界之间的差异的。以前，每个家庭都会为自己家族已经居住了好几代的家乡和其建设作出很多贡献。一位父亲如果当上了市长，那么会激励他的儿子以他作为效仿的榜样。城市的骄傲是他们创造的，是无价之宝。他们对家乡有深深的眷恋之情。他们把竞选议员看成是为家乡谋福利。事实上，很少人能够明白，国会的成员都是为那些有钱人预备的，因为他们住在伦敦却没有任何补偿。然而，现在这种情况很快会改变，英国将会按

---

[1] 卡内基先生在英国和爱尔兰曾经获得不下54个城市的荣誉市民称号，他创下了这项纪录——格莱斯顿先生排在第二，他获得了17个。

照普遍的做法，给为立法者服务的人们以相应的报酬。

　　从此以后，英国很有可能就像其他国家一样，安排国会在白天开会，好让议员们能精神抖擞地投入到一天的工作中，议员们不用再像以前吃完晚饭后，还要用已经忙了一整天本职工作而疲惫不堪的大脑来处理管理国家的工作。有人问惠斯特桥牌的权威人士——卡文迪什，一个人有没有可能在第二圈出第三张牌时会出"J"，他答道："有的，他可能刚吃完晚饭。"

　　最优秀的人聚集在英国的市镇议会中，他们为官清廉，富有爱国心，为自己的家乡感到骄傲并全心全意地为家乡做贡献。美国在发展进程中，也正朝着这个方向努力，但是我们目前还远远落后于英国。然而，人们趋向于在这些地方定居下来，因为这个国家充满着浓厚的移民气息。我们应该努力培养那些离开自己的出生地来到这里发展的人们的爱国心。只是一代人的时间，苏格兰市镇的军队长官们就成为当地的大地主和上流阶级。"大不列颠人深深地爱着地主"仍然是真理，但他们的爱很快就会消失了。

　　在伊斯特本、索尔兹伯里和其他一些古老的城镇中，我发现市长来自社会的各个阶层，并且普遍用自己的双手劳作。市议会的大多数成员也是这样的。他们的服务都是不计报酬的。我非常荣幸能在苏格兰和英格兰认识那么多市镇的军官和政要，也不会忘记爱尔兰，在那里我曾经获得许多地方的荣誉称号。没有什么能比得上我在科克、沃特福德和利默里克所受到的接待，我惊喜地看见迎宾彩旗上写着无数个欢迎您的到来。

　　这次接受荣誉市民的过程仪式让我深入了解了英国各地的公众生活和爱国精神，这样才使得我的行程不至于变得枯燥。欢迎的彩旗和拥挤的人群围在我们所经过的道路两旁，我觉得我与当地的长官相处得非常悠然自得，甚至主要官员们的演讲时常为我在那里的生活增添新气象。

　　我的结论是，对地方领导人实行普选制和自治制更有利于整个英国的管理和统治，远远高于那些其他国家所能做到的，他们都是政府重要分支的核心。国会可以从市镇议会成员中选派代表来组成，并且不会降低他们的工作效率。或许当这些成员能够得到充分报酬时，他们都会聚集到威斯敏特地区了。这样做是有利于国家的。

第二十四章

卡内基 格莱斯顿和莫利

在1892年4月的一天，我和我的妻子到格莱斯顿家做客，他给我的《美国的四驾马车在大不列颠》一书以较高的评价。他建议我找一天上午，和他一起参观他的新图书馆，我们两人可以聊聊天，而他也可以整理一下他的书（他从来不允许别人碰他的书）。我在书架之间徜徉，发现了一本很独特的书，于是我向在我远处站在梯子上整理书卷的朋友喊道：

"格莱斯顿先生，我发现这里有一本《丹佛姆林的名人》，是我父亲的朋友写的。我小时候还认识其中的一些名人呢。"

"是啊。"他说，"再往左三或四本书那儿你会找到另外一本丹佛姆林的人写的书。"

我按他说的做了，看见了那本书——《美国的四驾马车在大不列颠》。在我找到本书之前，就听到了来自梯子上方传来的热情洋溢的声音：

"麦加对伊斯兰教徒有意义，贝拿勒斯对印度教徒有意义，耶路撒冷对基督教徒有意义，所有这些就是丹佛姆林对我的意义。"

听到那些声音的片刻，我意识到这些是我当年在南边从远处第一眼瞧见丹佛姆林时所产生的感觉。[1]

"你到底怎么弄到这本书的？"我问。"我写完这本书时还没有认识你的荣幸呢，也就更不可能给你寄过这本书了。"

"对啊！"他回答，"那时我们还没有相识，但是有人，好像是罗斯伯里，和我提过这本书，我就派人去取来这本书，而且读得非常高兴。那里边对丹佛姆林的赞美深深打动了我，以至于我一直对它念念不忘，至今都记忆犹新。"

这件事发生在我写完这本书的8年之后，也从另一个侧面证明了格莱斯顿先生美妙的回忆。作为一名虚荣的作者，也许我应该请求得到宽恕，我必须承认我非常感激他对我这本书给出的极高评价。

那些星期天以"圣经的朗读者"出现在公众面前的政治家们，很容易让人

---

[1] 这段话是这样的：从费里山上看丹佛姆林是多么的美丽，他古老的高高耸起的教堂，使整个城市充满着神圣，给低矮的房子增添了独特的魅力和高贵的气质！……（摘自《美国的四驾马车在大不列颠》第282页）

第二十四章 格莱斯顿和莫利

对其动机产生怀疑。我承认在我和格莱斯顿先生很熟之前，我偶尔也会产生这个想法。这个机警的老绅士至少应该能想到这样的露面会对他拉选票没有什么益处。但是当我了解了他的真正的性格之后，所有这些想法都消失了。他是如此的虔敬和忠诚，甚至在他的日记中也体现了这一点。当他在下议院中用了几个小时对预算问题所作的陈述获得了大家的接受时，他"明白以上都是神的力量在支持他"（参考莫利的《格莱斯顿的一生》）。就像能够拒绝其他众多信念的人那样，努力只坚信一种未知力量来支持信仰，这个信仰必定是对他真正地产生了持续的影响，虽然这可能会震惊其他人的想法——难道我们人都能够大胆地设想造物主会考虑到格莱斯顿预算案，这顶多只算是地球上的斑点那么大的事。这样想好像会遭天谴，然而我们知道对于格莱斯顿先生来说他的想法刚好相反——宗教信仰是不存在神的直接代言人来替神完成他的工作的。

1887年6月，大赦年的那天晚上，布莱恩先生和我约好去在皮卡迪里的沃尔顿与格莱斯顿和他的妻子那里一起共进晚餐，这是布莱恩第一次见格莱斯顿。我们坐上了马车迅速地从酒店出发，但是人群太拥挤了，以至于我们只能在圣·詹姆士街上下车。我们走到人行道上，布莱恩先生在后面跟着，我找到一名警察告诉他布莱恩的身份和我们要去的地方，并问他是否能够带我们到那儿。他做到了，一路上帮我们在拥挤的人群中开路，我们就跟在他后边。但我们赶到沃尔顿时已经快9点了。我们11点之后就分开了。

格莱斯顿先生解释说他和他的妻子本来是能够从海德公园到这来的，但他们希望我们回到他们住的地方在卡尔顿特瑞斯，同样的路线。布莱恩和我就在想我们应该享受在回酒店的路上挤过人群的机会。我们成功地做到了这一点，当我们缓慢地经过改革俱乐部时我听到了一些人说话的声音从右边的大楼传来。我对布莱恩说：

"这是格莱斯顿先生的声音。"

他说："这不可能。他刚刚和我们分开回他住的地方。"

"这不重要，我只知道我认人的声音比人的长相更准，我确信这肯定是格莱斯顿的声音。"

最后我们往回走了几步，在那栋房子的附近我们发现了格莱斯顿先生和他的同伴。我们一起逗留了几分钟，他小心翼翼地不让他的头和脸从斗篷露出来。那时已经大半夜，而且他已经80岁了，还像孩子一样。在他知道他的妻子已经安全到家之后，他决定和我们一起共进晚餐。

格莱斯顿和布莱恩在晚餐中的谈话主要围绕英国和美国之间议会进程的不同而展开。整个晚上，格莱斯顿都在反复地询问布莱恩先生作为演说者时众议院的程序模式。我注意到了"先决问题"——不受限制的讨论。这个给格莱斯顿先生留下了深刻的印象。期间，我们还不时地拓宽谈话的范围。

格莱斯顿先生的兴趣也许比英国其他人的兴趣都要广泛。我在苏格兰最后一次见到他是在阿米斯蒂的家中。他的头脑还是那么清晰，精力还是那么旺盛，他对事情的兴趣依然是那么浓厚。那时他最感兴趣的话题是美国高大的钢铁结构的建筑物。就此，他问了我很多问题，其中最令他困惑不解的是为什么第五、六层经常先于第三、四层之前完工。他很满意我对这个问题的解释。他真的是一个"打破砂锅问到底"的人。

莫利先生（虽然是个勋爵，但仍然保持着平民作家的作风）很早就成为我们的英国朋友，当时他是《双周评论》的主编，我第一次给英国期刊投稿就是在这本杂志上发表的。到了晚年，我们之间的友谊更加深厚了，彼此承认对方是自己亲密无间的朋友。我们经常星期天下午互相通短信（有时是长信），因为这种精神感动着我们。我们不是同一类人，甚至还相差很大，我们能走在一起正是因为这些反差让彼此取长补短。我比较乐观，认为所有的丑小鸭都能变成天鹅。而他比较悲观，在真正危险面前显得非常冷静谨慎，甚至有时候有些杞人忧天。在我看来，世界是光明的，地球是一个真正的天堂——我是如此的快乐，我对命运充满感激。莫利很少对任何事表现出狂热，他总是经过深思熟虑后才作出判断，他的眼睛总能看到台上的斑点。

我给他讲过一个故事，有一个悲观主义者，从来没有什么能让他高兴的事；还有一个乐观主义者，从来没有遇到让他不高兴的事，在他们获得进入天堂的机会时，天使给予他们祝贺。悲观主义者回应道：

"是的，天堂是个好地方，但是不知怎的我觉得这个光环和我的头不是很相配。"

第二十四章 格莱斯顿和莫利

乐观主义者用一个故事来反驳他,有一个人被拖下地狱,魔鬼把他放在河边,他想喝一口——水很烫。一个老朋友向他搭话:

"啊,吉姆,这是怎么了?没救了,你真是无可救药了。"

吉姆答道:"安静点,可能还有更糟糕的呢。"

"还能怎样啊,你都被拉到无底深渊了!"

"嘘,安静"——他指指他的魔鬼殿下——"他可能会想起让我背他的。"

莫利和我一样,都很喜欢音乐,都着迷于斯基伯的早晨,因为那能听到管风琴的演奏。他和巴尔弗·亚瑟都喜欢宗教剧。我记得他们曾经一起去克里斯多宫殿看宗教剧。他们都很明智,富有哲学头脑,按我的理解,他们和哲学家也差不多了,但巴尔弗最近的作品有点投机——这是莫利永远不会尝试的领域,他还是脚踏实地向前走,并且只走在干净的道路上。在森林里迷路对他来说没什么危险,因为他肯定会找到出来的路。

莫利最近最惊人的言论是他在伦敦召开的世界编辑大会上的演讲。他说在对形成和维持现在已经改良了的政治和社会状况上,伯恩斯的几行诗句比所写的几百万篇社论更管用。这引起了一些评论,不时地出现在他们自己的一些文章和言论中,他们做了他们应该做的。汤姆·佩尔在《人的权利》中有提到这些。

在这次演讲后他来到斯基伯,我们曾经讨论过此问题。我提到他对伯恩斯的赞美和他所引的伯恩斯的六句诗。他说他没必要告诉我几句诗是什么。

"用不着,"我说,"我已经把它们背下来了。"

在紧接着的一次演讲中,当时是给蒙特罗斯公园的伯恩斯雕像举行揭幕仪式,我给他背诵了我认为他所提到的六行诗。莫利证实了我说的是正确的。说来奇怪,我和他几年前都曾获得蒙特罗斯市的荣誉市民称号。

我邀请莫利到美国来拜访我们,在1904年,他终于来了,这次他游遍了大半个美国。我们尽可能让他认识一些像他自己一样杰出的人士。有一天,伊利弗·鲁特议员应邀到我家做客,莫利和他谈了很长时间。议员离开后,莫利和我说他非常喜欢这个同伴,是目前他所遇见的最合他意的美国政治家。的确如此,伊利弗·鲁特对公共事务拥有准确的判断力和广泛的知识面,却一点都不高傲。

莫利离开我们去白宫拜访罗斯福总统,与那个非凡的人度过了富有收获的几天。后来，莫利评论说：

"我在美国见到了两大奇迹，罗斯福和尼亚加拉瀑布。"

这是聪明和真实的生活——伟大的一对奇迹，他们不知疲倦地去完成他们应该做的事情。

莫利是拥有阿克顿图书馆的最好人选，我给他这份礼物的原因是：当时格莱斯顿先生告诉我阿克顿勋爵的情况时，在他的建议下，我同意买下阿克顿图书馆，并且允许在他的有生之年仍然归他使用。不幸的是，仅仅一年之后，他就去世了，而图书馆就归我所有了。我坚信莫利能够最好地发挥这座图书馆的作用，并且最终会把它留给合适的机构。我刚开始和他说我拥有一座图书馆，他就打断了我，说：

"好了，我必须告诉你在你买下它的那天我就知道这件事了。格莱斯顿先生告诉我的，我对它能够安稳地陪着阿克顿勋爵度过一生感到非常高兴。"

这就是我和他的亲密关系，根本用不着和对方说明情况，但我惊奇的是莫利居然不感到惊讶。这个事件证明了格莱斯顿和莫利的亲密无间——唯一一个他无法控制地要与之共享世俗快乐之事的人。然而在神学的问题上，他们两个人的观点差别很大，阿克顿和格莱斯顿是类似的。

当我在苏格兰大学建立基金之后的那一年，莫利作为大臣要随同国王陛下出访巴莫拉尔。他给我发电报说在启程之前一定要到美国来看我。我们见面时他告诉我，他的国王对我给予大学的捐赠和我对家乡所作的其他贡献非常赞赏，并想知道什么是我想要而他又能赐予的。

我问："那你怎么说的？"

莫利回答说："我认为没有什么东西。"

我说："你说得很对。除非是国王写封信对我说他很欣赏我所做的一切，就像他给你写的。我将会珍藏这封信并且把它当成传家宝留给我的子孙们。"

我的想法得到了实现。这个国王亲笔写了封短信给我。我已经在上文给读者展示了。

对于莫利来说，斯基伯是最好的休养胜地之一，因为他的妻子每个夏天都要陪着他来我们这里好几次，都快成为我们家庭的一员了。他像我一样很喜欢驾游艇，这对我们俩来说，是最好的良药。莫利是，也必定永远都是"诚实的约翰"。他不搪塞别人，不说废话，在所有问题上和所有的紧急事件中都坚定地像块岩石。然而他善于到处观察——纵向的和横向的，带着宽阔的胸怀从不同角度观察。他不经常显出和蔼亲切，偶尔在适当场合中展示他的在场和权威。在那之后，就保持沉默了。

张伯伦和莫利是非常要好的朋友，他们都是先进的激进派人士。我在英国时经常与他们见面和商讨问题。当地方自治问题被提起时，引起了英国广泛的兴趣，风头盖过美国的联邦制。我被邀请在几个城市中作公共演讲，解释和支持美国的联邦制——最自由的地方管理产生最强而有力的国家管理。我还给张伯伦先生寄了安娜·戴维斯写的《国家的管理》一书。在他的要求下，他和莫利、格莱斯顿还有其他人都交谈过此问题。

我不得不写信给莫利，告诉他由于我所提及的理由，我不赞成《地方自治第一法案》。当我见到格莱斯顿先生时，他在这件事上向我表示了他的遗憾，然后我们进行了充分的交谈。我反对将爱尔兰成员从国会中排除，作为一个独立体存在。我说我们不会允许南方的各个州停止向华盛顿选派代表的。

"如果他们拒绝，你要怎么做？"他问。

"动用所有文明的资源——首先，停止通信。"我说。

他停顿了一会，然后重复：

"停止通信。"他感觉到这个很棘手，然后就沉默了，接着我们就转换了话题。

在回答有关我应该怎么做这个问题上，我总是指出美国有很多立法机构，但是只有一个国会。在爱尔兰、苏格兰和威尔士，英国应该向美国学习——一个议会和地方性的立法机构（不是很多个议会）。他们应让地方政府像纽约和弗吉尼亚州一样。但是英国不像美国有最高法院，来决定法律的通过。法律不仅仅是被地方性立法机构来决定，还要被国会所决定，司法机构应该代表最高权威而不是政治机构。英国应该拥有国会来代表一个国家的最高权威，而不是爱尔兰的规章制度。所以，爱尔兰地方性立法机构的法案应该经过国会下议院三个月连续的圆桌会议的讨论，并考虑到议会中反对方的意见，因为这会使得法案更具操作性（除非它不被通过）。议案将会是一封死板的信件，除非有不一致立法意见的加入，但如果有了不一致的立法意见的加入，那么对这个议案是有益的。我说这个条款还必须要确保羞怯的人们没有脱离。

后来我力劝莫利接受这个观点，他告诉我帕内尔曾经提过这个观点，但最后没被通过。然后，格莱斯顿有可能会说："非常好，这个议案不仅仅是被我自己以及其他和我想到一起的人所支持，它也使得我们必须能够说服布莱恩站在我们这边。我现在已经不能继续讨论这个问题了。这是你们的责任了。"

一天早上，格莱斯顿的妻子在哈瓦顿说：

"威廉告诉我他和你有非常特别的交谈。"

无疑是有的。他不经常听说，如果曾经有轻松愉快地就真正的共和制问题进行交谈，他也不理解我不能想象出不同的世袭阶级。对于我而言，这看起来很陌生，人们应该故意地丢弃他们父母给他们所起的名字，而那个名字是他们父母的名字。特别有趣的是有新头衔的人。老的世袭贵族们很难不笑着向那些新成为贵族的人致意，那些人可能用了一万英镑去买这个头衔，或多或少的，用作党派基金。

有一次，我告诉格莱斯顿先生，布莱恩先生曾向我提过他的惊愕和怜悯。在一次游园会上，布莱恩看到年迈的格莱斯顿冒着严寒，手拿着帽子，向那些虚有头衔的碌碌之辈致敬。由此，我们谈到了政教合一的问题，我预测未来我们的团圆应归功于不列颠群岛没有能力再扩张。我还是坚持认为英国消除政教分离的现象是不可避免的，因为这种现象是不正常的。没有其他任何种族还坚持这个了。在其他讲英语的国家中，宗教是被鼓励发展的，但不是让他们享受特别优待。格莱斯顿问：

"你说我们的体制能存在多长时间？"

我的回答是没有一个固定的日期，在政教分离的问题上，他应该比我更有经验。他微笑着点了点头。

我进一步提到，相比于其他有着辽阔领土的国家来说，英国的人口肯定会相对减少。他问：

"你能预测一下英国的未来么？"

我提到了希腊在古代国家中的地位，并说也许乔叟、莎士比亚、斯宾塞、弥尔顿、伯恩斯、斯科特、斯蒂文森、培根、克伦威尔、华莱士、休姆、达尔文和其他的名人出现在英国也并非偶然。天才从来都不靠物质资源决定。许多年以后，英国可能不再是一个工业国家，并不是她衰落了，而是通过在其他领域的发展，我认为，她会变成为一个现代的希腊，在其他国家中扮演"精神领袖"的角色。

他揣摩着我的话，反复地念叨着：

"精神领袖，精神领袖，我喜欢，我喜欢。"

我以前从来没有感觉到那么喜欢和一个人聊天。我在哈瓦顿时又去拜访了格莱斯顿先生。我最后一次见他是1897年的冬天在戛纳兰德尔的家中，当时他已经病得很重。但是他依然那么有魅力，对我的弟妹露西尤为殷勤。这是他们第一次见面，他给露西留下了深刻的印象。当我们离开时，露西感叹道："一只病弱的鹰！一只病弱的鹰！"我都不知道怎么形容那天我所见到的既苍白又脆弱的格莱斯顿。他是一个伟大而真诚的好人，没有任何的私心杂念。他确实配得上"世界第一公民"的称号。

我第三本文学作品《民主的胜利》的写作源于意识到见多识广的外国人极少了解美国，甚至英国人也是这样，而即使是了解到的那一部分也是受到歪曲的。那么优秀杰出的英国人居然没听说过美国的共和制，这是个严重的问题。我永远不会忘记1882年与格莱斯顿先生的第一次谈话。我说到现在大部分讲英语的国家都已经是共和制主义者了，君主制主义者只是少部分，明显地处于劣势。他说：

"为什么，怎么可能？"

"好了，格莱斯顿先生，"我说，"在美国，讲英语的人们比大不列颠和她所有的殖民的人口都多，甚至她的讲英语的殖民地再多一倍也没用。"

"啊！是吗？你们的人口总数是多少？"

"6600万。而你们的还不到一半。"

"哦！是的，真让人吃惊。"

关于国家的财力问题，同样让他感到非常震惊，根据1880年的人口普查证实了这个有百年历史的共和国可以买下大英帝国和爱尔兰及所有他们所拥有的资产和投资项目，并且还清英国的债务之后还绰绰有余。但这其中最令他吃惊的还是，我提出的关于自由贸易的问题。我指出美国现在已经是世界上最大的工业国家（后来的某天，我记得霍尔丹大法官也犯了同样的错误，把英国称为世界第一的工业国家，他感谢我给他纠正了错误），我引用了一组数据：1880年，英国工业的产值是 8.16 亿英镑，美国的工业产值是 11.26 亿英镑。他只说了一个词：

"难以置信！"

接着，我还说了其他一些令他惊异的事实，他问道：

"为什么那些写作相关主题的作者没有把这些事实用简单明了的形式告诉世界？"

事实上，那时我正在忙于给《民主的胜利》搜集材料，我告诉他，我写这本书的目的就是要起到他所希望的作用。

《环游世界》和《美国的四驾马车在大不列颠》没让我费多少力气，但是《民主的胜利》这本书完全是另外一回事。这本书的准备工作开始于 1882 年，它需要扎实而艰苦的工作，因为要检验和整理数据。但是当我慢慢深入这个研究中后，我发现它越来越有意思。好几个月，我头脑里装满了各种数据。时间在不知不觉中逝去，都已经黄昏了，我还觉得是中午。但过度的劳累引发了我一生中的第二次重病，因为当时我还兼顾着料理生意。经过再三考虑后，我才确信自己能够重新开始这项令人着迷的工作。

第二十五章

卡耐基
赫伯特·斯宾塞和他的门徒

时间来到 1882 年，我和赫伯特·斯宾塞，还有他的朋友劳特先生结伴从利物浦前往纽约。我有一封莫利先生写的关于他的介绍信，但是我之前在伦敦就已经认识这位哲学家了。我是他的门徒之一。作为一个旅行老手，我担负起了照顾他和劳特先生的责任。整个航程期间，我们一直坐在一起。

有一天，我们谈起了第一次见到伟大人物时的印象这个话题——他们是不是和我们想象中的一样？每个人都谈了自己的经历。我自己的经历则是我想象中的和亲眼见到的差别很大。

"噢！"斯宾塞先生说，"以我为例吧，也是这样吗？"

"是的，"我答道，"你与我想象中的导师差别很大，我觉得你应该是沉着冷静的哲学家，像佛一样，对所有的事情都无动于衷。我做梦都想不到他在柴郡奶酪还是切达奶酪的问题上是如此的激动。"那天，他暴躁地推开柴郡奶酪，向乘务员大喊："切达奶酪，切达奶酪，不是柴郡奶酪；我说的是切达奶酪。"这是一个圣人不可能发出的叫声。他在他的《航海传记》中提到过这件事[1]。

斯宾塞喜欢听故事，而且很爱笑。尤其喜欢与美国有关的故事，我也给他讲了不少，经常能引起他的爆笑。他非常渴望多了解美国西部的事情，那时这个地区正吸引着欧洲人的关注。我给他讲过一个有关德克萨斯州的故事，让他乐不可支。有一个移民失望地从德克萨斯州回来，被问及关于那块当时还很贫瘠的土地的情况时，他说：

"我对德克萨斯州的所有感觉就是，如果我拥有了德克萨斯，我就……把它卖了。"

今时不同往日！德克萨斯州现在拥有超过 400 万的人口，据说 1882 年它的棉花产量比全世界其他地方的总产量还要多。

在匹茨堡我和斯宾塞在外散步，当我们快走到家的时候，我想起了另一个关于美国的故事。这个故事说的是一位在美国旅行的游客正要去花园散步，他刚打开花园的门，一只狗就向他扑了过来。他赶忙退后并把门关起来，然后就

---

[1] 《自传》，斯宾塞，第一卷，纽约 1904 年版，第 424 页。

第二十五章　赫伯特·斯宾塞和他的门徒

听到房子的主人大声地说：

"它不会伤到你的，你知道会叫的狗都不会咬人。"

"是啊，"游客声音颤抖地喊，"我知道，你也知道，但是这狗知道吗？"

有一天，我们在房间里聊天，我的大侄子悄悄地打开房门往里偷看。后来他妈妈问他为什么要这样做，那个 11 岁的男孩说：

"妈妈，我想看看那个在书上说学习语法是没有用的人。"

听说这个故事后，斯宾塞非常高兴，还经常提起。他相信我侄子说的事是真的。

有一天，他跟我说起他在反对在法国的加来和英国的多佛之间修筑隧道的抗议书上签字了，这件事情让我感到很惊讶。他解释说他本人和其他任何人一样，也都非常地渴望拥有这样一条隧道，他也不相信任何反对这个提议的人。但是，他在抗议书上签名是因为他了解他的同胞们，会像傻瓜一样以至于英国的军国主义分子会吓到他们，使他们恐慌，让他们变得穷兵黩武。然后我们国家就要扩军了。他提到曾经引起的一次恐慌，导致花费了好几百万去建造防御工事，最后却是一点用处都没有。

一天，我们坐在酒店的房间里，向外看特拉法尔加广场，看见皇家近卫队骑兵团经过，我说：

"斯宾塞先生，在 19 世纪，在最文明的民族中，我们自己是这样认为的，我从来没有看到人们穿得像个小丑一样却不感到悲伤和愤怒。我发现人们还很乐意把此当成一个职业——直到最近成为只有绅士才能从事的职业——学习如何更有效地杀死别人。"

斯宾塞先生说："我也有同感，但是我要告诉你我是怎么压制我的愤怒的。无论什么时候我感到怒气渐起时，我就用爱默生的这个故事来使自己冷静下来：他曾经在法纳尔大厅被听众从讲台上嘲笑和吹嘘轰赶下来，因为他敢于公开反对奴隶制。他描述自己在回家的路上感到非常的愤怒，直到他打开他的花园的门，透过门前榆树层层叠叠的树枝看到闪闪发亮的星星，在对他说：'怎么了？那么激动？我的孩子。'"

我笑了，他也笑了。我很感谢他给我讲的这个故事，我经常在激动的时候反复地对自己说:"怎么了？这么激动？我的孩子。"这让我很快就平静下来了。

斯宾塞先生美国之行的高潮发生在德谟尼克家为他举办的宴会上。我开车送他赴宴，看到这个伟大的人非常地紧张。除了演讲之外他什么都记不得了。我觉得他以前很少在公共场合讲话。他巨大的恐惧将使他说不出任何对美国人有利的东西，而第一个对他的作品表示欣赏的正是美国人。他可能参加过很多宴会，但是没有任何一个有那么多卓越的社会人士来参加，这是盛大的聚会。这些杰出人士给斯宾塞的赞美是独特的。宴会在亨利·沃德·比彻的总结致词中达到了高潮，比彻转向斯宾塞，说:

我的父亲和母亲让我拥有了生命；而你，先生，你让我拥有了智慧。

在关键时刻，你给我指明了安全的道路，引导我通过充满沼泽的泥地；

你是我的老师。

这些话是用缓慢庄严的语调说出的。我不记得曾经有内心深处的感觉。很明显，他们都是深受影响的人。这些话让斯宾塞先生非常地感动，就此大家给予了许多评价。此后不久，在一次布道过程中，他发表了自己对于进化论的看法。这一系列的结论正被热切地探寻着，因为他承认斯宾塞对他的影响，这些他的老师斯宾塞曾经在教堂中提到过。在结论中，就像在他的演讲中所说的，如果我记得不错，比彻先生说虽然他相信进化论是一个可靠的观点，但是当一个人已经达到人类的最高水平时，造物主会给他赐予圣灵，从而带他进入神的世界，这就是他对于批评者的回答。

斯宾塞先生对机器设备非常感兴趣。我带他参观工厂时，这些新设备令他大开眼界。在此后的几年，他有时会提到这些并说，他此前对美国发明和推广东西的估计，现在完全得到实现。他自然对他在美国得到的这些尊重和关注感到非常高兴。

我到英国一般都会去看他，甚至在他搬到布赖顿码头之后也一样。从他在布赖顿的房子里往外看就可以看到大海，他很喜欢大海，因为大海可以舒缓他的情绪。我从来没见过像他这样的一个人，每做一个行为，每说一句话——即使是最微不足道的小事——都要在他的良知指导下经过仔细斟酌和反复掂量。他向来不是宗教行为的嘲笑者。

然而，对神学领域，他只是出于礼貌而关注。在他看来，神学是一个不完善的体系，它阻碍现实的发展，而赏罚的观念是对低级种类的讨好。

当一些旧的观念仍处在讨论状态时，他仍然不会像坦尼森在某个场合中表现得那么深入。

诺勒斯[1]告诉我坦尼森非常地愤怒。诺勒斯说他对他的诗人儿子感到非常失望，因为他没有真实地描述他父亲对苛刻神学的抗议。

斯宾塞总是一个冷静的哲学家。我相信从小到大，他都没有做过一个不道德的行为或者不公正地对待过一个人。他从出生以来就对他所要做的事情非常小心谨慎。很少有人希望了解一个人像我想要了解斯宾塞那样迫切，因为他和达尔文两人对我的影响甚深。

一些少年时期周围都是信徒的人们对神学持反对态度。这些教徒们完全地相信真理和信仰是未来幸福生活必不可少的，而真理和信仰只源自于最严厉的加尔文教派的信条。充满想法的青年自然让人佩服，但他们受到局限，只能赞成这些信条。他只能思索，直到必然地发展到某个时期——周围受到高等教育的人们所相信的——那些他找到的例子和说明——肯定都是真实的。他忍住不去怀疑，因为魔鬼会搜猎并且会夺走他的灵魂，只有信仰才能将其解救。不幸的是，他很快发现信仰并没有对他召唤。他认为原罪必定会从根本上不可避免地让他看到他想看到的，让他相信他想相信的。看起来他好像已经比那些充满迷茫的人好些。他肯定不能参加任何选举，因为这些必定是牧师、长者和非常正统的人们做的。

这个年轻人很快慢慢地产生叛逆的想法，设法假定自己像其他人一样对神虔敬，表面上勉强认可这些信条和所有的教义，但在内心却完全不能接受他在表面上同意的那些信条。如果他是个有智力和道德的人，他只有一个可能的结果，

---

[1] 詹姆士·诺勒斯：《19世纪》的创始人。

就是卡莱尔在经过痛苦挣扎和几个星期的忍受后说的话："如果它是难以置信的，以上帝的名义，那么，就让它不可信吧。"在怀疑和恐惧的压力下，他永远地"堕落"了。

但我和三四个小伙伴讨论对神学理论产生怀疑的问题上，包括其中的神话成分和通过赎罪拯救灵魂等，我非常幸运地接触到达尔文和斯宾塞的著作：《社会静态学》《物种起源》《人类起源及性的选择》和《综合哲学》，解释了人类是怎样吸收精神食粮的，取其精华，去其糟粕。我不仅摆脱了神学和超自然力量，而且还发现了进化的真理。"所有的都是好的，因为所有的都会变好"成为了我的座右铭，我激励自己的真正源泉。人类的发展规律就是不断地从低级形式走向高级形式，不存在任何绝对的完美。

人是有机体，天生地拒绝所有有害的、错的东西，吸收经过检验后的有益的、对的部分。如果是这样的积极向上，我们可以设定"宇宙的建筑师"可以使世界和人类变得完美、自由，没有邪恶和痛苦，就像天使在天堂一样；虽然尽管这不可能实现，人还是被赐予了进化的权力而不是退化。就像其他宗教经典一样，《旧约》和《新约》作为对过去的纪录，有其值得学习的地方。写作《圣经》的作者们是在古代，我们的思想应该立足于现在的生活和职责。孔子是伟大的圣人和导师，他曾经说过一句话，大意是，做好自己的本分职责，不给别人造成烦扰，是最根本的智慧。对于另外一个世界和它的职责，应该在我们到了那个世界以后再去考虑它。

我作为尘土中的一个斑点在太阳上，甚至是在这个严肃、神秘、不可知的宇宙中，我很渺小，但我坚信一个真理，富兰克林是对的，对上帝最高的崇拜就是为人类服务。然而这些都阻止不了我们对永恒和不朽的憧憬。与生来为了来生相比，生来为了今世，是更大的奇迹。当一个人被造出时，为什么不是另外一个人？所以我们有足够的理由去期望永生。让我们怀抱希望吧！

第二十六章

卡内基

布莱恩和哈里森

如果一个人在他的朋友圈中很有名,那他肯定是因为他讲的故事而出名的。布莱恩就是我见到的最会讲故事的人之一。他性格开朗,在任何场合都能讲出诙谐又尖锐的故事。

布莱恩先生在约克州的演讲(我在那陪着他)得到了极大的赞赏。这次演讲特别关注的是增加两大英语国家之间的真诚友谊,希望和平和友善能够长期存于两国之间。当他给我念他的演讲稿时,我觉得"长期"这个词用得不够好,我说:

"国务卿先生,请允许我向您提个建议,我不是很喜欢'长期'这个词,为什么不说'永远'存在呢?"

"好,这样就很完美了!"

他在演讲中就改成了:"希望和平和友善永远存在于两国之间。"

在从约克镇回来的路上,我们拥有一个美丽的夜晚。月光下,我们坐在船尾,军乐队在船头演奏,我们谈起了音效的问题。布莱恩先生说他最喜欢的一首曲子是在加菲尔德总统葬礼上听到的"不久以后的美好",他觉得这是他一生中被音乐感动最深的一次。他还要求军乐队最好能演奏那首曲子。他和格莱斯顿都很喜欢古朴的音乐。他们很喜欢贝多芬,精通古典音乐,但是却欣赏不了瓦格纳的歌剧。

在回答我问他关于他在国会中听到的最成功的演讲的问题上,他说是一个德国人的,是宾尼法尼亚州的前州长里特。当时关于给内陆地区淡水供应拨款问题的第一个法案尚在讨论中。国会的成员意见分歧很大。"狭义解释宪法派"的人认为这是违反宪法的,只有海港是直属联邦政府的。争论异常激烈,却没有得出一个让人信服的结果。这时,里特州长慢慢地第一次站了起来,这震惊了整个国会,全场立即安静了下来。这位老德国人要说什么——他从来没在国会上说过话。只听他说道:

"各位发言者们,我对宪法了解不多,但是我知道:如果宪法是让人在咸水里洗澡而不是在淡水中,那么我不会给它一分钱。"国会中立即传来抑制不住的哄堂大笑,这个法案就这样被通过了。

新的问题紧接着又产生了。用最慈善的方式去花政府的钱,去雇佣陆军和海军的工程师。政府如何花最少的钱得到最大的回报。我们的宪法应做到怎样的收放自如来满足不断增长的人口的新需要。如果我们今天有权解释宪法的话，那么让谁来制定宪法？

我觉得布莱恩先生最精彩的故事是下面这个：

在奴隶制度的时代，奴隶们住在俄亥俄河堤上。一个叫扎吉·法兰西的著名民主党人说他想把一些反对奴隶制的朋友们引入他的办公室，其中有第一个逃跑的黑人，他渡河后，秘密逃往北方。他不明白为什么他们想要逃走。以下是他们两个人的对话：

扎吉："你是从肯塔基州逃过来的吗？我想是因为主人不好？"

奴隶："哦，不，他很好，人很善良。"

扎吉："他给你的工作太多了？"

奴隶："不，我这一生都没有过度工作。"

扎吉踌躇地问："他没有给你吃饱？"

奴隶："在肯塔基州会吃不饱吗？不，他给我很多吃的。"

扎吉："他没给你衣服穿？"

奴隶："有给我足够多的衣服。"

扎吉："你没有舒适的家？"

奴隶："哦，这让我怀念起我在肯塔基州住的房子。"

停顿了一会之后，扎吉说："你有一个很好、很善良的主人，你不用过度工作，有足够吃的，有衣服穿，不错的房子。我不明白你为什么要逃跑。"

奴隶："好了，扎吉，我逃离那个环境是为寻找一个开放的环境。"

扎吉明白了。

"自由是最大的吸引力，那些安于现状的奴隶们是永远都不会知道的。"

不同肤色的人们为了获得解放冒着一切的危险，这最好地证明了他们将会逐渐地走向并最终能成为一位具有完整身份的共和国公民。

在克鲁尼的时候，我从未见过布莱恩是那么的高兴。他完全成了一个孩子，而我们则是一个嬉闹玩耍的小团体。他从来没有钓过鱼，一开始他有点笨拙，但是很快地就熟练起来，我永远忘不了他第一次钓到鱼的情景：

"朋友，你教会了我生活中一件新的乐事。在缅因州有上百个湖可以钓鱼，我以后要把我的假期都在钓鱼中度过。"

克鲁尼的6月是没有夜晚的。迎着明亮的落日余晖，我们在草地上跳起舞来。布莱恩的妻子，道奇小姐，布莱恩先生和其他的客人都在尝试跳苏格兰的里尔舞，并且发出像苏格兰高地人一样的叫声。我们这两个星期玩得很愉快。后来的一个晚上，我们在纽约的家中吃晚饭的时候，客人们都是当时在克鲁尼的玩伴。布莱恩先生说他发现真正的假期就应该像在克鲁尼的那些日子，"最微不足道的小事都成为生命中最重要的大事"。

1888年，哈里森总统任命布莱恩为国务卿，当时他是在和我们一起出游的路上。布莱恩夫妇、玛格丽特·布莱恩、哈尔议员、道奇小姐和沃尔特·丹罗斯与我们一起，从伦敦出发到克鲁尼城堡。在靠近目的地时，我们发现军官和市政要员都穿上了华丽的制服到酒店来迎接我们。我和他们在一起，突然布莱恩闯进我的房间，拿了封电报给我看，并问我这封电报是什么意思。它写着："用密码。"这是来自正在芝加哥开会的埃尔金议员的电报。布莱恩在前些天曾经发过电报，除非俄亥俄州的谢尔曼州长同意，不接受任何任命，然而，埃尔金无疑是想要确定地与布莱恩先生直接通信，而不需要任何其他人的介入。

我对布莱恩说这个议员曾经在我们出发前打电话说要和我见面，并建议我们给这些优秀的候选人一些侧面的评价。我给他说了一些，还抄了一份副本放在我的笔记本里。我找到了它：布莱恩是"胜利者"，哈里森是"王牌"，新泽西的费尔普斯是"明星"等等。我给"王牌"和"明星"发了电报。这就是那天晚上发生的事情。

晚上，我们都休息。第二天的聚会来的都是这个城市的权威人士，主要的通道和宫殿的街道上都挂满了彩旗。人们呼唤布莱恩，他作了简短的演说。在那之后，一封电报递到了他的手上："哈里森和莫顿提名。"费尔普斯落选了。

布莱恩组织最高政府的机会得到通过,这是这个国家大多数讲英语的人选举的结果。

由布莱恩出任国务卿被认为是哈里森内阁中任职最确定的成功,而泛美大会是他最灿烂的政绩。就是在这期间,我有了唯一的从政机会,成为泛美大会的代表之一。这让我对南美各国及其各种各样问题产生了极大的兴趣。除了巴西,所有泛美国家的代表济济一堂。一天上午,大会公布了一部已获批准的新宪章,巴西也成为我们团体中的一员,这个组织共有17个成员国——如今已有21个。各成员国都对巴西代表的到来表示热烈欢迎。我发现南美各国的代表有点怀疑他们的兄弟国——美国的动机。敏感的精神独立显然已经成为我们认可的职责。在这点上,我认为我们是成功的,但它后来也使得各国政府都小心翼翼地考虑到我们邻国的感情。这虽然是不可控制的,但是我们应该寻求完美平等的条款以达成友好的合作。

我坐在曼纽尔·金纳塔的旁边,他后来成为阿根廷的总统。他对会议的进程很感兴趣,有一天,他对一个小问题相当不满意,由此还引起了他和布莱恩主席一场激烈的对话。我认为这是由于翻译错误而引起的误会。我站起来,悄悄走到主席后边,轻声和他说,如果能够暂停一会,我觉得这个分歧能够解决,他点头同意。我回到我的座位上,提议休会。在休会期间,事情得到了圆满的解决。正当我们要离开大厅时,发生了一件事,一个代表一手搂住我,另一只手在拍着我的胸膛,说:"卡内基先生,你这里的东西比这里的还多。"——指着我的口袋。我们南方同胞们的表达方式真可爱。温暖的气候孕育出火热的心。

前面我已提到过,哈里森总统和我一起从华盛顿到匹兹堡,去参加卡内基礼堂和图书馆的揭幕仪式,这是我捐赠给阿尔勒格尼城的。我们白天乘火车经过了巴尔的摩和俄亥俄州,总统特别喜欢欣赏沿途的风景。到达匹兹堡已经是晚上了,火光熊熊的高炉和巨大的烟柱令他很惊奇。他是第一位到匹兹堡访问的总统。然而,老哈里森总统,他的祖父,曾在大选后从这里换船到华盛顿。

揭幕仪式由于有总统的参加而盛况空前。第二天早上,总统想参观我们的钢铁工厂,在被护送到工厂后,他受到了工人们的热烈欢迎。我把各个部门将要继位的经理召集起来,并一一给他介绍。最后,当介绍到施瓦普先生的时候,总统转身对我说：

"怎么回事，卡内基，你给我介绍的都是些孩子。"

"是的，总统先生，但你有没有注意到他们都是什么样的孩子？"

"是的，能干的孩子，每一个都是。"他评价道。

他说得对。世界上再也找不到那么能干的年轻人了。他们被提升为公司的合伙人而不必承担任何风险。如果这些收益不能和他们的付出成正比，那么很难长久地保持这些年轻人的责任心。"合伙人"与给"雇佣工人"所得的报酬是具有本质区别的。

此行，总统不仅访问了匹兹堡，还访问了与之一河之隔的阿尔勒格尼。匹兹堡城市理事会使我想起了我第一次要捐钱在匹兹堡建一个图书馆和礼堂被拒绝后，阿尔勒格尼政府曾经问过我是否能把钱转捐给他们，后来我同意了。总统这次访问了阿尔勒格尼，并在那儿参加了图书馆和礼堂的揭幕仪式，忽视了匹兹堡，这让匹兹堡政府很后悔。他们派人来在参加完揭幕仪式后，问我能否重新考虑给匹兹堡的捐赠。如果可以的话，匹兹堡政府同意增加更大的一笔维护费用。对此我感到很高兴，我捐赠了100万美元，而不是上次提议的25万美元。从此启动了卡内基协会。

匹兹堡政府对艺术事业上的花费很自由。中心管弦乐队已经成立很多年了——这是波士顿和芝加哥仅有的能够在美国其他城市吹嘘的资本。图书馆、画廊、博物馆和音乐礼堂的成功——在无边的大楼中进行着高贵的四重唱——都是在我一生中让我满意的主要贡献。这是我的纪念碑，因为这儿是我早年生活和创业的地方，今天我非常地热衷于给这个亲爱的烟雾老城市作贡献。

在匹兹堡的时候，赫伯特·斯宾塞提到我第一次要求为匹兹堡捐建图书馆被拒绝的事情。当我第二次为匹兹堡捐款的时候，他给我写信说他不能明白我为什么能接受，如果换成是他，他肯定不会这样做，他们不值得我这样做。我给这位哲学家回信说，如果我的第一次捐赠被匹兹堡接受的话，他们可能会对我表示感谢，但我很有可能会被认为是出于寻求个人的荣誉和纪念价值来做这件事的。其实，我认为只要是对匹兹堡人有益的事，我肯定会毫不犹豫地去做，因为有了他们我才能创造出我的财富。

第二十七章 卡内基 华盛顿外交

哈里森总统曾经是一位军人，作为总统他有点好斗的倾向，他的态度让他的一些朋友有些担心。他反对就白令海问题作出公断，主张应该采取强制手段来解决。索尔兹伯里勋爵在加拿大的讲话中不得不批判布莱恩为解决这个问题所达成的协议，他还支持主张用武力对抗南方的法案。幸好，在他身边的人总能提出沉着冷静的劝谏，成功地劝阻了他。

在与智利之间产生争端时，曾经有一段时间看起来没有办法阻止总统采取行动了，而这会导致一场战争的爆发。他的人格受到了极大的挑衅，因为智利当局针对他的行为发表了非常轻率的言论。我到华盛顿去看看我能否作些和解工作，因为，作为泛美大会的成员之一，我认识南美许多国家的代表，并且跟他们有不错的交情。

非常幸运的是，我刚走进酒店就碰到了密苏里州的亨德森议员，他也是泛美大会的代表之一。他停了下来，我们互相寒暄了一番。这时，他看着对面街道说：

"总统在对面向你招手。"

我穿过马路。

"你好，卡内基，什么时候到的？"

"刚到不久，总统先生，我刚进酒店。"

"你来这有什么事吗？"

"想和您谈谈。"

"好吧，那我们就边走边谈吧。"

总统挽着我的胳膊，时值黄昏，我们俩在华盛顿的街头漫步，大概有一个多小时。期间，我们的谈话进展得很顺利。我对他说他曾经任命我为泛美大会的代表，他曾经让南美国家的代表们确信在他们分开之时所举行的阅兵大典是一种表达敬意的方式，不是要向他们炫耀我们的军队，而是要确切地告诉他们，我们什么都没有，也不需要什么，我们是这个泛美大家庭中的老大哥，无论引起什么争论，都会用和平的手段来解决问题。因此，我对他现在采取一种截然不同的解决方式感到很惊讶和难过，只是因为一点小小的争端，就对小小的智利威胁，要将其诉诸于武力。

"你是个纽约人,只考虑生意和钱。这是纽约人的思维方式,他们从不在乎共和国的尊严和荣誉。"他说。

"总统先生,我是在战争中获益最多的美国人之一。我拥有一个最大的钢铁制造厂,光这个就能让钱哗哗地流进我的腰包里。"

"哦,你的情况的确如此,我刚忘了。"

"总统先生,如果我要打架,我会挑一个和我相当的对手。"

"难道你会因为这个国家实力的大小来决定是否允许它对你进行侮辱和败坏你的名誉吗?"

"总统先生,没有一个人能败坏我的名誉,除了我自己。名誉的损害都是自己造成的。"

"你看见我们的水手在沙滩上被攻击,其中有两个人死了,而你对此会无动于衷?"他问。

"总统先生,我认为美国的名誉不会因每次在酒醉的水手中发生的纠纷而受到损害。况且,这些人也不全是美国的水手。他们中有些是外国人,从他们的名字可以看出来。我觉得受到责问的应该是他们的船长,他在当地发生骚乱的情况下还允许他的船员们上岸。"

我们的讨论一直持续,直到走到白宫的大门前。那时天已经黑了,总统先生告诉我他晚上有约,并邀请我第二天晚上和他一起共进晚餐,他说,只是家庭式的聚餐,到时候我们可以继续谈。

"我深感荣幸。"我说。然后我们就道别了。

第二天上午,我去拜访布莱恩先生,他是当时的国务卿。他从椅子上站起来,伸出双手迎接我:

"哦,昨晚为什么没和我们一起吃饭?布莱恩夫人从总统那听说你来了后,她说:'真是的,卡内基先生来了,我这儿居然还有一个位置空着。'"

"好了,布莱恩先生,我觉得昨晚没有来见你是种幸运。"然后我告诉他我昨天碰到总统先生的事。

"是啊,"他说,"这真的是幸运。要不然总统该认为你和我串通一气了。"

没一会,西弗吉尼亚的埃尔金议员也来了,他是布莱恩先生的至交,也是总统先生的好朋友。他说总统先生和他说，他和我就智利事件讨论了一晚上，他说我热切地关注着这个问题。

"好了，总统先生，"埃尔金参议员说，"卡内基先生和你说话时不可能像我那么直白。他比较敏感，他和你说话的时候很自然地就有所保留了。"

总统先生说："我敢向你保证，我没看出他有一丁点儿保留的迹象。"

这个事件终于得到了解决，这都多亏有布莱恩特色的和平政策。据我所知，他不止一次使美国免于外交纠纷。"好战的美国人"这个名声的确不适用于形容布莱恩先生，美国的民众也不会接受这个称号的。

在那天晚上的晚餐中，我和总统友好地交谈了很长时间，但是他看起来显得有些精神不济。我冒昧地对他说他需要休息，无论如何他应该去度个假。他说他很想坐上缉私船离开几天，但是最高法院大法官布拉德利刚去世，他要找到一个优秀的接班人。我说我有一个合适的人选，但我不能推荐，因为我们曾经一起钓过鱼，他和我是非常亲密的朋友，我们无法无私地客观地评价对方，但是你去调查一下——希拉斯先生，在匹兹堡。总统先生照做了，并任命他为大法官。在任何地方，希拉斯先生都能得到强有力的支持。如果希拉斯先生不是总统先生想要的人，那么不管是我还是其他任何人的推荐，总统先生也不会考虑重用他的。

在白令海纠纷的问题上，总统被索尔兹伯里对已达成的协议的批判激怒了。总统决定拒绝接受其他任何和平解决方案。在这件事上，布莱恩先生也支持总统，而且他由衷地感到愤怒。索尔兹伯里勋爵曾经通过他的大使表示对布莱恩所提出计划的赞同，但现在却反悔。我发现他们都是持着互不妥协的态度来对待这件事，总统的态度尤其强硬。我和布莱恩先生私下聊天的时候，我对他解释说索尔兹伯里勋爵没什么权力。由于加拿大的抗议，他不能强迫别人草率地接受这个协议。还有另外一个因素，他同时和纽芬兰这边也存在纠纷，纽芬兰坚持这个问题的解决要考虑到他们的利益。在英国，没有任何政府会把加拿大的不满加到纽芬兰上，索尔兹伯里能做的就只有这些了。过了一会儿，布莱恩相信了这点，并成功地取得了总统的同意。

白令海问题的系列纠纷引发了相当有趣的形势发展。有一天，约翰·麦克道纳德爵士，加拿大的总理到访华盛顿，并要求布莱恩先生就这个问题为他和总统安排一次会面。布莱恩说他会问问总统的意见，明天上午再给答复。

"当然，"布莱恩先生说，"我深知总统不可能与约翰爵士和他的朋友们进行官方会面，等他们打电话问我就这样告诉他们。"约翰爵士说，加拿大是独立的，"就像纽约州在联邦中的地位一样。"布莱恩先生回答说他担心如果他作为加拿大总理曾经获得与纽约州当局会面的机会的话，那么他很快就会听到来自华盛顿的有关评论，纽约当局也会这样。

总统和布莱恩都深信英国政府不可能履行这个由索尔兹伯里提出的仲裁决议，然而，他们却同意并接受了。这让布莱恩先生非常痛心。他曾经建议英国和美国应该在白令海设条小船，在双方的任一领域内大家都拥有同等的权利上船或用其追捕钓鱼船——事实上就是联合武警。为了索尔兹伯里应得的声望，他给英国的大使朱里恩爵士发了封电报祝贺布莱恩先生提的"英明的建议"。它本来可以给双方同等的权利，并且成为任何一方或者双方首次历史性标记——一个正义的、兄弟般的约定。后来，朱里恩爵士让布莱恩先生看了这封电报。我在此提及这个是为了建议那些能干的和反应迅速的政治家们，虽然内心是渴望合作的，有时却无法实现。

布莱恩的确是一位伟大的政治家，他有远大的眼光、准确的判断以及和平的支持者。在白令海问题及与智利的战争纠纷上，都显示出他的冷静、明智和对和平的追求。他尤其努力促进我们英语国家之间关系的加强。他对法国在我们国家独立战争期间所给予的帮助表示无限感激，但是他并没有因此失去警惕。

在伦敦的一次晚宴上，布莱恩先生展开的一场短兵相接的较量，是对克莱顿—布尔沃条约的讨论。一位重要的政治家说在他们的印象中布莱恩先生总是对他的祖国怀有敌意。据我对他的了解，布莱恩断然否认。他以有关克莱顿—布尔沃条约的信件为例子来回应这个说法。他回答：

"当我成为国务卿后不得不处理有关于这个条约的事务，我惊讶地发现你们的外交大臣总是通知我们，你们国王陛下所'期望'的，而与此同时我们的国务卿则要告诉你们，我们的总统所'斗胆地希望'的。因而，当我收到急件通知我们你们的国王陛下期望什么的时候，我就回信告诉你们，我们的总统'期望'什么。"

"好了，你承认你改变了公文的性质？"这像利箭一样射向了他。

他像闪电一样迅速作出回应："只能算是条件改变了。美国早就已经过了因为权力而把'期望'说成'斗胆希望'的时代。我只不过是配合你们的例子而已。如果你们的国王陛下也用'斗胆希望'一词，那么我们的总统也将永远可以这样做。恐怕只要你们用'期望'一词，美国将只能用'期望'来回敬了。"

一天晚上，布莱恩先生和约瑟夫·张伯伦先生及苏格兰钢铁公司的总裁查尔斯·田纳特爵士一起共进晚餐。晚餐期间，张伯伦先生说他的朋友卡内基是个好人，大家看到他成功都觉得很欣喜，但是他不知道为什么美国政府每年要给他100多万英镑的补贴，就只是因为制造钢轨。

"好了，"布莱恩先生说，"我们可不是这样想的。我对铁路非常感兴趣，我们以前只能以90美元每吨的价钱向你们购买钢轨——所要花的钱一点都不少。现在，在我从家里出发之前，我们的人和我们的朋友卡内基签定了一份大合同，每吨钢轨只需30美元。我印象中，如果卡内基和其他人没有冒着风险把他们的资产投资于发展大西洋彼岸的钢铁制造业，我们今天还要以90美元每吨的高价向你们购买钢轨。"

此时，查尔斯爵士插话："你们肯定会的。90美元每吨的价格是我们卖给外国人的统一价钱。"

布莱恩先生笑着评价道："张伯伦先生，我不认为你对我们的朋友卡内基先生提出的反对意见是成立的。"

"是的，"他答道，"怎么可能成立呢？有查尔斯爵士这样出卖我。"这引来了大家的一阵大笑。

布莱恩是少有的健谈者，他的讲话有这样一些优点：我从来没听说他讲故事或者演讲时用了任何一个不合适的词，甚至是那些吹毛求疵的家伙们也没听出来。他的反应像捕兽夹一样地迅速，他是一个令人愉快的伙伴。我发现他是真正的保守派人士，而且在所有的国际问题上都坚定地主张和平。

第二十八章

卡内基

约翰·海和麦金利

约翰·海是我们在英国和苏格兰的常客。1898年，他在来斯基伯的前夜，被麦金利总统紧急召回美国，接着他就被任命为国务卿。对那届政府的记录几乎没有提及到这个任命过程。他用他的真诚和绝对的自信鼓舞着人们，并且他有着高远的志向。他厌恶战争，认为战争是"人类最残忍和最愚蠢的行为"。

正当合并菲律宾成为亟待解决的问题之时，我在伦敦碰到他和亨利·怀特（那时的使馆秘书，日后的驻法大使），当时我正要前往纽约。我非常高兴地发现我们三个人的观点是如此的相似，我们都认为这严重地违背了美国的传统政策。美国一向主张避免对遥远的与我们本土不接壤地区的占领，只要把我们国家势力留在北美大陆上就可以了，尤其要防止陷入军国主义的漩涡。约翰·海、怀特和我三人在海的伦敦办公室里就此达成了共识。在此之前，他曾经给我写过如下一封短信：

伦敦　1898年8月22日
我亲爱的卡内基：

感谢你在斯基伯的嘱咐和你的来信。当我上周读这封信的时候，我觉得听到这么多善意的祝福和赞赏的话语是既严肃而又很吸引人的事情。对那些赞赏我还不敢当，我觉得信中像是在谈论另外一个人。虽然我很期待这份工作，但我希望自己在最后离开政府的时候还能保持着一点亲切与善良。

我对你在《美国北方》上发表的那篇文章非常感兴趣。在我的立场上，我不被允许表达对你观点的同意。我想不明白的唯一问题是现在我们要从菲律宾撤军有多大的可能性。如果这个重大问题不用我去解决，我将会无尽感激。

这是一种奇怪的命运，一个人被分配到了连他自己都想庆祝自己不曾需要承当的任务中。

关于巴拿马运河的"海—庞斯福特条约"看起来引起我们很多人的不满。埃尔金议员告诉我，就在他要就此问题发表讲话的那天，看到了我在《纽约论坛报》上发表的反对文章，文章的观点对他很有帮助。在那篇文章发表后不久，

第二十八章　约翰·海和麦金利

我就去了华盛顿。早上，我和汉纳议员一起前往白宫，发现总统正发愁于参议院提交的关于条约的修正案。我对总统说，英国对参议院的要求无疑会持默许态度。我们给这项工作提供了资金，而他是最大的受益者，因而，他给不出任何理由来拒绝我们的要求。

汉纳议员问我有没有见过"约翰"，他和麦金利总统总是这样称呼海尔先生。我说还没有。然后他就让我去见见"约翰"，让他高兴一下，因为他最近正因条约的修正案而闷闷不乐。我找到了海尔先生，并提醒他说，克莱顿—布尔沃条约也曾经被参议院修改过，而现在几乎没有人知道这件事，也没有人关心这件事。虽然海—庞斯福特条约会按照修正案来实行，但没有人会在意它是不是原来的样子。他对此表示怀疑，并且认为英国会因退让而感到不舒服。这次见面不久后，我和他一起吃饭，他说我是真正的预言家，因为一切都很顺利。

这是当然。实际上，英国告诉我们，它非常想修建这条运河，并且为此愿意接受任何条件。这条运河现在就是它应该是的样子——这就是，所有都是美国的，没有任何国际的因素掺杂在内。也许在那时修建这条运河还不是很有价值，但是这总比花费三四百万去建设用于与假想敌人战斗的具毁灭性的海上"怪物"好多了。一种可能最多只是一种损失，而另一种却可能是一场战争的始作俑者。

海尔先生不是很喜欢参议院，因此，他瞧不起那些繁文缛节。在1905年关于仲裁条约的提议上，只是假设要改变一个用词——以"协议"来取代"条约"，也使他产生过度激动的反应。我认为这次事件导致了他健康状况的大转变，因为自从那次后，我这位好朋友的健康状况就一落千丈。

我最后一次见到他是在他家的一次午餐中，那时被参议院修改的仲裁条约正等待着罗斯福总统的批准。这个仲裁是由前国务卿福斯特牵头的，力劝总统接受这个修改了的条约。我们认为他对此持赞同态度，但是，从我和海尔先生后来的谈话中，我可以看出总统如果批准了这个条约，那么对他将会是很大的刺激。如果罗斯福驳回这个条约，我不会感到意外，因为他是为了给他正在遭受病痛折磨的好朋友海尔先生一些安慰。对我而言也是，要我去做让那个高贵的灵魂苦恼的事情是世界上最困难的事情。而在这点上，海尔是非常顽固的，决不可能向参议院投降。离开他家后，我对妻子说，我怀疑我们再也见不到我们的朋友了。不幸被我言中了。

作为华盛顿卡内基协会的主席和首席理事，海尔给予了协会极大的支持和密切的关注，他为协会的发展作了很多英明的决策。作为一名政治家，他在较少的时间里建立起的声誉深深地打动了我所知道的每一个人。我一直保存着他写的一封短信，可能在文采方面表达的不是很好，却体现出他可爱的个性和对朋友的"过分"热情。写到这里，我心里觉得很难受，因为他已经离我们而去。

美西战争源于对古巴战争报道引起的恐慌。麦金利总统曾经极力设法避免战争的爆发。当时西班牙大臣离开华盛顿，法国大使成为西班牙的说客，和平谈判得以继续。西班牙提出让古巴自治。总统回答他说，他不知道"自治"的确切含义是什么，他只是希望古巴能享有像加拿大一样的权利。法国大臣给总统看了一封电报，上面说西班牙也同意他的观点，他觉得事情已经解决了。看起来是解决了。

在纽约时，参议院议长里德星期天早上来看我。那年，我刚从欧洲回来不久，他给我打电话说参议院出现了从来没有过的失控状态，他曾经有瞬间想过要离开位置，走到议院的地上说服大家冷静下来，但这根本行不通，因为总统已经接受西班牙提交的让古巴自治的保证书。唉！已经晚了，晚了！

"西班牙究竟是在干什么？"国会强硬地质问道。国会中，众多的共和党议员和民主党议员都一致要求采用战争手段来解决问题。愤怒之情旋风般地充斥了整个白宫，而且无疑还被加剧了，因为在哈瓦那海港的"缅因号"战舰不幸被炸，而有些人认为是西班牙人干的。这个猜想使得西班牙在名义上和事实上都失去了信誉。

宣战了——参议院被普罗克特对他在古巴营地中所看到情景的描述震惊了。整个国家都对"西班究竟在干什么"反应强烈。麦金利总统的和平政策被搁置了，他唯一能做的就只有顺应民意。然后，政府宣布这场战争不是为了扩张领土，而是承诺给予古巴独立——一个得到切实遵守的承诺。我们应该不会忘记这一点，因为这是这场战争中令人欣慰的因素。

对菲律宾的占领给我们留下了一个污点。这不仅仅是扩张领土，而且还是勉强地从西班牙手中夺来，还付给了他们2000万美元才获得的宗主权。菲律宾人已经成为与我们并肩作战对抗西班牙的同盟军。

第二十八章　约翰·海和麦金利

内阁在总统的带领下，同意我们只能使用菲律宾的一个装煤站而不能向菲律宾再要求什么了，这也是从巴黎和会开始就得到的指示。麦金利总统当时到西部游历了一圈，他在那里发表了演讲，当说到德威[1]取得了胜利时，受到了大家喝彩和欢呼。

回来之后，他深深地感觉到撤兵是不合民意的，所以他开始改变了先前的政策。他内阁的一个成员和我说内阁的所有成员都反对他的改变。一个议员告诉我，戴法官，作为和平委员会的委员，曾经从巴黎给他发来一封抗议书，如果将其公开发表，就能与华盛顿的"告别演说"相提并论了。

此时，我的朋友科尼利厄斯·布利斯，当时是内阁的一个重要成员，打电话让我到华盛顿一趟，见一见总统。他说：

"你对他有影响力。自从他从西部回来之后，我们就没有人能说动他了。"

我去了华盛顿，并和总统会面了。但是他很固执。他认为，撤兵会引发国内革命。最后，他去劝说他的部长们，说他不得不屈服于民意的压力，并坚持这只是暂时性的占有，会找到一个撤军的办法。听了他的话之后，内阁作出让步。

总统派遣康奈尔大学的斯科曼校长到菲律宾，斯科曼曾经对占领持反对态度，总统任命他为和平委员会的主席前往菲律宾考察。不久之后，塔夫托大法官也被任命为主管人员被派前往菲律宾，塔夫托也曾强烈地反对美国的武力政策。当时，法官感到很奇怪总统为什么会派一个曾公开指责占领政策的人前往菲律宾，总统说这正是派遣他去的原因。一切都进展得很顺利，除了为了要阻止和放弃领土占领而提出曾经购买也是一个完全不同的方式。而这个建议很快地就引起了人们的注意。

以布赖恩先生的能力，他曾一度可以阻止与西班牙和平条约中"付给西班牙2000万美元"的条款得到通过。我也去了华盛顿以期能对此问题的解决有所帮助，因而待在那里直到投票开始。我听说布赖恩在华盛顿时，曾经建议他的朋友们让这个条约得以通过，因为这是个很好的党派策略。这个条约会降低共

---

[1] 乔治·德威（1837—1917）：美国海军军官，以他在美国与西班牙战争中取得的马尼拉湾的胜利（1898年5月1日）而著称。

和党在民众中的声望，而任何执行"付给西班牙2000万美元"条款的政党都会被击败。于是，很多支持布赖恩的人们都纷纷投票反对侵占菲律宾。

在纽约时，布莱恩打电话说要来找我商量"购买"菲律宾的问题，因为我明显地就此提出反对意见。现在我在奥马哈，所以我给他发了封电报，向他解释现在的形势，并希望他能够让他的朋友们作出他们自己的判断和选择。

他的回答依旧是那样——宁可让共和党通过这一条约，然后在民众面前难以下台。我觉得不值得再和他讨论这个问题，因为他只能考虑到狭隘的党派政治问题。这是多么令人惋惜啊！

当时赞成票与反对票票数相同，主席所投的一票是决定性的，而当时布赖恩的一句话就能将这个国家从灾难中拯救出来。在此后的很多年，我都无法热忱地对待他。在我看来，他是一个为了党派利益而甘愿牺牲他的国家和个人信誉的人。

在投票后我立刻去面见麦克金总统。我向他解释他是如何取得胜利的，并建议他应该去感激布赖恩先生。对麦金利总统来说，在几千里之外占领殖民地是个新问题，而且对于美国所有其他政治家而言也是如此。他们不会知道这其中包含着多少麻烦和危险。在此共和国犯下了它第一个令人伤心的国际性错误——把美国卷入了军国主义漩涡，从而积极扩建海军。这是一个多么大的变化，而仅仅是因为一个政治家的一念之差！

1907年，在白宫与罗斯福总统共进晚餐的时候，他说：

"如果你希望看到两个最渴望从菲律宾中解脱出来的美国人，那么这就是——"他指着他自己和塔夫托部长。

"为什么不是你？"我回应道。"如果是这样，美国人民会感到非常高兴的。"

但是不管是总统还是塔夫托法官都认为我们的职责要求我们要首先为这个岛屿的自治做好准备。这是"只有你学会了游泳，你才能下水"的政策。但是，总有一天是必须要主动请缨要求下水的。

很多人坚持认为如果我们不占有菲律宾，那么德国人就要来占领它了。持这种观点的人肯定没有想到这意味着英国要同意德国可以在澳门建立一个海军基地，与英国在东方的海军基地比邻而居。一旦如此，英国也会允许德国在金斯敦和离利物浦 80 里远的爱尔兰建立海军基地。我很惊讶地听到有人说——像塔夫托法官这样的人，虽然他最先是反对侵占的——在我们迈出了毁灭性的一步之后来讨论这个问题，还想出种种理由。但是，我们对外交关系知道的很少。迄今为止，我们还是一个统一的国家。如果这种情况有一天改变了，那会是多么让人悲伤的一天啊！

第二十九章

卡内基

面见德国皇帝

我第一次就任圣·安德鲁大学的名誉校长时发表的演说，引起了德皇的注意，他通过巴林先生带话给我，说他认真地读了每一个字，当时我正在纽约。同时他还带给了我一份他在其长子献祭仪式上发表的演讲。邀请我去与他见面，但是直到1907年7月，我才应约前往。我的夫人和我结伴同行，我们去了基尔。美国驻德大使塔沃先生及夫人在那里迎接我们，他们的态度友善。在那里，我们待了三天，通过塔沃夫妇我们结识了许多杰出的公众人物。

第一天上午，塔沃先生带我到皇帝的游艇上做了个登记。我没有料到会遇见皇帝陛下，但他凑巧刚好在甲板上，看到塔沃先生后，他走过来问，是什么原因让他这么早来到游艇？塔沃先生向他作了解释，说带我来做个登记，并说卡内基先生也在甲板上，他问道：

"为什么不让他过来呢？我现在就想见他。"

当时我正在和组织会议的海军上将交谈，没有注意皇帝陛下和塔沃先生从后面走了过来。我感觉到有人拍了一下我的肩膀，于是转过身来。

"卡内基先生，这是德皇陛下。"

我愣了一下，这才意识到我眼前的人就是皇帝。我举起双手，大声道：

"这正是我梦想的，没有仪式，天子从天而降。"

我继续道："陛下，我用了两天时间来说服自己接受你热情的邀请。以前我还从没有这样去见一位君主。"

然后，皇帝笑了，很有魅力的笑。

"噢，是的，我读了你的书，你不喜欢君主。"

"是的，陛下，我不喜欢君主，但是，如果我发现君主的头衔之下是一个真实的人，我会喜欢他的。"

"噢，我还知道你喜欢一位君主，他是苏格兰的国王，罗伯特·布鲁斯。我年轻的时候他就是我心目中的英雄，是我模仿的偶像。"

"是的，陛下，确实如此，他葬在丹佛姆林教堂，那是我的家乡。当我还是孩子的时候，我常去教堂那高耸的纪念碑——每块石头上都刻有"罗伯特·布鲁斯国王"——怀着天主教徒对他的热情。但是布鲁斯不仅仅是一个国王，他还是人民的领袖，作为人民的英雄，华莱士更是第一位。陛下先生，现在，

我拥有丹佛姆林的马尔柯姆国王塔,从他那里,我继承了他的苏格兰血统。也许你会知道那首古老的民歌《帕特里克·斯彭斯先生》:

国王坐在丹佛姆林塔上,

喝着血红的葡萄酒。

我希望有一天可以陪你去看看那座塔,纪念你祖先的塔,你可以向他表示一下敬意。"

他喊道:

"那太好了,苏格兰人比德意志人更加敏捷和聪明。德国人太迟钝了。"

"陛下,既然涉及到了苏格兰人,我必须拒绝接受你公正的评判。"

他大笑,然后挥手作别,大声说道:

"今晚来和我共进晚餐吧",然后与向他走来的上将致意。

晚餐大概有六十个人出席,说实在的,我们都很尽兴,非常愉悦。皇帝就坐在我的对面,他向我频频举杯,邀我共饮。当他向坐在他右边的塔沃大使敬过酒之后,他越过桌子问我——旁边的人都能听见——有没有告诉坐在我身边的比洛王子,他的偶像布鲁斯国王,长眠在我的故乡丹佛姆林,而他祖先的塔,成了我的财产。

"没有,"我回答说,"恕我与你说话时过于轻率、狂妄,但是我和您大法官的交谈,内容都是重要的、有意义的事。"

有一天晚上,我们和格莱特夫人在她的游艇上就餐,皇帝陛下也列席了。我告诉他罗斯福总统不久前跟我说的事情,他希望尽快有机会和皇帝陛下见面。他认为两人之间的一次实质性的会谈将会带来一些对双方都有利的结果。我也深表同意。皇帝同意了这一请求,说他急切盼望着能与总统见面,希望他有一天到德国来,我建议说,他(皇帝)不用受宪法的束缚,可以到美国去,与罗斯福总统见面。

"啊,但是我的国家需要我呆在这里,怎么能够离开呢?"

我回答说:"有一年,在我离开家之前,我到厂里去和管理人员告别,很抱歉地跟他们说,十分不好意思把所有的艰苦工作都留给了他们,让他们在骄阳下挥汗如雨。但是我发现我每年都要休息,不管我有多累,只要我能在轮船船头待上半个小时,看着它在大西洋里劈波斩浪,我就能得到安全的放松。我那个聪明的经理,琼斯船长说:'唉,老伙伴,我想这下我们也都能得到放松了。'也许,对你和你的人民也是如此,陛下。"

他发自内心地大笑起来,一遍又一遍,这又开启了一个新的话题和思路。他再一次提起他想要见罗斯福总统的愿望。我说:

"国王陛下,当你们两人在一起的时候,我想我必须在你身边,我害怕你们双方会互相伤害。"

他笑着说:

"我说,你努力把我们拉到一起,我答应你如果你让罗斯福那匹马先跑,我一定紧紧跟上。"

"啊,不,陛下,让两匹没有受过训练的小马一前一后地跑并非我的强项,我更善于训练马匹。与头马做交易肯定对你不合适,我必须给你们都戴上马嚼子,由我掌控着,让你们齐头并进。"

我从未见过有谁像德皇这样敏于故事的,他是一个很好的伙伴,我认为他也十分真诚,是个热切地期盼世界和平与进步的人。他坚持认为他一直都是主张和平的。他很珍视一个事实,就是在他在位的24年里,并没有使人类流血。他认为德国海军太弱,根本就不能够和英国相抗衡。按照我的看法,扩建德国海军是很不明智的,因为没有必要。比洛王子也持这种观点。所以我认为没必要担忧德国会有损于世界和平。和平对它有利。工业发展才是它的目标。

我委托德国大使施坦贝格男爵给皇帝带去了一本书《罗斯福的政策》[1],我为此写过一个介绍,总统很是高兴。我也因为收到他一封珍贵的信而感到欣喜。他不仅是一个皇帝,而是更高的——一个急切地想要提高人类生存现状的人,不知疲倦地提倡节制,阻止战争,我相信,他仍在努力保卫世界和平。

曾经有段时间,我有种感觉,皇帝陛下真是天定的君主。我与他的会面更加强化了这种感觉。我强烈地希望他在将来能够干出一些真正伟大和美善的事

---

[1] 罗斯福的政策:与公司财产以及紧密联合话题相关的演讲稿、信件和国情咨文。

第二十九章 面见德国皇帝

情来。他可能扮演这样的角色，这将使他不朽。27年里，德国在他的治理下保持着和平，但他还没能采取积极的行动在文明国家之间建立和平。人们对他还有更高的期许。仅仅在他自己的国家保持和平是不够的，能对所有国际纠纷进行仲裁与调解才是人们所期望的。在世界历史中，他究竟只是一位在自己国内建立和平的君主，还是一位承担着在主要的文明国家之间保卫和平使命的使徒。未来会给我们证明。

前年（1912年），在柏林宏伟的宫殿里，我站在他的前面，向他递交了一份美国人民祝贺他在和平中即位25年的贺信，他的双手没有沾上人类的鲜血，当我向他递上装有贺信的匣子时，他认出了我，伸出双手欢迎我，说：

"卡内基，25年的和平，我们还期待更多。"

我忍不住回答道：

"在这个崇高的使命中，你是我们主要的同盟者。"

他至今都沉默地静坐着，贺信在官员手中一个个地传下去，最后放在桌子上。后来讨论的主要话题是世界和平，在我看来，如果不是被一个军人团体所包围的话，他本来是能够而且也愿意维护世界和平的。但是作为一个世袭的君主，不可避免地会有一个军人的特权阶层在其左右，只要君主存在，这个阶层就会存在。只有消灭了军国主义，才会有世界和平。

……

当我在今天（1914年）意识到这一点时，世界已经大变了，她被一场前所未有的大战所折磨着。人们像屠宰野兽一样地互相杀戮。我不敢放弃希望。在近几天里，我看到了另外一个统治者走上了世界舞台，他可能会成为一个不朽的人物。那个在巴拿马运河争端中为国家的荣誉而辩白的人，他就是我们这个国家的总统，他具有天才般决不屈服的意志，他告诉我们真正的希望：

国王制造了神，而卑劣的人创造了国王。

对天才来说，没有什么是大不了的，看看我们的威尔逊总统！他的血脉中也流着苏格兰人的鲜血。（手稿到此戛然而止）